RELAÇÕES E OBJETO NA PSICANÁLISE: ONTEM E HOJE

CONSELHO EDITORIAL
André Costa e Silva
Cecilia Consolo
Dijon de Moraes
Jarbas Vargas Nascimento
Luis Barbosa Cortez
Marco Aurélio Cremasco
Rogerio Lerner

Blucher

RELAÇÕES E OBJETO NA PSICANÁLISE: ONTEM E HOJE

*LEOPOLDO FULGENCIO &
DECIO GURFINKEL (ORGS.)*

Ana Maria Sigal

Christian Dunker

Daniel Delouya

Daniel Kupermann

Elisa Maria de Ulhôa Cintra

Flávio Carvalho Ferraz

Luís Cláudio Figueiredo

Nelson da Silva Junior

Nelson Ernesto Coelho Junior

Renato Mezan

Relações e objeto na psicanálise: ontem e hoje
© 2022 Ana Maria Sigal, Christian Dunker, Daniel Delouya, Daniel Kupermann, Decio Gurfinkel, Elisa Maria de Ulhôa Cintra, Flávio Carvalho Ferraz, Nelson da Silva Junior, Leopoldo Fulgencio, Luís Cláudio Figueiredo, Nelson Ernesto Coelho Junior, Renato Mezan
Editora Edgard Blücher Ltda.

Publisher Edgard Blücher
Editor Eduardo Blücher
Coordenação editorial Jonatas Eliakim
Produção editorial Villa d'Artes
Preparação de texto Lilia Nunes
Diagramação Villa d'Artes
Revisão de texto Vânia Cavalcanti
Capa Leandro Cunha

Blucher

Rua Pedroso Alvarenga, 1245, 4º andar
04531-934 – São Paulo – SP – Brasil
Tel.: 55 11 3078-5366
contato@blucher.com.br
www.blucher.com.br

Segundo o Novo Acordo Ortográfico, conforme 5. ed. do *Vocabulário Ortográfico da Língua Portuguesa*, Academia Brasileira de Letras, março de 2009.

É proibida a reprodução total ou parcial por quaisquer meios sem autorização escrita da editora.

Todos os direitos reservados pela Editora Edgard Blücher Ltda.

Dados Internacionais de Catalogação na Publicação (CIP)
Angélica Ilacqua CRB-8/7057

Relações e objeto na psicanálise : ontem e hoje / organizado por Leopoldo Fulgencio, Decio Gurfinkel ; Ana Maria Sigal...[et al]. -- São Paulo : Blucher, 2022.
360 p.

Bibliografia
ISBN 978-65-5506-137-6

1. Psicanálise 2. Psicanálise - História e crítica 3. Interpretação psicanalítica 4. Relações objetais (Psicanálise) 5. Teoria das pulsões I. Cardoso, Sílvia Galesso II. Sigal, Ana Maria

21-4652 CDD 150.195

Índice para catálogo sistemático:
1. Psicanálise

Conteúdo

Apresentação   7

Parte I – **Leituras histórico-críticas**   23

1. A virada de 1928: Sándor Ferenczi e o pensamento
   das relações de objeto na psicanálise   25
   Daniel Kupermann

2. Tradição e ruptura na clínica: Ferenczi, relações
   de objeto e a psicanálise relacional   45
   Nelson Ernesto Coelho Junior

3. Onde vivem as pulsões e seus destinos: uma reflexão   65
   Elisa Maria de Ulhôa Cintra

4. A busca do objeto   87
   Decio Gurfinkel

5. A falta que Bion faz. Considerações sobre as relações
   de objeto nas teorias psicanalíticas ... 143
   Luís Cláudio Figueiredo

6. Lacan e as Relações de Objeto ... 163
   Christian Dunker

Parte II – Desdobramentos e debates ... 177

7. Stein, Lacan e o narcisismo primário: um
   momento-chave na história da Psicanálise ... 179
   Renato Mezan

8. A antropofagia do objeto. Desconstrução e Reconstrução ... 271
   Ana Maria Sigal

9. De "objeto da pulsão" a "objeto-fonte da pulsão":
   um imperativo epistemológico ... 283
   Flávio Carvalho Ferraz

10. O eu, o *Self* e a clínica contemporânea ... 303
    Daniel Delouya

11. Sobre a gestão neoliberal do sofrimento psíquico e social.
    Sujeito, Governo e Ciência em tempos sem sombras. ... 315
    Nelson da Silva Junior

12. É adequado referir-se aos relacionamentos humanos
    como *relações de objeto*? ... 329
    Leopoldo Fulgencio

Sobre os autores ... 353

Apresentação

A noção de *relação de objeto* é usada por grande parte dos psicanalistas. Ela já aparecia, ocasionalmente, em escritos de Freud – tais como *Luto e melancolia* (1917) –, mas sofreu grandes transformações ao longo da história da psicanálise. Seria um exagero afirmar que ela já estava presente nas elaborações freudianas enquanto um conceito bem delimitado, ainda que suas raízes se encontrem lá; foi sobretudo no campo pós-freudiano que ela ganhou maior proeminência. Hoje, podemos considerar tal noção um dos pilares do pensamento psicanalítico, seja no campo teórico, seja no campo da sua ação clínica, seja em termos de uma "psicanálise aplicada".

É fundamental reconhecermos, desde já, que o uso e os sentidos atribuídos a esta noção são extremamente variáveis, o que faz de qualquer tentativa de sistematização e de ordenação de seu significado um grande desafio; há sempre o risco de reduzi-la a visões parciais, ou até equivocadas. Ainda assim, algum esboço do nosso objeto se faz necessário. Portanto – e apenas a título de uma primeira aproximação –, lembramos que a expressão "relações de objeto" tem como principal vocação pensar os diversos modos de relacionamento que o sujeito estabelece com os outros, consigo mesmo, com o desejo, com a sexualidade e com os impulsos agressivos, e sempre em uma dialética delicada entre o intrapsíquico – espaço das instâncias tópicas do modelo metapsicológico freudiano, espaço da fantasia inconsciente, dos objetos internalizados e de tantas outras formações fantasmáticas e imaginárias, e *locus* dos diversos mecanismos e funções psíquicas descritas pela psicanálise – e o campo intersubjetivo. De modo mais simples, podemos dizer que, em psicanálise, as relações humanas são pensadas, *grosso modo*, utilizando-se da noção de relações de objeto.

Encontramos, na literatura psicanalítica, diversos trabalhos que buscaram apresentar e discutir o significado e o alcance das relações de objeto na história da psicanálise. Um deles, que merece destaque, é o livro de Greenberg & Mitchell, de 1983, *Relações objetais na teoria psicanalítica*. Este pode ser considerado um marco teórico e epistemológico sobre o tema, uma vez que tal obra – ainda que datada, limitada e enviesada em diversos aspectos – abordou as relações de objeto por intermédio de um esforço de construção de um quadro geral para pensar a psicanálise, enquanto ramo do saber, nas suas diversas derivações, modificações e mesmo revoluções. Desde então, vários autores têm retomado tal discussão, por vezes apoiando-se em seus eixos de análise e, em outras ocasiões, revisando-os e, eventualmente, criticando suas proposições.[1]

Assim, considerando a importância das relações de objeto para a psicanálise – e, para além dela, para a compreensão das relações humanas no campo da Psicoterapia e das Ciências Humanas em

---

1 O livro de Decio Gurfinkel, *Relações de objeto* (ed. Blucher, 2017), veio a perscrutar, mais recentemente e em nosso meio, este fundamento, abordando-o tanto em seus aspectos históricos como em seus aspectos teórico-epistemológicos e relançando, assim, à nossa comunidade psicanalítica, um convite a reelaborar o tema.

geral, e, ainda, no âmbito de uma psicanálise aplicada a outros fenômenos e contextos da vida psicossocial –, decidimos convidar alguns colegas, pesquisadores de destaque na área, para discutir de modo crítico este tema em um evento especificamente organizado par tal fim. Tal evento foi realizando em agosto de 2018, no Instituto Sedes Sapientiae,[2] e o material resultante dele é o que, agora, apresentamos em forma de livro.

É importante frisar que o convite que fizemos na ocasião propunha que os colegas considerassem os dois termos em questão ("relações" e "objeto") separadamente. Nesta proposição, inspirávamo-nos em um princípio – propriamente – *analítico*. O objetivo era que não se tomasse, automaticamente, o pacote "relações de objeto" de maneira pronta e acabada, e sim que, efetivamente, se *abrisse* o debate, ao colocar as questões em uma perspectiva crítica e renovada. Além de sugerir uma atenção diferenciada aos dois elementos componentes da expressão relações de objeto, acrescentamos, ainda, na proposição feita a alguns dos expositores, um convite a considerarem também dois outros termos, correlatos ao tema: o Eu e o *Self*. A nossa intenção era, pois, ao promover um debate histórico-crítico sobre o tema, reabrir as questões – evitando, assim, cair em um fechamento dogmático do pensamento – e também abordá-las sob óticas conceituais diversificadas. Acreditamos que tais preocupações puderam ser bem contempladas no material que o leitor tem em mãos.

Os trabalhos aqui reunidos nos proporcionam um arcabouço teórico-conceitual para a compreensão da importância e da utilidade da noção de relação de objeto, bem como assinalam alguns de

---

2   O evento "Relações e objeto na psicanálise: Fundamentos e clínica" foi realizado pelo Departamento de Psicanálise do Instituto Sedes Sapientiae, contou com o apoio do Núcleo "Método psicanalítico e formações da cultura" do Programa de Pós-Graduação em Psicologia Clínica da PUC-SP, e teve a sua Comissão Organizadora composta por Decio Gurfinkel, Leopoldo Fulgencio, Flávio Carvalho Ferraz, Christiana Freire e Élcio Gonçalves.

seus problemas e limites; eles fornecem, assim, ao leitor um quadro consistente de aportes para a compreensão da diversidade e da aplicabilidade deste instrumento de reflexão e apreensão das relações humanas. Caberia, ainda, dedicarmo-nos mais profundamente a estudar a presença, o uso, as dinâmicas e os limites desta noção no que se refere mais diretamente ao trabalho clínico... o que fica, quiçá, para um projeto futuro! Aqui nos deparamos também, pois, com os nossos limites em termos de até onde foi possível se chegar nas discussões, por ocasião do referido evento.

Este livro está dividido em duas partes, uma dedicada a análises histórico-críticas, e outra aos desenvolvimentos desse tema-noção, com uma ênfase mais clara nos seus desdobramentos ulteriores e no momento atual da psicanálise.

Os artigos da parte I, de caráter histórico-crítico, se dedicam não só a mostrar o lugar e a importância da noção de relações de objeto no pensamento psicanalítico, mas também a analisar criticamente seu desenvolvimento, conservando sempre como pano de fundo a história da psicanálise.

No capítulo 1, *Daniel Kupermann*, em "A virada de 1928: Sándor Ferenczi e o pensamento das relações de objeto na psicanálise", procura demonstrar que as origens do pensamento das relações de objeto na psicanálise podem ser situadas na "virada de 1928", realizada no campo psicanalítico por Sándor Ferenczi, com a publicação, naquele ano, de três ensaios muito marcantes. A opção de Kupermann pelo termo "virada" teve como meta indicar que a virada ferencziana de 1928 se oferece como um contraponto à célebre virada freudiana de 1920, caracterizada pela formulação da pulsão de morte e pela descrição da segunda tópica do aparelho psíquico. Ele ressalta, ainda, que tal termo deve ser empregado, no campo psicanalítico, apenas quando um autor tece contribuições em três dimensões – metapsicologia/psicopatologia, teoria da clínica e ética da psicanálise –, e que apontam, assim, efetivamente, para uma mudança de direção nos rumos do pensamento teórico-clínico-institucional da psicanálise. Seguindo esta premissa, o autor desdobra o material de tais artigos e demonstra como, a partir desta virada de 1928, Ferenczi pôs em marcha o desenvolvimento de um estilo clínico empático e inspirado em uma ética do cuidado, contribuição que se revelou a força motriz para a construção do pensamento das relações de objeto na psicanálise. O capítulo traz, ainda, a leitura particular que Kupermann tem desenvolvido sobre o pensamento de Ferenczi, abordando tópicos tais como a dor e a alegria de existir, a onipotência e a traumatogênese, a clínica do masoquismo e uma curiosa proposição sobre a clínica final de Ferenczi, entendida como um encontro entre "duas crianças" que, igualmente desamparadas, estabelecem uma "comunidade de destino".

No capítulo 2, *Nelson Ernesto Coelho Junior*, em "Tradição e ruptura na clínica: Ferenczi, relações de objeto e a psicanálise tradicional", objetiva contribuir para a elaboração de uma história crítica das teorias das relações de objeto, no contexto dos debates clínicos da psicanálise contemporânea. Para isso, propõe uma investigação das origens e dos impasses das tradições interpessoal e relacional na psicanálise norte-americana. Coelho Jr. destaca, de modo muito interessante, a participação subliminar e fundamental da contribuição de Ferenczi na formatação destas duas correntes, visando, assim, questionar e relativizar o papel supostamente original e pioneiro por vezes atribuído a rupturas de modelos propostas por esta tradição no cenário das discussões contemporâneas. A luz aqui lançada sobre uma faceta da história da psicanálise, em geral menos conhecida no nosso país, é, em si mesma, de grande interesse; aqui temos acesso a um rico material sobre tal parte da história, na qual a figura de Clara Thompson teve um papel fundamental, e que produziu até algum desdobramento em solo brasileiro (mais especificamente, no Rio de Janeiro). Após examinar uma síntese recente e muito útil de Greenberg sobre quais seriam as premissas comuns a todos analistas relacionais - especialmente no que se refere à natureza da situação psicanalítica e da participação do analista em uma análise -, Coelho Jr. reafirma o papel primordial cumprido por Ferenczi como o "patrono do eixo-teórico clínico da psicanálise norte-americana que vai da psicanálise interpessoal à psicanálise relacional", e ressalta, ainda, que, na sua opinião, a ênfase na dimensão intersubjetiva não deve fazer com que percamos de vista a articulação entre os aspectos intrapsíquicos e os intersubjetivos, ou entre as pulsões e os objetos.

No capítulo 3, *Elisa Maria de Ulhôa Cintra*, em "Onde vivem as pulsões e seus destinos: uma reflexão", procura refletir acerca das relações de objeto na obra de Melanie Klein. Cintra indaga se devemos reconhecer, na obra de Klein, uma filiação a Freud e a autores que privilegiaram o vértice intrapsíquico, ou a Ferenczi e Balint, que enfatizaram a dimensão intersubjetiva. A autora defende a sua inclusão em ambas as abordagens, já que se pode reconhecer, no pensamento de Klein, uma visão que articula, por meio do conceito de pulsão, a busca do prazer *e* a busca de objeto. Deste ponto de vista, Klein poderia ser considerada a principal criadora da teoria da relação de objeto, tanto no que se refere à sua dimensão intrapsíquica como à intersubjetiva. Cintra retoma os conceitos de fantasia inconsciente e de identificação projetiva - assim como as noções de continência, empatia e *rêverie* -, e, concentrando sua análise na fantasia inconsciente kleiniana, assinala o quanto esta abrange um arco amplo de funções psíquicas, funções estas que produzem transições e promovem um trabalho de mediação entre o Eu, o outro, o corpo, a figura, a memória e a palavra.

No capítulo 4, *Decio Gurfinkel*, em "A busca de objeto", retoma a célebre proposição de Fairbairn a fim de colocá-la em perspectiva e, assim, reavaliar a sua pertinência para a psicanálise contemporânea. Após sugerir o que seria o "espírito essencial" do pensamento das relações de objeto e de situá-lo na história da psicanálise, apresenta brevemente a tese principal de Fairbairn – "a libido não busca primordialmente o prazer, mas sim os objetos" –, construída na década de 1940, e a explora em um passeio para trás e para frente no tempo. Para trás, o texto revista alguns tópicos da metapsicologia freudiana (os dois princípios do funcionamento mental, o problema do originário e seus mitos sobre o primitivo do psíquico e a concepção linear e/ou espiralada de desenvolvimento) e reexamina-os sob a ótica desta perspectiva renovada; e, para frente, sugere alguns desdobramentos da questão da "busca de objeto" na psicanálise que emergiu desde então, destacando as seguintes dimensões: o movimento de lançar-se no espaço intersubjetivo; o trabalho de construção de um espaço psíquico pessoal e de um espaço do sonho; e a dialética busca de objeto/busca do *Self*. A partir deste percurso, o autor assinala o interesse de se adotar a máxima de Fairbairn como uma espécie de "princípio organizador" do pensamento das relações de objeto.

No capítulo 5, *Luís Cláudio Figueiredo*, em "A falta que Bion faz: considerações sobre as relações de objeto nas teorias psicanalíticas", debruça-se sobre as obras de Melanie Klein e, principalmente, Wilfred R. Bion, defendendo a importância que elas tiveram na teorização sobre as relações de objeto. Tal argumentação é acompanhada de uma reavaliação crítica sobre como tais autores são situados, na história das ideias, no livro de Decio Gurfinkel dedicado ao assunto, assim como na obra de Greenberg e Mitchell. Figueiredo sustenta que a dimensão intersubjetiva já estava presente no pensamento de Klein (no modelo do interjogo introjeção/projeção, na sua proposição de um "conhecimento inconsciente inato da existência da mãe" e na atenção dada por ela à observação de bebês) e assinala como tal dimensão foi retrabalhada em profundidade por Bion – que enfatizou o papel fundamental de uma "mãe bem equilibrada" em conter e transformar as experiências emocionais do bebê. O artigo se dirige, então, a uma apresentação das formulações do próprio autor – em parte em colaboração como Nelson Coelho Junior – sobre a história da psicanálise e suas configurações contemporâneas, descritas sob a rubrica de uma "transmatricialidade". Em sua leitura, Figueiredo distingue "intersubjetividade intrapsíquica", "intersubjetividade interpessoal" e "intersubjetividade transubjetiva"; esta última teria sido particularmente tematizada por Bion por intermédio dos operadores teórico-clínicos "intuição", "mente expandida" e "capacidade negativa", em um interessante contraste com a concepção regressivista do trabalho clínico desenvolvida por Ferenczi, Balint e Winnicott.

No capítulo 6, *Christian Ingo Lenz Dunker*, em "Lacan e as relações de objeto", procura localizar as tendências constituintes da teoria das relações de objeto em relação às proposições de Lacan, examinando particularmente a tese de que este poderia compor um "paradigma subjetal" em contraste com os paradigmas pulsional e objetal – tese enunciada por Renato Mezan em sua leitura suplementar das ideias de Greenberg e Mitchell, e retomada por Decio Gurfinkel em sua "geografia histórica da psicanálise". Dunker parte do reconhecimento, por Lacan, dos méritos da escola húngara (Ferenczi e Balint) e de como ele se "aliou" a uma tendência a respeito da constituição do sujeito que considera que "são as próprias relações que criam os indivíduos"; por outro lado, se a máxima sobre a "busca de objeto" pode ser vista como uma boa expressão para caracterizar a tradição das relações de objeto, ela é insuficiente, pois não tematiza a questão essencial a respeito do estatuto de tal objeto. Dunker assinala, ainda – retomando suas próprias construções teóricas –, os limites em se apreender e dividir a obra freudiana em termos de matrizes clínicas e propõe, em contraste com ela, uma visão supostamente mais dialetizante, que busca acompanhar as mutações da narrativa freudiana referidas ao sofrimento. Por fim, e criticando a atribuição de subjetalidade para caracterizar a concepção lacaniana – já que esta pensa a psicanálise tanto do ponto de vista do conceito de pulsão como da noção de objeto –, o autor propõe que o que caracteriza, fundamentalmente, este suposta "terceira via" é a *negatividade*; pois, para ela, tanto o objeto pulsional como as relações têm um estatuto negativo. Isto traria, eventualmente, consequências significativas para um redesenho da "geografia histórica da psicanálise" que aqui se busca construir.

A Parte II do livro é dedicada a trabalhos que discutem os desdobramentos das noções de "relação(ões)" e de "objeto" nas últimas décadas, propondo reavaliações em termos da sua atualidade e pertinência. Para a elaboração destes trabalhos, que compuseram um "segundo tempo" do evento, propusemos aos autores que também incluíssem nas suas reflexões, além do tema das relações de objeto, as problemáticas do Eu e do *Self*. Note-se como, ainda que possamos reconhecer a importância da noção de "relação de objeto" para o pensamento clínico atual, alguns trabalhos ressaltaram certos pontos problemáticos e chegaram até a sugerir a inadequação de alguns conceitos e concepções clássicas para dar conta de determinados aspectos das relações inter-humanas, assim como para dar conta de certas problemáticas relativas ao contexto social e político contemporâneo.

No capítulo 7, Renato Mezan, em "Stein, Lacan e o narcisismo primário: um momento-chave na história da psicanálise", realiza um duplo movimento. Por um lado, ele nos situa no ambiente da psicanálise francesa em relação ao advento do pensamento de Lacan e seus efeitos – inclusive em termos do debate que então se estabeleceu sobre o pensamento das relações de objeto –, e, por outro, ele estuda o tema por meio de um episódio particular e emblemático de tais movimentos: o debate entre Conrad Stein e Lacan, que culminou, em 1965, em uma ruptura. Tal ruptura pode ser entendida, como em tantos outros casos, como resultante dos conflitos de filiação e do trabalho de construção de um pensamento próprio; mas, neste caso, estaria também se gestando um "momento-chave da história da psicanálise", no qual os temas do narcisismo, do processo analítico e da posição do analista estavam em questão. Em estudo minucioso, Mezan destaca como o debate que ali se dava em torno do narcisismo – e, mais particularmente, quanto à pertinência da noção de narcisismo primário, já então refutada por Balint e outros – foi crucial para a reconfiguração da psicanálise que ocorreu na França a partir da década de 1960, cuja vocação foi se tornar a um só tempo freudiana, (pós)lacaniana e plural. O modo como cada autor (re)articulou tal conceito nos é aqui apresentado: se Lacan abriu o caminho ao adotar uma teoria do Eu calcada no conceito de identificação, ao afastar-se de um paradigma unilateralmente pulsionalista e ao rejeitar o conceito de narcisismo primário, Green debruçou-se sobre as organizações não neuróticas e reservou a um "narcisismo primário absoluto" um lugar de destaque, Laplanche enfatizou como um narcisismo primário anobjetal não se sustenta, e Stein orientou-se, sobretudo, pela busca das "constantes da situação analítica" e pela adoção da *Interpretação dos sonhos* como guia de referência. A vigorosa geração de autores que então se formou constituiu uma das principais bases da psicanálise contemporânea e compreende, além destes três analistas aqui mais enfocados por Mezan, grandes talentos por ele lembrados, tais como Pontalis, P. Aulagnier, J. McDougall, P. Marty e W. Granoff, entre outros.

No Capítulo 8, Ana Maria Sigal, em "A antropofagia do objeto: desconstrução e reconstrução", parte de uma questão que busca situar as relações de objeto em uma dimensão epistemológica e política: o que caracteriza e distingue a psicanálise enquanto ramo do saber? A autora procura definir quais seriam, do seu ponto de vista, os "inegociáveis" da psicanálise e reconhece, ao mesmo tempo, como revisões e releituras dos conceitos são parte inerente de um pensamento crítico que a enriquece. Em seguida, e a partir de seu próprio percurso clínico, Sigal nos apresenta o pensamento de Laplanche como um caminho profícuo para se reconsiderar a questão das relações de objeto, uma vez que ele supera a dicotomia pulsional/relacional por intermédio de um modelo dialético, especialmente pela noção de "objeto-fonte da pulsão". Referindo-se aos modelos que sustentam a clínica – e em especial a clínica com crianças –, a autora enfatiza como o *modus operandi* dos analistas kleinianos foi se mostrando insatisfatório por desconsiderar a incidência do inconsciente dos pais na formação da subjetividade da criança; a partir da leitura de Lacan sobre a formação do sujeito e dos aportes complementares de Mannoni e Dolto, compreendeu-se a necessidade de inserir os pais neste trabalho de análise. Para Sigal, Laplanche nos proporcionou um arcabouço apropriado para dar fundamento a tais preocupações. Se, por um lado, ele reconhecia a importância da alteridade na constituição subjetiva, Laplanche também enfatizou a função fundamental de metabolização que se dá no espaço psíquico da criança. Ao ser atingido pelo efeito traumático – pois assimétrico da "usina inconsciente da sexualidade da mãe" –, o sujeito em formação vive a implantação de efeitos advindos deste encontro, o que constitui a própria fonte do pulsional (concepção que difere do modelo freudiano, que considerava a fonte como eminentemente biológica e endógena). Neste sentido, o inconsciente da criança é o resultado de "um mecanismo antropofágico de decomposição e recomposição do objeto".

No capítulo 9, Flávio Carvalho Ferraz, em "De objeto da pulsão a 'objeto-fonte da pulsão': um imperativo epistemológico", procura, a partir da teoria de Jean Laplanche, situar a mudança operada no entendimento do "objeto da pulsão", dando prosseguimento à discussão do capítulo anterior e aprofundando sua dimensão propriamente epistemológica. Antes de tudo, há que se distinguir claramente *objetalidade* e *objetividade*, para a partir daí pensar criticamente a noção de "escolha" de objeto. Ferraz recorda que, se para Freud, a fonte da pulsão se definia por sua localização somática, ligada às zonas erógenas, com a compreensão de que a sexualidade é implantada na criança pelo adulto por meio dos significantes enigmáticos emitidos no curso dos cuidados ligados à autoconservação, há que se remanejar o conceito de objeto, retirando-o da estrita externalidade, para tratá-lo como *fonte* da pulsão. Assim, uma vez internalizado, o objeto passa a ser *objeto-fonte* da pulsão, já que aquilo que pulsa como desejo, já considerada a existência da objetalidade e da fantasia, não decorre da natureza biológica, mas da sexualidade psíquica, constituída e fixada no tempo infantil. O autor apresenta, em seu trabalho, importantes decorrências clínicas e éticas desta discussão em um campo específico, e candente nos debates atuais: a formação da identidade sexual, seja ela examinada pela biologia, seja pelo viés social, seja pela psicanálise. Faz-se necessário que a psicanálise depure seus instrumentos teóricos para desconstruir, de forma inequívoca, a suposta "normalidade" da posição heterossexual; retraçando as proposições sobre o assunto iniciadas por Freud e retomadas por Stoller, Chasseguet-Smirgel e M. Khan, Ferraz vê no trabalho de Laplanche "a abordagem consistente pela qual se esperava".

No capítulo 10, Daniel Delouya, em "O eu, o *Self* e a clínica contemporânea", Delouya nos lembra que, se o *Self* emerge a partir de um estado de indiferenciação inicial, seus desdobramentos, no campo da experiência, se caracterizam por uma constante luta no espaço da "fresta" que se abre e separa o sujeito dos outros. Aqui se institui a balança da existência – o ligar e desligar do sujeito com o objeto –, ou, noutras palavras, a constante dinâmica da objetalização e da desobjetalização na relação do *Self* com os objetos (que, por sua vez, constitui o próprio *Self*). Mas faz-se necessário ir adiante na discussão: Delouya nos brinda, então, com uma fina análise terminológica e conceitual, distinguindo *Self* e Eu. Se, por um lado, o tratamento dado à noção de *Self* por autores americanos tais como Hartmann, Rycroft e Levin pecaram pelo equívoco positivista de "se apegar ao Ego e à realidade como algo material que se impõe ao sujeito" – equívoco que "roubou" do Eu freudiano propriedades que lhe são características e indispensáveis –; por outro lado, o *Self* britânico de Winnicott e Balint veio a acrescentar dimensões fundamentais à clínica contemporânea ao tematizar a importância do sentir-se vivo, real e verdadeiro (contribuição tributária, em grande parte, ao trabalho clínico com as ditas neuroses narcísicas e seus derivados). Delouya nos apresenta, então, questões fundamentais que repercutem na concepção de sujeito e na prática clínica. Ao adulto cumpre uma função primordial de "reconhecimento de existência" ao ir ao encontro do movimento criado pelo bebê; é daí que advém um si-mesmo, o que proporciona a base para o investimento no objeto e para a construção da sexualidade infantil. Neste sentido, o *Self* é algo que deve "anteceder e condicionar" o Eu. Trata-se de uma "situação antropológica fundamental". Ora, esta função de reconhecimento poderá também se fazer necessária, em certas situações clínicas, no próprio espaço da análise, o que se dá pela mobilização da presença viva do analista e sua "técnica" no espaço intermediário da transferência-contratransferência.

No capítulo 11, Nelson da Silva Junior, em "Sobre a gestão neoliberal do sofrimento psíquico e social: Sujeito, Governo e Ciência em tempos sem sombras", nos apresenta uma análise crítica contundente da formação discursiva dominada pelo pensamento neoliberal, processo que atinge todo o tecido social e, em particular, as práticas na área da saúde e a própria psicanálise. Partindo de uma leitura das ditas "patologias do social" – e considerando-as não apenas "restos" indesejáveis de uma cultura, mas também como produtos inerentes a elas –, o autor aborda, em seguida, a construção e a função político-econômica da "ascensão" do Ego e do *Self* a valores morais, a partir dos anos 1960 e 1970, em nossa cultura, o que se deu mediante um discurso que promove o prazer e a harmonia consigo mesmo como um imperativo. No neoliberalismo, o modo de subjetivação privilegiado seria aquele do *indivíduo-empresa*, que encontra seus correspondentes em uma renomeação e em uma nova compreensão do sofrimento social e do sofrimento psíquico; tal modo de subjetivação deve ser, por sua vez, diferenciado daqueles de períodos antecessores. Um exemplo claro deste processo pode ser visto, no campo da Psiquiatria, na inversão da ordem que vai da produção de conhecimento à terapêutica. A partir dos agrupamentos de sintomas que desaparecem sob a ação de drogas com efeitos neuroquímicos, redefinem-se os quadros psicopatológicos e reorganiza-se o sistema classificatório das doenças – e isto complementado por um eficaz trabalho de *marketing*, que apresenta ao consumidor de modo simultâneo seu problema e sua solução. Ora, a despolitização do sofrimento seria a nota comum do processo neoliberal de recodificação da cultura em sua totalidade, de modo a inserir cada um de seus "restos" em uma lógica mercantil.

Por fim, o capítulo 12, de Leopoldo Fulgencio, "É adequado referir-se aos relacionamentos humanos como sendo *relações de objeto*?", encerra o percurso do livro de maneira bastante sugestiva e provocativa, ao propor uma análise crítica do uso da noção de *relação de objeto* para descrever as relações humanas. Para isso, ele considera tanto o reconhecimento da centralidade dessa noção na psicanálise, desde Freud, como retoma a crítica de Sloterdijk e Macho sobre as deturpações que essa perspectiva de entendimento pode provocar. Em seguida, Fulgencio procura mostrar como Winnicott, com sua apreensão dos fenômenos da ilusão de onipotência e da transicionalidade, descreveu modos de relação nos quais sujeito e objeto não são realidades distintas e, mais do que tudo, nos quais o outro das relações humanas jamais é um objeto (a não ser metaforicamente falando). O autor, assim, sem descartar os avanços que a noção de relação de objeto – de valor heurístico indiscutível – representou para o entendimento das relações humanas, busca aqui evidenciar não só que essa noção tem seus limites, como também que há modos de descrição de tais relações, no interior da própria psicanálise, que já lançaram mão de uma semântica mais adequada para referir-se a algumas relações inter--humanas "inobjetalizáveis".

* * *

Eis aqui, pois, um pequeno esboço do material que o leitor tem em mãos e que poderá examinar por si mesmo.

Ao realizarmos este breve passeio pelo conjunto dos capítulos, já se torna evidente a riqueza, a diversidade de caminhos e a força do pensamento dos trabalhos aqui reunidos – trabalhos produzidos, por sua vez, por um grupo de analistas veteranos e reconhecidos no ambiente psicanalítico brasileiro. Mas talvez a surpresa maior é descobrir aqui um claro *diálogo* existente entre os diversos trabalhos, seja ele explícito – pelas referências recíprocas às produções dos autores –, seja ele implícito. Isso demonstra, a nosso ver, como já podemos contar com um *tecido de pensamento* significativo produzido por nossa comunidade psicanalítica – um tecido fino, de grande qualidade e – ao que tudo indica – com uma trama já bastante densa e vigorosa.

Ao trazer este material a público, agora na sua forma escrita, esperamos contribuir para que o tema das "relações de objeto" e de seus elementos componentes e correlatos – as "relações", o "objeto", o Eu e o *Self* – possa ser revisitado de modo produtivo e provocativo. E isso tanto em termos teórico-epistemológicos como em termos clínicos, uma vez que, de um certo ponto de vista, ele é o fundamento mesmo daquilo que impulsiona todo e qualquer tratamento psicanalítico – a *transferência* –, que pode ser compreendida como um campo de experiências no qual as relações de objeto são vividas e/ou (re)vividas, usualmente em um *setting* especializado. Recordadas e/ou (re)construídas, repetidas e/ou reinventadas, elaboradas, sonhadas e (re)pensadas... – na esperança de, quiçá, criar novas formas de articular a dialética "viver com"/"viver sem", a partir de uma abertura fundamental que, no melhor dos casos, relança as potencialidades do humano para o devir.

Leopoldo Fulgencio
Decio Gurfinkel

Parte I
Leituras histórico-críticas

1. A virada de 1928: Sándor Ferenczi e o pensamento das relações de objeto na psicanálise[1]

Daniel Kupermann

As ideias desenvolvidas neste ensaio visam suscitar a reflexão sobre as *origens* do pensamento das relações de objeto na psicanálise. Nesse sentido, abordarei os fundamentos e a clínica psicanalítica sob a inspiração do pensamento das relações de objeto a partir do que nomeei de *virada de 1928*, realizada no campo psicanalítico por Sándor Ferenczi. Não por acaso, a opção pelo termo "virada" pretende mostrar que há uma relação entre a *virada ferencziana* de 1928 e a consagrada *virada freudiana* de 1920.

Decio Gurfinkel, no seu excelente livro *Relações de objeto* (2017), recentemente publicado, recorda-nos que Michael Balint já indicara que a origem do pensamento das relações de objeto estaria na obra de Ferenczi, especialmente em *Thalassa*, publicado em 1924, mas que teria atingido a força máxima das suas teses em 1928, com a edição, por Ferenczi, dos artigos sobre a elasticidade da técnica e sobre o problema do fim da análise.

---

[1] Esse ensaio inspirou o argumento desenvolvido (simultaneamente à sua escrita) no capítulo 4 de meu livro *Por que Ferenczi?* (2019, Zagodoni).

Acompanhando parcialmente Balint, acredito que se pode afirmar que a origem explícita do pensamento das relações de objeto na psicanálise reside na articulação – intrínseca e necessária – da trilogia publicada por Ferenczi em 1928, que constitui um verdadeiro marco fundador na história das ideias psicanalíticas, com destaque para o ensaio "A adaptação da família à criança".

De fato, se *Thalassa* apresenta ao público os postulados lamarckistas da "bioanálise" que vinham sendo elaborados há quase uma década por Ferenczi e, também, por Freud[2] – com destaque para a dimensão estruturante das catástrofes sofridas pelas espécies ao longo do processo de adaptação que conduziu ao surgimento do *Homo sapiens*, e para os poderes curativos da regressão que move a conduta dos seres sexuados –, não explora suficientemente os desdobramentos dessas mesmas teses na teoria da clínica e nas concepções acerca do encontro transferencial, justamente o que será exposto na trilogia que configura a virada de 1928.

Mas o que determinaria uma *virada* no campo psicanalítico?[3] Todo psicanalista que consideramos efetivamente um *autor* desenvolveu suas contribuições a Freud em, no mínimo, três vertentes: primeiro, criando categorias metapsicológicas próprias, referidas ao processo de constituição subjetiva, bem como a psicopatologia que lhe é correspondente; além disso, estabelecendo uma teoria da clínica capaz de lidar com os quadros psicopatológicos descritos de acordo com suas concepções acerca das origens do sofrimento humano; finalmente, propondo reflexões ético-político-institucionais que se referem tanto à direção do

---

2 Ver *Neuroses de transferência: uma síntese* (Freud, 1915).
3 De acordo com Renato Mezan em comunicação pessoal, o termo "virada", nesse contexto, deve ser atribuído a Laplanche; trata-se, assim, da tradução do francês *tournant*.

tratamento – ou à sua concepção de cura – como à critica acerca das resistências do próprio psicanalista ao poder de afetação do encontro clínico, e das competências que lhe são exigidas para exercer de maneira adequada seu ofício. É o que pode encontrar, guardando evidentes diferenças, em Freud, Klein, Winnicott e Lacan, entro outros.[4]

Dessa maneira, pode-se considerar que a *virada* se dá quando essas três dimensões da obra de um psicanalista indicam efetivamente uma mudança de direção nos caminhos (*wege*)[5] do pensamento teórico-clínico da psicanálise. Uma virada se diferenciaria, assim, da concepção de "retorno à verdade de Freud", enfatizada por Lacan nos anos 1950,[6] aproximando-se mais do exercício da "função autor" – presente e atuante na produção e na transmissão de saber concernentes ao campo das discursividades, do qual participa a psicanálise – descrita por Michael Foucault (1969) no final dos anos 1960, por meio da qual se retorna à obra do instaurador (Freud, no caso) em função de certo tipo de "esquecimento" que, longe de ser um acidente de percurso, parece ser inerente à própria constituição da discursividade.

O retorno promovido pelo movimento de *virada* remeteria, portanto, menos à verdade última que arriscaria fechar o sentido do ato de instauração de uma discursividade, do que a uma abertura – por meio do reconhecimento de diferenças – à riqueza da obra inaugural, obturada por uma pseudoplenitude das leituras vigentes.

---

4   Na coleção *Grandes Psicanalistas,* por mim dirigida junto à editora Zagodoni, elegemos oito autores do campo psicanalítico: Freud, Ferenczi, Klein, Winnicott, Lacan, Bion, Laplanche e Green.
5   Em referência ao ensaio decisivo de Freud (1919[1918]), "Caminhos da terapia psicanalítica".
6   Ver "A coisa freudiana ou sentido do retorno a Freud em psicanálise" (Lacan, 1955).

A virada ferencziana de 1928

Justamente, em 1928, Sándor Ferenczi apresenta à comunidade psicanalítica três ensaios, cada um deles dedicado a uma das vertentes constitutivas de uma obra autoral em psicanálise: metapsicologia/psicopatologia, teoria da clínica ou da técnica, considerações ético-político-institucionais. O primeiro deles é "A adaptação da família à criança" (1928), o mais significativo se tivéssemos que escolher um texto inaugural para o que Decio Gurfinkel (2017) nomeou "pensamento das relações de objeto". Nele, Ferenczi promove uma torção no sentido do conceito de adaptação utilizado por Freud e, de certo modo, privilegiado por ele mesmo (Ferenczi) no instigante ensaio de 1913 "O desenvolvimento do sentido de realidade e seus estágios", segundo o qual a criança pulsional, movida pelo princípio de prazer, deveria se adaptar "unilateralmente" ao princípio de realidade imposto pelo mundo dos objetos desenvolvendo, por meio de sucessivos traumas estruturantes, o sentido imposto pelo princípio de realidade.[7] A partir da publicação desse ensaio, enriquecido pelos desenvolvimentos subsequentes de Balint e Winnicott, a concepção vigente para os autores identificados com o pensamento das relações de objeto seria a de que a adaptação primária – condição para a experiência de onipotência criadora do sujeito – é aquela promovida pelo ambiente frente à chegada do *infans*.

O segundo ensaio, "A elasticidade da técnica psicanalítica" (1928a), deve ser lido como prolongamento do primeiro, uma

---

7 Demonstrei, alhures, que se pode encontrar no mesmo ensaio uma dimensão ativa da criança ferencziana que iria ao encontro do sentido de realidade por meio de um movimento progressivo impulsionado por suas próprias forças introjetivas. Ver Kupermann (2003, cap.2).

vez que nele Ferenczi extrai as consequências clínicas de sua perspectiva ambientalista. Poder-se-ia sintetizar seu argumento com a ideia de que não é o analisando que assumiria a tarefa de se adaptar à técnica psicanalítica, então definida pelo tripé associação livre, princípio de abstinência no campo transferencial e interpretação; o analista é que precisaria dispor da flexibilidade elástica necessária para atender aqueles que até então eram considerados inanalisáveis.

Pode-se perceber que, no mesmo gesto promovido por "A elasticidade da técnica", *a própria psicanálise se abriu para os chamados casos difíceis*, ou casos graves – primeira forma de nomear o que hoje chamamos *borderlines*, segundo a inspiração winnicottiana, casos-limite, segundo a inspiração francesa, ou patologias narcísicas (retomarei adiante esse ponto). Para Ferenczi, tratava-se, efetivamente, de pacientes traumatizados. É ainda nesse ensaio que Ferenczi propõe o termo *empatia* para nomear modalidades ampliadas da interação clínica, segundo a inspiração dos analisandos que apresentavam comprometimento nos processos de ligação constituintes do narcisismo primário e da integração egoica – ou seja, analisandos com dificuldades de cumprir a regra da associação livre, de sonhar, cometer atos falhos, e de incluir o analista no campo da atualização das imagos inconscientes infantis conforme preconizado pela concepção vigente de transferência, exigindo do psicanalista uma *presença sensível* de maneira a preservar alguma possibilidade de intervenção clínica (cf. Kupermann, 2008). A empatia (*Einfühlung*), literalmente "sentir dentro", indica a exigência de o analista sentir o outro em si, o que inaugurou a trilha para as reflexões que floresceram na escola inglesa a partir dos anos 1950 acerca da contratransferência.[8]

---

[8] Remeto o leitor a *Para além da contratransferência: o analista aplicado*, organizado por Cintra, Tamburrino e Ribeiro (2017).

Finalmente, em "O problema do fim da análise" (1928b), ensaio que encerra a trilogia, Ferenczi dá o passo logicamente necessário: se a clínica psicanalítica inspirada por sua perspectiva ambientalista, da qual derivou o pensamento das relações de objeto – para fins esquemáticos, nomearei o estilo clínico criado por Ferenczi de *estilo empático* –, exigia do psicanalista uma disponibilidade sensível e afetiva diferenciada daquela proposta pelo método freudiano clássico – que poderíamos designar, também para fins esquemáticos, como um *estilo interpretativo* –, seria condição *sine qua non* para o sucesso da experiência psicanalítica a reflexão acerca das análises de formação (as "didáticas"), bem como de seus efeitos sobre a metapsicologia dos analistas.[9]

Convém ressaltar que o espírito desse ensaio é bastante crítico em relação à formação dos analistas e indica uma direção ética importante ao formular que, no horizonte do final do tratamento, estaria a desconstrução do narcisismo (patológico, como veremos) e do superego. Inclusive, no que se refere à análise dos analistas, ao desfazimento do que Balint (1948; 1954) nomeou de *superego técnico*, referindo-se à adesão rígida dos psicanalistas aos sistemas de filiação teóricos que impede que analisem utilizando o "livre jogo das faculdades" que alimentaria sua imaginação.

Uma vez apresentada, ainda que brevemente, a trilogia que compõe a virada de 1928 promovida no campo psicanalítico por Sándor Ferenczi, deter-me-ei um pouco mais em "Adaptação da família à criança", indicando de que maneira esse ensaio pretende confrontar a segunda teoria da angústia de Freud.

---

9 Convém notar que um estilo não se contrapõe, decerto, a outro. Freud não deixou de conceber a importância da empatia, assim como Ferenczi não abandonou o instrumento interpretativo. Trata-se, portanto, mais de ênfase ou privilégio do que de oposição. No entanto, conforme pretendemos demonstrar, em algumas situações clínicas a ênfase faz bastante diferença.

Da dor à alegria de existir

Em "Inibições, sintomas e ansiedade" Freud (1926), apresenta duas importantes balizas da sua última teoria, que se referia à pulsão de morte e à segunda tópica do aparelho psíquico. O argumento – na verdade, um debate – gira em torno da publicação do livro de Otto Rank, *O trauma do nascimento* (que foi dedicado a Freud), no qual se encontra um otimismo clínico inédito, apresentado no último capítulo e sustentado na ideia de que o manejo da transferência poderia promover um "segundo" nascimento – devido à separação do analista prevista pela liquidação da transferência –, agora não traumático (Rank, 1924). Freud critica tanto sua metapsicologia como seu modelo clínico.

Em primeiro lugar, para Freud (1926) o nascimento seria apenas o protótipo das separações posteriores – como o desmame, a aquisição do controle fisiológico implicado no asseio, o ingresso na vida escolar, as ligações amorosas, a inserção no mundo do trabalho – que acompanham o processo de amadurecimento subjetivo e de socialização. Ou seja, a aquisição do sentido de realidade seria necessariamente traumática, uma vez que o ser humano nasce em estado de desamparo e dependência – em razão de sua prematuridade biológica –, e toda ameaça de abandono ou medo da perda do amor da mãe ou do cuidador o remete novamente ao desamparo, fonte primária de toda angústia. Na vida adulta, a angústia deixa de estar relacionada diretamente ao outro do qual a criança dependia, passando a ser efeito do funcionamento do superego, o Outro incorporado no psiquismo.

Além disso, Freud (idem) tece uma crítica severa a um modelo clínico que pretendia curar o trauma do nascimento, indicando que experiências traumáticas são constitutivas do aparelho psíquico; inexoráveis, portanto. Freud emprega, com a ironia que lhe era característica, uma analogia que se explica por si só: não se apaga o incêndio em uma casa retirando o lampião de querosene derrubado que o causou (mas vou explicar: o lampião freudiano é nada mais nada menos que a pulsão, com privilégio para a pulsão de morte, essa incendiária incorrigível).

Assim, toda ameaça de perda do objeto, ou efetiva perda – de outra maneira, toda desfusão pulsional –, tem potencial incendiário, exigindo um dispendioso trabalho de ligação por parte do aparelho psíquico.

Nesse sentido, Freud se afasta do privilégio atribuído por Rank à regressão terapêutica, bem como da concepção de um *novo começo* proporcionado pela experiência transferencial,[10] e reafirma a primazia do seu modelo intrapsíquico ancorado no paradigma pulsional e no irremediável conflito entre as instâncias que caracteriza o campo das neuroses.

Já Ferenczi, anteriormente parceiro de Rank na publicação de *Perspectivas da psicanálise* (cf. Ferenczi, 1924), adentra o debate criticando tanto Rank como Freud. Seu argumento se sustenta no que se pode denominar, após a publicação de "A adaptação da família à criança", de *ambientalismo psicanalítico*, ilustrado por duas formulações que têm como máximas:

1. "O nascimento é um verdadeiro triunfo, exemplar para toda a vida" (Ferenczi, 1928, p.4), e não um trauma, portanto.

2. O estado de desamparo e a consequente dependência da criança ao adulto implicam que *a relação dos adultos com a criança pode ser efetivamente traumática*. Desse modo, o estado de desamparo não é a fonte do trauma por si só, mas apenas na relação com o outro. Parafraseando Winnicott,[11]

---

10 A ideia de *new beginning* foi preconizada por Balint (1932) e popularizada na escola inglesa – e entre nós – por Winnicott (1954).
11 Recordo ao leitor o provocador artigo de Jurandir Freire (2000) intitulado "O mito psicanalítico do desamparo".

poderíamos dizer que, assim como não existe um bebê sem cuidador, também não há desamparo sem uma perspectiva relacional que envolva a presença do outro (adianto, mas não poderei me aprofundar nesse tópico no escopo desse ensaio, que o mesmo tratamento teórico é dado por Ferenczi à pulsão de morte – tratar-se-ia de um mito fundador evocado por Freud; no sentido de que tanto Eros como Tânatos dependem da relação estabelecida com o/ pelo outro cuidador).

A afirmação, com júbilo, de que o nascimento é um triunfo pressupõe que, por um lado, o feto está biologicamente pronto para nascer, isto é, para entrar em contato com o ambiente externo ao útero materno, os aparelhos digestivo e respiratório já amadurecidos; por outro, que a família, representando o ambiente *adaptado* às necessidades biopsicofisiológicas do bebê, torna a transição do útero ao colo materno, e deste ao mundo, a mais delicada possível. Não é difícil reconhecer aqui Winnicott (cf. 1952) e sua concepção de *good enough mother*, a mãe suficientemente bem adaptada ao neonato. Além disso, a formulação de um triunfo do nascimento contradiz a figura do "bebê melancólico" apresentada pelo próprio Ferenczi no seu ensaio de 1913, "O desenvolvimento do sentido de realidade e seus estágios", que persistiu no imaginário psicanalítico.[12] É digna de nota, nesse sentido, a epígrafe, claramente provocadora, escolhida por Rank para *O trauma do nascimento*: as palavras de Sileno a Midas evocadas por Nietzsche em *O nascimento da tragédia, ou Helenismo e pessimismo* (pode-se perceber que o título do livro de Rank inspira-se no de Nietzsche, invertendo-o e adaptando-o à terminologia psicanalítica: "A tragédia [trauma] do nascimento"). Diz Sileno: "o melhor de tudo é para ti inteiramente

---

12 "O feto preferiria muito permanecer ainda na quietude do corpo materno, mas é implacavelmente posto no mundo [...]" (Ferenczi, 1913, p.52).

inatingível: não ter nascido, não ser, nada ser. Depois disso, porém, o melhor para ti é logo morrer" (Nietzsche apud Rank, 1924, p.7).

Se fosse possível escolher, o feto (melancólico, certamente) preferiria não nascer... para preservar sua onipotência no útero materno. A partir de 1928, no entanto, por exuberância vital e com a prova da alegria, o feto deseja nascer... e nasce.

Onipotência e traumatogênese

Chegamos, assim, a um problema decisivo no resgate da concepção de trauma pelo pensamento das relações de objeto: o da *onipotência* e sua relação com a etiologia psicopatológica. O psicanalista Jay Frankel (2017) é bastante preciso em seu artigo *Ferenczi`s evolving conception of narcissisic pathology and its basis in trauma*, ao indicar a articulação tecida por Ferenczi entre o evento traumático e a emergência do narcisismo patológico.

Não há necessidade de resgatarmos aqui todos os elementos da teoria do trauma construída por Ferenczi no final dos anos 1920 e início dos anos 1930 (cf. Ferenczi 1929, 1931, 1933). Basta, para avançar com o argumento aqui proposto, analisar os principais efeitos da traumatogênese sobre a subjetividade: a progressão traumática por meio da identificação ao agressor, e as fantasias de onipotência dela decorrentes.

Ferenczi (1931) indica que, na situação traumática, o agressor é alguém amado, do qual a criança não pode se desligar sob o risco de cair em abandono. Como recurso defensivo, a criança se identifica com o *objeto agressor*, promovendo uma clivagem narcísica em uma parte que "sabe tudo, mas nada sente" – a parte onipotente da progressão traumática – e outra parte sensível, destruída (ibid., p. 77). É conhecida a metáfora proposta por Ferenczi (1933) da fruta bichada – madura por fora, porém apodrecida por dentro.[13]

Frankel (2017) indica, ainda, que Ferenczi foi o autor que evidenciou que a onipotência presente na chamada "doença mental" viria recobrir uma inexorável fragilidade e vulnerabilidade subjetiva, hipótese que, talvez, soe óbvia para os psicanalistas atualmente identificados com o pensamento das relações de objeto. No entanto, desde Freud, e ainda hoje, as consequências clinicas de se adotar ou não essa concepção não são unânimes no campo psicanalítico. Basta recordar que, para Freud (1914), os psicóticos eram considerados intratáveis pelo fato de não estabelecerem transferência.

A partir da ampliação da clínica psicanalítica promovida por Ferenczi junto aos "pacientes difíceis", a concepção de quem seria inanalisável passou a ser bastante questionada.[14] Na traumatogênese descrita por Ferenczi (1933, p.103) ocorreria uma falha no estágio do chamado de *"amor objetal passivo"*, no qual o sujeito em constituição necessitaria da "ternura materna" para estabelecer as identificações que o possibilitariam exercitar sua autenticidade e seu movimento desejante.

Antes ainda, desde as formulações de "O desenvolvimento do sentido de realidade e seus estágios" (Ferenczi, 1913), as fixações patológicas eram consideradas efeitos de rupturas traumáticas da experiência de onipotência responsável pela expansão

---

13 Metáfora inspiradora para o título sugestivo do livro de Nicolas Abraham e Maria Torok (1995), *A casca e o núcleo*, dedicado ao desenvolvimento das hipóteses ferenczianas.

14 Vale notar que a *Psicanálise com crianças* praticada por von Hug-Hellmuth, Melanie Klein e Anna Freud iniciara essa ampliação da prática psicanalítica, bem como a adaptação do *setting* clássico às necessidades dessa modalidade clínica.

da subjetividade que mobiliza o sujeito do seu autoerotismo em direção ao mundo, ou seja, às relações de objeto.[15] A fixação, porém, não diz respeito apenas a um estágio do desenvolvimento da libido, mas também à aderência a certas modalidades de relação de objeto, como já indicara Abraham (1970).

Balint (1968) retomará justamente essa ideia do fracasso do "amor objetal passivo" redefinindo-a como "falha básica". Percebe-se, assim, que é o amor recebido pelos objetos primários que convoca a criança para as relações objetais, e não as pulsões de vida independentes do ambiente, como se fossem uma conquista autônoma do sujeito. A criança abandonada, dirá Ferenczi, ficará, ao contrário, assujeitada a Tânatos. Uma passagem de "A criança mal acolhida e sua pulsão de morte" é ilustrativa: "A 'força vital' que resiste às dificuldades da vida não é, portanto, muito forte no nascimento [...] ela só se reforça após a imunização progressiva contra os atentados físicos e psíquicos, por meio de um tratamento e de uma educação conduzidos com tato" (Ferenczi, 1929, p. 50).

O efeito da falha traumática no estágio do chamado de *amor objetal passivo* seria, portanto, o comprometimento severo dos processos identificatórios com a consequente incorporação do objeto do qual o sujeito não poderá mais prescindir. Advém daí a impossibilidade de fazer o luto do objeto – e, de acordo com Frankel (2017), o legado das "fantasias onipotentes" –, o que levou alguns autores a aproximarem a clivagem descrita por Ferenczi do mecanismo da cisão própria da melancolia, como o faz, por exemplo, Teresa Pinheiro (2016).

O desafio clínico não seria, assim, o de enfrentar a onipotência oriunda do incremento do narcisismo secundário; ao contrário, tratar-se-ia de cuidar da dimensão sensível do sujeito anestesiado

---

15 "Introjeção", de acordo com Ferenczi (1909; 1912).

de modo a que possa exercitar a "ilusão" e o "sentimento" de onipotência primária (Ferenczi, 1913, pp.47-48) responsável pelos movimentos de introjeção por meio dos quais se constituem o campo do si mesmo e o circuito dos objetos merecedores do seu investimento desejante.

Por uma clínica do masoquismo

Proponho que o problema clínico privilegiado ao qual Ferenczi se dedicou no final da sua obra foi o da *clínica do masoquismo*, sincrônico com as formulações de Freud a partir de 1920 (de fato, Freud pouco fala da melancolia após a "virada de 1920"). Com a traumatogênese ferencziana, o entendimento para a escolha defensiva por meio do masoquismo deixa de ser a de uma "covardia moral", um simples evitamento do desamparo cotidiano. A dor provocada pela identificação ao agressor viria atenuar uma dor maior provocada pelo desmentido traumático, como realça Ferenczi no *Diário clínico* (1932, pp.56-64).

Nesse sentido, pode-se entender que o ponto de partida das inquietações de Ferenczi tenha sido a percepção – ainda intuitiva, é verdade – dos efeitos iatrogênicos da psicanálise. A constatação de que a psicanálise, do modo como era praticada já em meados dos anos 1910, poderia reforçar a identificação com o agressor atualizado na figura do analista o levou primeiro à técnica ativa e, depois, à criação do que nomeei de estilo empático. Efetivamente, o tripé associação livre/princípio de abstinência no campo transferencial/interpretação fora desenvolvido para o tratamento da neurose, e não para os pacientes assujeitados à clivagem narcísica. Se nos detivermos em cada um dos elementos que balizavam a técnica freudiana até 1920, veremos que: 1. a associação livre não promovia os efeitos esperados, uma vez que os analisandos graves apresentavam comprometimento nos processos de simbolização, e as formações do inconsciente – sonhos, atos falhos e piadas – não se manifestavam conforme esperado; 2. a frustração no manejo da transferência reproduzia menos a diferença em relação às imagos infantis atualizadas, do que à identificação com o agressor, reforçando o traumatismo e a aderência afetiva dos analisandos aos seus analistas; e 3. a interpretação, que tem como alvo as resistências neuróticas e o recalcado, não obtinha sucesso em acessar o núcleo traumatizado do analisando, transformando a clínica em um exercício intelectual inócuo, e as análises em experiências intermináveis. Para essas subjetividades, insistir em uma clínica que adota como visada o reconhecimento da castração seria o equivalente a colocar a carroça na frente dos bois... apostando em uma força motriz erótica ausente que, pelo contrário, precisaria ser despertada na relação com o analista.

A clínica psicanalítica passava, assim, a ser norteada por uma ética do cuidado, assentada sobre duas grandes balizas: a regressão thalássica – que nos remete ao período da ternura, no qual vigora, por parte do analisando, a demanda de amor objetal passivo –, e a análise pelo jogo (cf. Kupermann, 2017). O termo "neocatarse" concebido por Ferenczi (1930) define a tarefa de perlaboração almejada pelo estilo clínico empático desenvolvido, com sofisticação, nas obras de autores como Balint, Winnicott e Kohut.

De acordo com a definição de Winnicott (1954), a regressão à dependência seria a resposta clínica para a progressão traumática impulsionada pela identificação com o agressor. A presença sensível do psicanalista favoreceria, em contrapartida, as condições necessárias e suficientes para a regressão reparadora do narcisismo primário comprometido e para a possibilidade de o sujeito livrar-se, enfim, do objeto incorporado. "Por trás do amor de transferência, submissão ou adoração [...] o desejo nostálgico de libertação desse amor opressivo", escreve Ferenczi (1931, p.104), acrescentando: "Se ajudarmos a criança, o paciente [...] a abandonar essa identificação e a defender-se dessa transferência tirânica, pode-se dizer que fomos bem-sucedidos".

A concepção de análise pelo jogo (Ferenczi, 1931), por seu turno, visava suportar o movimento expansivo e lúdico dos analisandos que exercitam, muitas vezes por meio de movimentos efetivamente hostis – no sentido da tentativa de evacuar o objeto agressor e persecutório –, a introjeção, demandando do psicanalista presença sensível e, também, o vigor necessário para resistir *no* encontro promovido pelo campo de afetação. A figura do "joão-teimoso", o boneco que apanha das crianças mantendo seu ponto de sustentação, é evocada por Ferenczi como metáfora inspiradora do trabalho do psicanalista em determinadas situações clínicas. "É necessário", escreve Ferenczi (1928a, pp.31-32), "ceder às tendências do paciente, mas sem abandonar a tração na direção de suas próprias opiniões".

À guisa de conclusão: a psicanálise sem pai nem mãe

Alguns comentadores e, mesmo, detratores dos autores representativos do pensamento das relações de objeto na psicanálise associam sua clínica a um exercício no qual o psicanalista ocuparia uma posição materna que, no limite, tenderia a manter a dependência por parte dos seus analisandos.[16] Por outro lado, o percurso freudiano indicou de que modo a clínica regida pelo princípio da abstinência no campo transferencial, que tem como alvo a assunção da castração por parte do analisando, implica uma posição paterna por parte do analista (Freud, 1937). No entanto, os vários acidentes

---

16 Curiosamente, nem Ferenczi nem Winnicott, os dois alvos maiores dessa crítica, não tiveram filhos.

de percurso sofridos por Freud apontaram que a adoção da postura de "substituto paterno" (idem) tende a reforçar o masoquismo dos analisandos, que toleram as maiores violências impostas – na maior parte das vezes involuntariamente, decerto – por seus próprios analistas. O caso do Homem dos Lobos é fartamente ilustrativo do fracasso iatrogênico do estilo "paterno" em psicanálise (Freud, 1918[1914]; Brunswick, 1928).

Para Ferenczi, no entanto, se a técnica inspirada pelo estilo interpretativo podia tornar-se, efetivamente, sádica, a maternagem, por sua vez, arriscava ser "hipócrita". Isso porque a maior resistência à análise decorreria da insensibilidade do psicanalista, ou seja, da recusa dos modos pelos quais é afetado pelo encontro clínico. Em seu último ano de vida, por meio da "análise mútua", Ferenczi (1932) buscara livrar o espaço analítico de toda hipocrisia defensiva, convocando o psicanalista ao reconhecimento e ao enfrentamento dos traumatismos decorrentes da sua prática clínica. Seu ponto de chegada foi a proposição de que muitas vezes o encontro analítico conjurava "duas crianças" que, igualmente desamparadas, estabelecem uma "comunidade de destino" de modo a alcançar a vivência da ternura necessária para o advento da sua autenticidade criadora.

Referências

ABRAHAM, K. (1970). *Teoria psicanalítica da libido: sobre o caráter e o desenvolvimento da libido*. Rio de Janeiro: Imago, 1970.

ABRAHAM, N.; TOROK, M. (1995). *A casca e o núcleo*. São Paulo: Escuta, 1995.

BALINT, M. (1932). Character analysis and new beginning. In *Primary love and psycho-analytic technique*. Karnac Books, 1994.

_____. On the psycho-analytic training system. *International journal of psychoanalysis*, London, n. 29, 1948.

_____. Analytic training and training analysis. *International journal of psychoanalysis*, London, 35, 1954.

_____. (1968). *A falha básica: aspectos terapêuticos da regressão*. São Paulo: Zagodoni, 2014.

BRUNSWICK, R. M. (1928). Supplément à l' « l'extrait de l'histoire d'une névrose infantile » de Freud. In Gardiner, M. (org.). *L'Homme aux loups par ses psychanalystes et par lui-même*.. Paris: Gallimard, 1981.

CINTRA, E. M. U.; TAMBURRINO, G.; Ribeiro, M. F. R. (orgs.). (2017). *Para além da contratransferência: o analista implicado*. São Paulo: Zagodoni, 2017.

COSTA, J. F. (2000). O mito psicanalítico do desamparo. *Ágora: estudos em teoria psicanalítica*. Vol. III, n. 1, Rio de Janeiro: Contracapa/Programa de Pós-graduação em Teoria Psicanalítica da UFRJ, 2000.

FERENCZI, S. (1909). Transferência e introjeção. In S. Ferenczi, *Psicanálise I*. São Paulo: Martins Fontes, 1991.

_____. (1912). O conceito de introjeção.. In S. Ferenczi, *Psicanálise I*. São Paulo: Martins Fontes, 1991.

_____. (1913). O desenvolvimento do sentido de realidade e seus estágios. In *Psicanálise II*. São Paulo, Martins Fontes, 1992.

_____. (1924). Perspectivas da psicanálise. In *Psicanálise II*. São Paulo, Martins Fontes, 1992.

_____. (1924b). Thalassa, ensaio sobre a teoria da genitalidade. São Paulo, Martins Fontes, 1992.

_____. (1928). A adaptação da família à criança. In *Psicanálise IV*. São Paulo, Martins Fontes, 1992.

_____. (1928a). Elasticidade da técnica. São Paulo, Martins Fontes, 1992.

_____. (1928b). O problema do fim da análise. São Paulo, Martins Fontes, 1992.

_____. (1929). A criança mal acolhida e sua pulsão de morte. São Paulo, Martins Fontes, 1992.

_____. (1930). Princípio de relaxamento e neocatarse. São Paulo, Martins Fontes, 1992.

_____. (1931). Análises de crianças com adultos São Paulo, Martins Fontes, 1992.

FERENCZI, S. (1932). *Diário clínico*. São Paulo: Martins Fontes, 1990.

_____. (1933). Confusão de língua entre os adultos e a criança. São Paulo: Martins Fontes, 1991.

FOUCAULT, M. (1969). *O que é um autor?* Lisboa: Veja, 2000.

FRANKEL, J. (2017). Ferenczi's envolving conception of narcissisic pathology and its basis in trauma. *The American Journal of Psychoanalysis*, 77 (213-222).

FREUD, S. (1915). *Neuroses de transferência: uma síntese*. Rio de Janeiro, Imago, 1987.

_____. (1919). Caminhos da terapia psicanalítica. In *Obras completas volume 14*. São Paulo: Companhia das Letras, 2010.

_____. (1914). Sobre o narcisismo: uma introdução. In *Edição Standard Brasileira das Obras Psicológicas Completas de Sigmund Freud*. Vol. 14. Rio de Janeiro: Imago, 1980.

_____. (1918[1914]). História de uma neurose infantil. In *Edição Standard Brasileira das Obras Psicológicas Completas de Sigmund Freud*. Vol. 17. Rio de Janeiro: Imago, 1980.

_____. (1914). Inibições, sintomas e ansiedade. In *Edição Standard Brasileira das Obras Psicológicas Completas de Sigmund Freud*. Vol. 20. Rio de Janeiro: Imago, 1980.

_____. (1937). Análise terminável e interminável. In *Edição Standard Brasileira das Obras Psicológicas Completas de Sigmund Freud*. Vol. 23. Rio de Janeiro: Imago, 1980.

GURFINKEL, D. (2017) *Relações de objeto*. São Paulo: Blucher, 2017.

Kupermann, D. (2003). *Ousar rir. Humor, criação e psicanálise*. Rio de Janeiro: Civilização Brasileira, 2003.

_____. (2008). *Presença sensível: cuidado e criação na clínica psicanalítica*. Rio de Janeiro: Civilização Brasileira, 2008.

_____. (2017). *Estilos do cuidado: a psicanálise e o traumático*. São Paulo: Zagodoni, 2017.

_____. (2019). *Por que Ferenczi?* São Paulo: Zagodoni, 2019.

LACAN, J. (1955). A coisa freudiana ou sentido do retorno a Freud em psicanálise. In *Escritos*. Rio de Janeiro: Jorge Zahar, 1998.

PINHEIRO, T. (2016). *Ferenczi*. São Paulo: Casa do Psicólogo, 2016.

RANK, O. (2016). *O trauma do nascimento: e seu significado para a psicanálise*. São Paulo: Cienbook. (Trabalho original publicado em 1924).

WINNICOTT, D. W. (1952). Psicoses e cuidados maternos. In *Da pediatria à psicanálise: Obras escolhidas*. Rio de Janeiro: Imago, 2000.

_____. (1954). Aspectos clínicos e metapsicológicos da regressão no contexto psicanalítico. In *Da pediatria à psicanálise: Obras escolhidas*. Rio de Janeiro: Imago, 2000.

2. Tradição e ruptura na clínica: Ferenczi, relações de objeto e a psicanálise relacional[1]

Nelson Ernesto Coelho Junior

Esta apresentação tem por objetivo contribuir para a elaboração de uma história crítica das teorias das relações de objeto, no contexto dos debates clínicos da psicanálise contemporânea. Para isso, realizarei uma investigação sobre as origens e os impasses das tradições interpessoais e relacionais na psicanálise norte-americana. O ponto de partida é a contribuição de Sándor Ferenczi para a formulação teórico-clínica das duas correntes de psicanálise desenvolvidas nos Estados Unidos e seu papel na história das rupturas clínicas propostas por estas tradições.

Desde que recebi o convite feito por Decio Gurfinkel para compor esta mesa redonda com meus amigos Daniel Kupermann e Renato Mezan, venho pensando em qual poderia ser a minha contribuição. Primeiro pensei em apresentar algumas das ideias

---

[1] Optei por manter o tom informal da fala, com a intenção e a esperança de que algo da vitalidade da mesa redonda e do tom geral presentes no Evento *Relações e Objeto na Psicanálise: fundamentos e clínica*, realizado no Sedes Sapientiae, possa chegar ao leitor. Agradeço a leitura e os comentários de Patricia Getlinger, Luís Cláudio Figueiredo e Eugênio Canesin Dal Molin a uma primeira versão deste texto.

clínicas que tenho desenvolvido a partir do que Gurfinkel (2017), por sua vez retomando proposição de Greenberg e Mitchell (1983/1994), chama de *modelos mistos*, ou seja, de articulação da teoria pulsional e do pensamento das relações de objeto. No caso, pensei em retomar, a partir dos trabalhos de Green e Ogden, as ideias que desenvolvi sobre a importância para a clínica contemporânea da noção de terceiro ou da terceiridade (Coelho Júnior, 2016). Mas, para esta apresentação, procuraria enquadrá-las no contexto das concepções incluídas no livro recém-publicado em parceria com Luís Claudio Figueiredo, *Adoecimentos psíquicos e estratégias de cura - matrizes e modelos em psicanálise* (Blücher, 2018). Neste livro, tratamos os *modelos mistos* de Greenberg e Mitchell como caracterizadores da *psicanálise transmatricial*, em referência às matrizes que consideramos basilares do pensamento psicanalítico sobre o adoecimento psíquico: a matriz freudo-kleiniana (adoecimento por ativação, centrado nas defesas diante das angústias) e, uma matriz suplementar a esta primeira, a matriz ferencziana (adoecimentos por passivação, centrados na agonia diante de estados psíquicos mortíferos, estabelecidos a partir de traumas muito precoces). Denominamos o momento pós-escolas em que vivemos de "psicanálise transmatricial", ressaltando a forma com que autores como Green, Ogden, Ferro, Bolas, Roussillon e muitos outros precisaram articular, em suas propostas teóricas e clínicas, aspectos das duas matrizes e de seus diferentes modelos. A passagem do período das grandes escolas pós-freudianas para o transmatricial é pensada como tendo sido viabilizada por um representante de cada uma das matrizes, no caso, Bion e Winnicott. Os dois autores são considerados fundamentais, de diferentes formas, para os principais autores transmatriciais.

Mas à medida que avançava na leitura do livro de Decio Gurfinkel, percebi que minha contribuição poderia ir em outra direção: deveria me concentrar na indicação de um eixo clínico/institucional do desenvolvimento da psicanálise norte americana, que vai da *psicanálise interpessoal*, de Harry Stack Sullivan e ClaraThompson, ao trabalho contemporâneo dos psicanalistas relacionais e pertence, ao menos para alguns comentadores e historiadores da psicanálise,[2] ao campo do pensamento das relações de objeto. Este eixo norte-americano não foi tematizado no trabalho de Gurfinkel, embora tenha uma de suas origens em comum com os fundamentos do pensamento de relações de objeto por ele abordados, ou seja, a obra teórica e a clínica de Ferenczi. A pesquisa realizada por Gurfinkel, mesmo tendo partido do modelo estabelecido por Greenberg e Mitchell em 1983, não chega a focalizar o complexo caminho teórico/clínico/institucional que levou um grupo de psicanalistas norte-americanos, no final dos anos 1980 (entre eles, Greenberg e Mitchell), a partir de um original contato clínico e teórico com Ferenczi, feito por seus antecessores na psicanálise interpessoal norte-americana, até o pensamento psicanalítico da *relational psychoanalysis*. Trata-se de um pensamento que, apesar de seus muitos problemas e impasses, tem considerável relevância institucional e política no cenário mundial da psicanálise deste início do século XXI. Acredito que isso, por si só, justifica o empenho em situá-la no amplo contexto da psicanálise contemporânea. Que fique claro, faço isso pela importância histórico/institucional, muito mais do que por interesse ou apreço pela contribuição dessa corrente ao campo da psicanálise. Os autores que de fato concernem a mim no pensamento das relações de objeto são os abordados por Gurfinkel em seu livro (Fairbairn, Balint e Winnicott), sobre os quais, no entanto, pouco de novo teria a acrescentar no momento.

Com isso em mente, formulei uma pergunta que guiará esta apresentação: *na dialética sutil da tradição e da ruptura [como sugere Gurfinkel em seu livro], quanto de ruptura a tradição aguenta?*

---

2 Cf. Greenberg & Mitchell, 1983/1994, p.xiii e pp. 8 e 134.

Colocando o problema historicamente, o que determinou que uma prática clínica e algumas ideias não fossem mais consideradas pelo *establishment* como "psicanalíticas"? O que fez algumas rupturas resultar em expulsões e outras não?

Sabemos que várias foram as tensões no "momento freudiano" que levaram a expulsões, assim como outras tantas no "momento pós-freudiano". O que conduz a outra pergunta: será que no momento transmatricial suportamos melhor certas rupturas? Será que a tradição hoje está tão consolidada que já suporta um número maior de diferenças?

Vou centrar esta apresentação em questões históricas e em questões técnicas, que evidentemente embutem muitas outras questões teóricas.

Para isso, além das inspirações tomadas do panorama detalhado pelo livro de Gurfinkel, vou utilizar um texto de Jay Greenberg (2001) sobre os impasses clínicos da psicanálise relacional (incluindo indicações sobre os elementos técnicos *Self disclosure* e *enactments*).

Um pouco de história da psicanálise

Proponho, inicialmente, a reconstituição de alguns dados desta longa história.

De início, é preciso retornar ao intervalo entre outubro de 1926 e julho de 1927, em Nova York, mais precisamente na New School for Social Research. Ferenczi dá ali conferências, faz supervisões e inicia análises. Vejamos o contexto.

Como se sabe,[3] por volta de 1924, o conflito entre Freud, de um lado, e Rank e Ferenczi, de outro (que neste ano publicaram em

---
3   Cf. Szecsödy, 2007.

conjunto o ensaio intitulado *Entwicklunsziele der Psychoanalyse* [*O desenvolvimento da psicanálise*], a partir de uma proposta original de Freud, mas tomando como base uma troca de ideias entre os dois autores, anterior à proposta de Freud), piora consideravelmente e um dos motivos é o emprego de técnicas ativas por Ferenczi e Rank. Os avanços conceituais do livro eram relacionados a uma nova configuração das noções de trauma e de ação [*Agieren*], como bem indica Assoun (2009, p.939). Um comitê, criado secretamente em 1912 para lidar com Jung e seus desvios, formado por Karl Abraham, Hans Sachs, Max Eitington e Ernest Jones (além dos próprios Rank e Ferenczi), criticou os dois autores por seu trabalho teórico conjunto, embora, possivelmente, a razão maior para a censura fosse o receio com relação às mudanças que vinham experimentando clinicamente. Mas, em particular, o comitê atacou Rank por seu livro *O trauma do nascimento* (1924).

Rank tentou se defender, enfatizando que não questionava o significado do conflito edípico, mas acrescentou que este receberia seu poder dinâmico da experiência do trauma do nascimento. A ênfase de Rank no trauma do nascimento foi interpretada pelo comitê como um desvio da teoria psicanalítica "autêntica" e, apesar das tentativas de mediação entre as partes conflitantes, isso levou a uma ruptura e contribuiu para a emigração de Rank para os Estados Unidos. Ferenczi, por sua vez, permaneceu "alinhado" e, de acordo com a lenda, teria ignorado Rank, quando o encontrou mais tarde, por acaso, em uma plataforma ferroviária na Pennsylvania Station, em Nova York. Neste contexto, uma ruptura e uma expulsão ocorreram. O trabalho de Rank (ou ele mesmo, como analista) já não mais cabia na instituição psicanalítica dirigida por Freud. Com relação a Ferenczi, a história é um pouco diferente. Laplanche (1980/1988) sugere que "Rank, como Ferenczi, começa a se separar de Freud e do movimento psicanalítico (talvez mais do movimento do que de Freud; ou pelo menos, gostariam de ser patrocinados por ele em suas contribuições e foram, em grande parte, os outros discípulos de Freud que forçaram um rompimento) a respeito de dois pontos correlatos: por um lado, a tentativa de promover uma técnica mais "ativa" e mais abreviada de análise, uma técnica, digamos, menos maiêutica; e, por outro lado, uma ênfase sobre o que se convencionou chamar de 'ponto de vista biológico'" (pp108-109).

Embora Ferenczi continuasse com suas experimentações clínicas e teóricas, procurou permanecer fortemente ligado a Freud. No entanto, sofreu muito quando Freud questionou seus métodos. E, mais ainda, quando Clara Thompson (1893-1958), sua paciente entre 1928 e 1933, disse a Freud que lhe era permitido beijar o "pai" Ferenczi sempre que desejasse fazê-lo. Freud, enfurecido, escreve uma carta a Ferenczi, datada de 13 de dezembro de 1931: "[...] vejo que a diferença entre nós vem à tona na menor coisa, um detalhe na técnica, que certamente merece ser discutido. Você não escondeu o fato de beijar seus pacientes e deixá-los beijá-lo; eu também tinha ouvido a mesma coisa de meus pacientes [...] [por meio de Clara Thompson]. Agora, imagine para si mesmo qual será a consequência de tornar sua técnica pública [...] O mais novo dos nossos colegas terá dificuldades, nas conexões relacionais que fizerem, de parar no ponto no qual tinham pretendido originalmente, e *Godfather* [o padrinho] Ferenczi, olhando para o cenário comprometido que criou, possivelmente dirá para si mesmo: talvez eu devesse ter interrompido minha técnica de ternura maternal *antes* do beijo" (Falzeder & Brabant, 2000, p. 422).

Ferenczi ficou muito ferido pelos comentários de Freud como se pode ver em sua resposta de 27 de dezembro de 1931: "Acredito ser capaz de criar uma atmosfera leve e sem paixão, que é adequada para revelar também o que até agora tem sido ocultado. (…) Mas na medida em que temo os perigos tanto quanto você o faz, devo e vou, agora como antes, ter em mente as advertências que você me fez e vou me esforçar para me criticar o mais duramente possível" (Falzeder & Brabant, 2000, p, 424).

Mais tarde, em seu *Diário clínico*, Ferenczi fez uma nota sobre Clara Thompson (a Dm, dos Diários Clínicos), sugerindo que na transferência ela reencenava a relação com seu pai, que abusara dela quando criança, com forte colorido sexual. Como se sabe, depois de ouvir as palestras de Ferenczi em Nova York, em 1926, o psiquiatra Harry Stack Sullivan (1892-1949) pediu que sua amiga e colega Clara Thompson fosse analisada por Ferenczi para que pudessem aprender de forma direta sua técnica. Depois de poupar dinheiro por 2 anos, Clara Thompson esteve em análise com Ferenczi durante suas visitas regulares a Budapeste nos verões de 1928 e 1929 e, ainda, sem interrupção de 1931 até 1933, quando da morte de Ferenczi (segundo conta outra lenda, a análise com Ferenczi teria sido feita a pedido de seu "chefe", Harry Stack Sullivan, que teria sugerido, na realidade, que ela fizesse sua análise para depois ser a analista dele e, assim, juntos, poderem fundar uma nova associação psicanalítica). Em seu retorno para Nova York, Clara Thompson de fato tentou analisar Sullivan. A análise foi interrompida após 14 meses em função dos acessos de raiva de Sullivan. Antes que uma análise propriamente ferencziana começasse, Thompson aplicou técnicas da Análise de Caráter, de Wilhelm Reich. Provavelmente em função de seus próprios traumas pouco analisados, tanto individualmente como um em relação ao outro, nem Thompson nem Sullivan conseguiram valorizar e promover de forma direta as visões de Ferenczi sobre o trauma precoce ou suas estratégias terapêuticas nos Estados Unidos (cf. MEIGS, 2004).

Neste ponto uma pergunta se impõe: qual o papel de todo este episódio na forma como Ferenczi passará a ser tratado nas fileiras freudianas e que impacto esta nova ruptura terá na formação da psicanálise interpessoal norte-americana?

Clara Thompson, em seu livro *Psychoanalysis, evolution and development. A review of theory and therapy*, publicado em 1950, afirma que "a psicanálise se enriqueceu nos últimos anos com a aparição de novas tendências e novos desenvolvimentos. E, como é habitual no progresso científico, as novas ideias não receberam a aceitação de todos os pesquisadores. Sempre há uma força conservadora que resiste à mudança e uma força propulsora que empurra impacientemente para seguir adiante. As diferenças fazem com que cada grupo tenda a se isolar do outro" (p. 9)

Será que essa afirmação de Thompson, que abre seu livro, dá conta dos movimentos de ruptura e das forças da tradição que ela teve de enfrentar como paciente e como analista?

Avancemos na história. Nos Estados Unidos, nas décadas de 1930 e 1940, um grupo de psiquiatras/psicanalistas (liderados por Harry Stack Sullivan e Clara Thompson)[4] retirou a ênfase

---

4 Vale notar que há uma relação direta de Clara Thompson com a instalação e o desenvolvimento da psicanálise no Brasil. Clara Thompson foi supervisora de Iracy Doyle e analista de Horus Vital Brazil (que fez sua primeira análise de 1952 a 1956 com Iracy e, com a morte prematura desta, foi para Nova York e terminou a formação no William Alanson White Institute e fez uma segunda análise com Clara Thompson). Iracy Doyle Ferreira (1911-1956), médica psiquiatra e psicanalista brasileira, em 1946 iniciou sua formação em psicanálise no William Alanson White Institute de Nova York, tendo realizado sua análise pessoal com Meyer Maskin e supervisão com Clara Thompson. Volta ao Brasil em 1949 e funda, em abril de 1953, o Instituto de Medicina Psicológica (atual Sociedade de Psicanálise Iracy Doyle- SPID, filiada à International Federation of Psychoanalytical Societies), recusando filiação à IPA. Formou muitos alunos, entre eles, o já citado Horus Vital Brasil e Hélio Pellegrino (de quem foi a primeira analista, antes de sua segunda análise com Anna Kattrin Kemper, iniciada em função da morte prematura de Iracy), psicanalista importante na consolidação de uma Psicanálise engajada e com preocupações sociais no Brasil, nas décadas de 1960 e 1970. Os efeitos desta presença do pensamento da psicanálise interpessoal no Brasil merecem ser mais estudados. Mas acho que fica claro como o desejo de ruptura também aparece aqui ou, ao menos, o desejo de não inclusão no grupo majoritário da psicanálise mundial.

de suas teorizações das estruturas psíquicas internas, da clássica teoria intrapsíquica de Freud e deslocaram-na para a dimensão interpessoal. Trabalhavam fundamentalmente com pacientes graves, esquizofrênicos em sua maioria. A partir do intenso trabalho de Sullivan entre os psiquiatras e do legado deixado por ele e desenvolvido no ambiente de formação psicanalítica do William Alanson White Institute e da Washington School of Psychiatry, a assim chamada *psicanálise interpessoal* se estabeleceu como uma prática clínica e como uma teoria. Obteve inicialmente pouco reconhecimento das instituições psicanalíticas no âmbito mundial (hoje participa de muitos fóruns da International Psychoanalytical Association (IPA)) e de outras instituições internacionais de psicanálise, com membros de destaque como Lawrence O. Brown, também membro da IPA, e Jay Greenberg, atual editor do Psychoanalytic Quarterly. Sua contribuição não se limita a simplesmente inverter o foco do plano intrapsíquico para o plano interpessoal (e a recusar alguns dos pilares da psicanálise freudiana), uma vez que inclui em seu escopo a dimensão "culturalista" e social, desenvolvida ao lado de antropólogos como Margareth Mead e de psicanalistas como Erich Fromm e Karen Horney, com contribuições fundamentais para o desenvolvimento de uma psiquiatria dinâmica nos Estados Unidos, como bem indicam Greenberg e Mitchell em seu livro de 1983. Outro eminente psicanalista norte-americano da atualidade, Irwin Hirsh (2004), comentando a importância atual de Sullivan escreve: "Dado seu profundo significado para a Psicanálise contemporânea, seu trabalho é, em geral, menos lido do que se poderia esperar, mesmo por aqueles identificados com as tradições analíticas interpessoais ou relacionais" (p. 257). A seguir, proponho que acompanhemos a descrição, embora um tanto longa, que os interpessoais fazem de sua ligação com o campo psicanalítico, em que ficarão evidentes os efeitos da ruptura entre Freud e Ferenczi⁵ sobre este grupo de psicanalistas. Ficará evidente também como eles foram precursores na proposta de uma formação psicanalítica externa ao modelo e às instituições vinculadas à IPA:⁶

> *O William Alanson White Institute foi fundado em 1943 como uma alternativa revolucionária à Psicanálise freudiana ortodoxa nos Estados Unidos. Seus renomados fundadores foram Erich Fromm, Ph.D., dr. Frieda Fromm-Reichmann, Harry Stack Sullivan, MD, e Clara Thompson, MD [entre outros]. Este grupo dissidente se viu na necessidade de desafiar o sectarismo paroquial e a crescente rigidez da Psicanálise americana. Alguns desses fundadores foram treinados no círculo freudiano europeu nas décadas de 1920 e 1930 e todos participaram ativa e proeminentemente como professores nos institutos "oficiais" ortodoxos da Associação Psicanalítica Americana na cidade de Nova York e na área de Washington-Baltimore. Eles se opunham ao que percebiam como inflexibilidade na prática clínica, insularidade intelectual, um sistema de treinamento paternalista e a dominação da medicina*

---

5 Como se sabe, os momentos finais da vida de Ferenczi e sua relação neste período com Freud sofreram a mediação (ou até mesmo a intervenção) de vários outros personagens, entre eles Anna Freud. Talvez seja excessivo falar em ruptura entre os dois, mas certamente os efeitos das tensões destes anos na relação entre os dois grandes psicanalistas fazem parte das causas que levaram ao posterior "silenciamento" na IPA da obra de Ferenczi, por mais de 40 anos. Balint (1948, p. 243), por sua vez, se refere a uma "cisma" entre Freud e Ferenczi.

6 Faço aqui uma tradução, adaptação, edição das ideias apresentadas no item "nossa história", no site do William Alanson White Institute (Cf. http://www.wawhite.org/ /index.php?page=our-history).

sobre o treinamento e a prática psicanalítica. Em resposta, criaram um instituto baseado na tradição freudiana, enriquecido pelas perspectivas interdisciplinares das ciências sociais.

O Instituto é mais conhecido na profissão por seu ponto de vista "interpessoal", desenvolvido em resposta à noção prevalente de analista distante, formal, "tela em branco", que é desprovido da presença humana na relação de tratamento. O estudo de como as pessoas influenciam e respondem umas às outras continua sendo o foco central do modelo de tratamento interpessoal. A abordagem interpessoal ressalta as qualidades humanas do psicanalista como fator de mudança terapêutica. Ao enfatizar o relacionamento com o paciente, os psicanalistas do Instituto fizeram contribuições pioneiras para o tratamento de pacientes profundamente perturbados que eram geralmente considerados inatingíveis ou incuráveis. Alguns dos primeiros estudos sobre contratransferência, a influência da personalidade do psicanalista no processo de tratamento, também evoluíram organicamente do ponto de vista interpessoal. Naquela época, os praticantes ortodoxos da Psicanálise mainstream estavam tratando principalmente pacientes ricos[7]. Os Serviços Clínicos do Instituto (estabelecidos em 1948) afirmaram o compromisso em estudar

---

7 Vale notar, entretanto, que este argumento é correto apenas em parte. Se é verdade que os pacientes ricos compunham o principal do público atendido pelos psicanalistas do *mainstream,* por volta dos anos 1940, é também verdade que muitos desses psicanalistas haviam sido formados em instituições que ofereciam atendimento gratuito para a população em geral. A fundação das policlínicas na Europa data da década de 1920. Mesmo durante a Segunda Guerra Mundial, mais tarde, os institutos que se mantiveram ofereciam atendimento aos "não ricos".

variedades de desenvolvimento individual, fornecendo serviços comunitários e adaptando métodos psicanalíticos ao tratamento de populações carentes. Na década de 1950, esse desafio à Psicanálise oficial levou os esforços da ortodoxa Associação Psicanalítica Americana a privarem e marginalizarem os líderes e professores do Instituto. Por várias décadas, o White Institute foi o único centro de treinamento psicanalítico de destaque nacional que oferecia treinamento completo a psicólogos, que eram idênticos aos dos candidatos médicos. Esse compromisso com a formação interdisciplinar já antecedia o processo histórico de ação coletiva dos anos 1980 que levou institutos afiliados à Associação Psicanalítica Americana, mais ortodoxa, a abrirem suas portas para estudantes "não médicos".

Por essa razão (a aceitação de não médicos), os assim considerados fundadores da Relational Psychoanalysis, Stephen Mitchell e Jay Greenberg, fizeram sua formação no William Alanson White Institute, depois de se graduarem em Psicologia na New York University nos anos 1970. Vale dizer que, em conversa durante a recente visita de Greenberg a São Paulo, em 2016, ele afirmou que não havia uma só disciplina ou professor que trabalhasse com Ferenczi[8] no período de sua formação e que ainda recentemente, ao mencionar Ferenczi em uma conferência em uma das Sociedades de Nova York ligadas à IPA, alguém da plateia se indignou e pediu para que não se mencionasse o nome deste psicótico em um meio de psicanalistas sérios...

---
8 O que evidentemente me causou algum espanto, já que Ferenczi é o autor de referência na origem do WAWI. Pode-se supor que o silenciamento desejado por Ernest Jones tenha se tornado efetivo, mesmo fora da IPA.

Um autor como Ferenczi pode ser o patrono de um percurso institucional, teórico e clínico de um grupo de psicanalistas, mas pode ser também devidamente ocultado, segundo os mais diferentes interesses e modas. Isso fez parte, desde o seu início, do modo de institucionalização da psicanálise, que nesse aspecto pouco difere em seu funcionamento institucional de outras instituições políticas, sociais e culturais.

A presença das rupturas técnicas de Ferenczi no trabalho contemporâneo dos psicanalistas relacionais

Como o que foi exposto até agora se liga às principais rupturas clínicas propostas pelos psicanalistas relacionais, ou seja, a valorização do *enactment* e do *Self disclosure*?

Vejamos como Jay Greenberg (2001) analisa essa situação entre os relacionais (e seus pequenos milagres, como ele chamou as ações típicas relatadas por estes analistas, para enfrentar impasses transferenciais crônicos) e os riscos presentes para a clínica psicanalítica contemporânea. Vale antes dizer que Greenberg, principalmente depois da prematura morte de Mitchell em 2000, aos 54 anos, e da criação de uma instituição internacional de Psicanálise relacional (a IARPP), colocou-se em uma posição cada vez mais crítica e não se considera hoje um psicanalista relacional e nem sequer acha que isto de fato deva existir. Para ele, o pensamento relacional é uma das formas de se pensar a Psicanálise e não deveria ter se tornado uma nova escola de Psicanálise. Ao mesmo tempo, vale também ressaltar que muitos analistas hoje filiados à IPA se dizem relacionais. Enfim... idas e voltas no campo da Psicanálise contemporânea.

Greenberg (2001, pp.361-363)[9] descreve uma visão teórica emergente sobre a natureza da situação psicanalítica e da participação do analista em uma análise. Aponta quatro premissas que seriam, em grande parte, aceitas por todos os analistas relacionais:

1. Muito mais do que os primeiros teóricos poderiam se dar conta, o analista influencia a experiência do analisando de várias maneiras. Muito do que o paciente pensa e sente é sensível ao que o analista faz e até a quem ele é. Tudo o que o analista diz (e muito do que não é dito) afetará profundamente o paciente. Isso tem muito a ver com a visão relacional sobre a autoridade do analista, que é tomada como mais poderosa do que se imaginava anteriormente. A ideia inicial de Freud (1937) de que interpretações incorretas simplesmente seriam ignoradas pelo analisando é amplamente rejeitada. Sugestão e influência pessoal, que uma vez já foram desprezadas como material de psicoterapias pouco ou nada psicanalíticas, tornaram-se tanto a nova moeda do reino psicanalítico como uma área nobre de investigação.

2. Apesar de seu poder de afetar tudo o que acontece em uma análise, o impacto do comportamento do analista nunca pode ser entendido no momento em que ocorre. Em termos contemporâneos, o enactment é onipresente. Grande parte do trabalho em toda análise é entender, depois do fato, o que aconteceu.

3. Na sequência deste segundo ponto, e contra Freud e seus seguidores, não há postura técnica que o analista

---

9 Faço aqui uma tradução, adaptação, edição e um uso livre das ideias de Jay Greenberg, embora siga quase literalmente suas frases e exemplos, com intuito de apresentar o mais fidedignamente suas posições.

possa adotar que garanta a criação de uma atmosfera previsível na análise. Neutralidade e abstinência, pilares da técnica clássica, são míticas e, portanto, conceitos vazios. Posturas mais contemporâneas, como empatia, são igualmente míticas. Uma análise eficaz pode ser conduzida somente aos trancos e barrancos, como resultado de negociações dentro de cada dupla. O objetivo dessas negociações é encontrar uma maneira de trabalhar, única para a dupla, que atenderá ambos os participantes.

4. Opiniões divergem entre analistas relacionais sobre até que ponto o paciente traz algo – um inconsciente – que pode ser descoberto e conhecido, ou se todos os significados são construídos pela dupla analista/analisando. Mas, independentemente de onde o teórico está nesse ponto, existe um amplo consenso de que a objetividade é um mito, para alguns analistas relacionais, porque não há nada sobre o que ser objetivo; para os outros, porque a memória e o desejo do analista nunca podem ser evitados ou barrados. Nossa contratransferência é o ar que nossos pacientes respiram.[10]

Aqui temos um primeiro conjunto de ideias que, por si só, recolocam em outros termos muitos dos paradigmas técnicos com os quais a Psicanálise se construiu nos últimos cem anos. São questões não muito distantes das que em outros tempos causaram a expulsão de alguns psicanalistas do meio psicanalítico e tornaram-nos historicamente reconhecidos como não psicanalistas. Será o nosso tempo mais tolerante com estas *rupturas* e nossa forma de conceber a tradição um tanto mais flexível?

---

10 Grifo nosso.

Voltemos a Greenberg (2001, p. 363-368)

> *Com isso em mente, considere alguns dados clínicos importantes e frequentemente citados em vinhetas relatadas na literatura relacional: Samuel Gerson admite para uma paciente que mentiu para ela, então pede sua colaboração na compreensão de suas razões para fazê-lo; Jodie Davies confessa seus sentimentos eróticos por seu paciente; Emmanuel Ghent reconhece que seu paciente está com frio e traz-lhe um cobertor; John Frederickson coloca seu rosto na frente de seu paciente e grita "Cale-se!". Eu mesmo contribuí para essa tendência, escrevendo sobre Self disclosures (auto revelações) e sobre trazer algumas de minhas próprias preferências pessoais extra clínicas em conversas com supervisionandos sobre a técnica [...]*

As raízes [...] de muitos princípios fundamentais da Psicanálise relacional podem ser rastreados até os pontos de vista de Sándor Ferenczi. O analista, Ferenczi argumentou, dá ao paciente mais do que uma visão sobre o funcionamento de seu inconsciente.

Ciente disso ou não, o analista invariavelmente e, inevitavelmente também o paciente enfrentam um novo e crucial tipo de experiência relacional (Ferenczi e Rank 1924). Esta poderosa experiência faz mais do que dar profundidade e significado para os *insights* que emergem da exploração psicanalítica. Ainda mais porque o analista gratifica uma ampla gama de necessidades e desejos, a experiência motiva o paciente a entrar e a permanecer em tratamento.

> *Há muito da sensibilidade de Ferenczi nos ensinamentos clínicos incorporados nas vinhetas relacionais a que aludi. Em geral, a ideia é que a capacidade e disposição*

do paciente para participar no tratamento é uma faceta única da relação que é forjada por todos os analistas e todos os analisandos.

Assim, Greenberg explicita o ponto que procuro demonstrar, ou seja, a presença de Ferenczi como patrono deste eixo teórico clínico da Psicanálise norte-americana, que vai da Psicanálise interpessoal à Psicanálise relacional, e parece ser um eixo que de alguma forma participa do grande campo das teorias das relações de objeto. Os ecos das rupturas e das expulsões na história do movimento psicanalítico se fazem sentir, mas as acomodações contemporâneas quanto ao que é ou não é Psicanálise também se fazem presentes.

Concluo esta apresentação indicando que considero, evidentemente, as rupturas (ou transformações) experimentadas por Ferenczi muito mais relevantes e importantes historicamente do que as operadas pelos interpessoais e pelos relacionais. Esses autores, se têm algum mérito, é o de ter ajudado a transformar a paisagem da Psicanálise norte-americana, até então muito tomada pelas formas rígidas da psicologia do Ego, tanto do ponto de vista clínico e teórico, como institucional. De resto, acompanho o psicanalista espanhol Martin-Cabré (1997), em sua hipótese de que a ruptura operada na relação entre Freud e Ferenczi produziu um trauma na Psicanálise que explicaria a clivagem entre teorias pulsionais, de um lado e das relações de objeto, de outro. A teoria do trauma de Ferenczi seria, assim, para o autor espanhol, o elo teórico perdido que poderia reunir num corpo articulado o pensamento psicanalítico.

Se situarmos as teorias pulsionais no polo intrapsíquico e o pensamento das relações de objeto no polo intersubjetivo, acompanho também André Green (2000, p. 2) quando afirma que "é na imbricação dos mundos internos dos dois parceiros do par analítico que a intersubjetividade ganha substância – o que não implica uma simetria entre os protagonistas". Por meio de uma sólida argumentação, Green procura mostrar que a ênfase contemporânea em aspectos intersubjetivos da prática analítica não deve fazer com que percamos de vista que é só por meio de uma tensa dinâmica entre aspectos intrapsíquicos e intersubjetivos (entre pulsões e objetos) que a especificidade do trabalho analítico pode se manter. Mas isso já é assunto para uma nova conversa.

Referências

ASSOUN, P. L. (2009) *Dictionnaire des oeuvres psychanalytiques.* Paris: P.U.F, 2009.

BALINT, M. Sándor Ferenczi, obiit 1933 (1948). In: *Problems of human pleasure and behaviour.* New York: Liveright Publishing Co, 1957.

COELHO JUNIOR, N. E. (2016). The origins and destinies of the idea of thirdness in contemporary psychoanalysis. *International Journal of Psychoanalysis*, vol. 97, n. 4, pp.1105-1127, 2016.

FERENCZI, S.; RANK, O. (1924). *The development of Psychoanalysis.* New York & Washington: Nerv. Mental. Dis. Publ., 1925.

FIGUEIREDO, L. C.; COELHO JUNIOR, N. E. (2018) *Adoecimentos psíquicos e estratégias de cura. Matrizes e modelos em Psicanálise.* São Paulo: Blucher, 2018.

FREUD, S.; FERENCZI, S. (2000) *The correspondence of Sigmund Freud and Sándor Ferenczi. Volume 3, 1920-1933.* Edited by Ernst Falzeder and Eva Brabant. Cambridge: Harvard University Press, 2000.

GREEN, A. (2000). The Intrapsychic and Intersubjective in Psychoanalysis. *The psychoanalytic quarterly*, Vol. LXIX, n. 1, pp. 1-39, 2000.

GREENBERG, J.R.; MITCHELL, S.A. (1983/1994) *Relações objetais na teoria psicanalítica*. Porto Alegre: Artes Médicas, 1994.

_____. (2001). The Analyst's Participation: a new look. *Journal of the American Psychoanalytic Association*, 49/2, pp. 359-380, 2001.

GURFINKEL, D. (2017). *Relações de objeto*. São Paulo: Blucher, 2017.

HIRSCH, I. (2004). Book review: review in retrospect. *The interpersonal theory of Psychiatry*. By Harry Stack Sullivan; edited by Helen Swick Perry and Mary Ladd Gawel. New York: W. W. Norton, 1953, 393 pp. *Journal of the American Psychoanalytic Association*. pp. 257-265, 2004.

LAPLANCHE, J. (1980/1988) *Problemáticas II. Castração e simbolização*. São Paulo: Martins Fontes, 1988.

MARTIN-CABRÉ, L. J. (1997). Freud-Ferenczi: controversy terminable or interminable. *International Journal of Psychoanalysis*. v. 78, pp. 105-114, 1997.

MEIGS, K. (2017). The failure of Clara Thompson's Ferenczian (Proxy) analysis of Harry Stack Sullivan. *The American Journal of Psychoanalysis* 77(3):1-19.

RANK, O. (1924) *The trauma of birth*. London: Hogarth, 1929.

SZECSÖDY, I (2007). Sándor Ferenczi - the first intersubjectivist. *The Scandinavian psychoanalytic review*, vol. 30, pp.31-41, 2007.

THOMPSON, C (1950/1974). *El Psicoanálisis*. Cidade do México: Fondo de Cultura Econômica, 1974.

ALANSON, William White Institute, Disponível em: http://www.wawhite.org/ /index.php?page=our-history. Acesso em: 21 jul. 2021.

3. Onde vivem as pulsões e seus destinos: uma reflexão

Elisa Maria de Ulhôa Cintra

O interesse que uniu diversos psicanalistas neste encontro foi longamente tratado no livro de Decio Gurfinkel, *Relações de objeto*, no qual ele adota o princípio de fazer uma análise das ideias psicanalíticas dentro do seu contexto histórico. De um lado, considera o modelo pulsional, do pensamento freudiano; de outro, procura discernir como se formou o pensamento das relações de objeto em Balint, Fairbairn, Winnicott e alguns outros autores. Apesar de não ter se detido na obra de Klein, considera o sistema kleiniano uma ponte de transição entre Freud e os autores da relação de objeto.

O livro de Decio Gurfinkel me ensinou muitas coisas, é um trabalho notável de compreensão de muitos modelos teóricos diferentes. Desejo registrar meus elogios e levantar uma crítica significativa. O trabalho sobre a historicidade das teorias e dos modelos me parece uma forma muito inteligente de dissolver a tendência a colocar qualquer ideia como absoluta, revolucionária, ou mais verdadeira que as outras. Isso nos ajuda a pensar, desde suas raízes, a lenta elaboração das vivências clínicas e o desdobramento histórico das ideias, tornando-se, assim, um bom antídoto para as *doenças infantis do pensamento*, na feliz expressão de Mezan.

A minha crítica se explicitará à medida que eu trouxer algumas ideias de Klein que considero importantes para a construção deste fio histórico e que estão ausentes do livro do Decio; talvez seja este o único defeito do belo trabalho. Meu desejo é dar voz à sensação de que faz muita falta não considerar a obra de Klein como aquela que em primeiro lugar chamou a atenção para as relações de objeto, também em sua dimensão *intersubjetiva*.

Há uma justificativa de Decio para esta não escolha: considera que Melanie Klein trata especificamente de relações objetais *intrapsíquicas*, ao passo que, de seu lado, tinha maior interesse em autores que tratam da dimensão *intersubjetiva* nas relações de objeto. Entendo a ideia, mas quero dizer que há em Melanie Klein um persistente olhar para a dimensão da intersubjetividade, que pode ser localizado em seus escritos, por exemplo: "não há moção pulsional, situação de angústia, ou processo mental que não envolva objetos, externos ou internos; em outras palavras, as relações de objeto estão no *centro* da vida emocional" (Klein, 1975d/1952, p. 53).

Lendo os casos clínicos de Klein é fácil ver como ela dá importância à dimensão intersubjetiva: as falhas reais da mãe, por exemplo, no caso Dick, são muito bem apontadas por ela e também a importância do aparecimento da mãe "real" para abrandar as angústias e culpas depressivas. Melanie Klein[1] apontava muito bem o papel da mãe – positivo para os processos de saúde e patologizante na construção dos diversos tipos de adoecimento. No curso do desenvolvimento, os processos de introjeção e projeção vão se intrincando a tal ponto que vai ficando difícil estabelecer o que vem de dentro e o que vem de fora na constituição da realidade psíquica e da realidade exterior.

---

1 Inspirei-me no livro de em Luís Cláudio Figueiredo e Nelson Coelho, *Adoecimentos psíquicos e estratégias de cura* (2018).

No funcionamento esquizoparanoide, as angústias e as defesas se intensificam a tal ponto que o próprio circuito do sofrimento passa a criar um sistema que se fecha progressivamente sobre si mesmo e se autonomiza, ficando então pouco suscetível a ser desfeito por algum aporte dos objetos externos. A "realidade histórica" do paciente acaba sendo construída de forma maciça a partir da realidade psíquica. O trabalho analítico passou a ser pensado, então, por ela no sentido de abrir esses "circuitos fechados autoengendrados", que criam o que ela denomina *ciclos maus*. Os maus objetos internos atraem a si todos os objetos externos existentes e não há mais possibilidade de um "teste de realidade", pois as percepções foram sequestradas pela fantasia.

As defesas primitivas levam a um tal nível de fragmentação do eu que toda a capacidade de observar, pensar e sentir sofre as consequências disso, entrando em um estado de fragmentação. É como se o aparelho psíquico ficasse esmigalhado e seria, então, por meio desse instrumento danificado que o paciente acaba constituindo a realidade externa.

No pensamento kleiniano, não se trata, portanto, de negar a importância do ambiente e a dimensão intersubjetiva das relações, mas de perceber que, em algumas situações, esta dimensão está quebrada, silenciada, ou gritando demais para que se possa ouvir qualquer coisa. Trata-se de dizer algo trágico: que quanto mais doente está uma pessoa, menos pode aproveitar a dimensão intersubjetiva de trocas. Se tudo que vem de fora é ameaçador e persecutório, fica difícil aproveitar o aporte de uma relação analítica, que poderia fazer um *trabalho do negativo* sobre a fantasia delirante. Nesses casos, não se atinge a possibilidade de *usar o objeto*, como pensado por Winnicott. Ficam então impossibilitados de aproveitar a capacidade de pensar e interpretar de um analista. Felizmente sempre surgiram analistas com a paciência de acompanhar um paciente até o ponto em que este possa entrar no processo de livre associação e fazer uso da situação analítica e do analista.

Do ponto de vista histórico, Klein começou a se analisar e a trabalhar em psicanálise no exato momento em que a teoria freudiana estava se construindo e transformando-se na direção da importância atribuída aos objetos. Concordo com Julia Kristeva que via nela uma "genialidade feminina" (ver a trilogia sobre o "gênio feminino" do ano de 2000): tanto no sentido da prática clínica, de seu talento para ler a angústia e dar a ela novas elaborações, como no sentido de sua capacidade de construir um *pensamento* clínico.

É claro que Klein se apoiou em *gigantes:* possuía uma exímia capacidade de ler e sonhar as obras de Freud, Abraham e Ferenczi, e isso considerando de forma específica os anos de 1905 até 1926, isto é, quando estavam todos imersos nos primeiros vinte e seis anos da teoria psicanalítica e construindo, cada um deles, suas próprias abordagens. É aí, justamente nessas duas décadas, que estão os germes da teoria das relações de objeto e correspondem também à entrada de Klein no universo psicanalítico. Porém, além de exímia leitora, ela se autorizou a criar, a inventar e a transformar o que estava lendo, tratando essa matéria-prima teórica com bastante liberdade e, por vezes, "sem cerimônia", como se fosse um meio maleável, um espaço transicional a partir do qual é possível brincar e sonhar.

Façamos, pois, um esforço de pensar dentro do enquadramento histórico. Klein abriu caminho para o modelo das relações de objeto, por ter realizado transformações na própria natureza do conceito de pulsão, por meio da noção de *fantasia inconsciente*. Se eu tivesse hoje em dia um aluno da pós interessado em história da psicanálise, sobretudo em localizar os lugares da obra de Freud e de outros autores em que estaria nascendo o pensamento das relações de objeto, eu diria a ele o seguinte: vamos ler e reler cuidadosamente o livro do Decio sobre relações de objeto, o livro do Mezan, *O tronco e os ramos* e mergulhar na obra de Ferenczi, sem deixar de lado a década de 1910, prosseguindo até a publicação de *Thalassa*. Leríamos também os livros *As diversas faces do cuidar* e *Adoecimentos psíquicos e estratégias de cura*, de LC Figueiredo e Nelson Coelho Jr respectivamente.

E é claro que leríamos, antes de mais nada, *Três ensaios sobre a sexualidade*, de 1905, como o ponto inicial de construção da noção de pulsão sexual; depois acompanharíamos o surgimento das novas complexidades da natureza humana, que levaram Freud a introduzir o Princípio de Realidade, em 1911, que já realiza mudanças na primeira noção de prazer. Depois, continuar com a ideia de narcisismo em 1914, a segunda tópica em 1923 e a segunda teoria da angústia em 1926.

Durante esses anos de 1911 a 1926, aumentou a importância do objeto na economia libidinal e também aumentou a importância da identificação. Então leríamos também, com extrema atenção, *Luto e melancolia* (1917) e o texto de 1921, *Psicologia das massas*. Esses são os principais pontos, se quisermos traçar o mapa na obra freudiana na qual estavam nascendo os brotos de um futuro pensamento das relações de objeto. Isso sem mencionar aqui qual seria o nosso percurso pela obra de Melanie Klein, Abraham, Ferenczi e Balint. Leríamos ainda o texto de Ogden, *Uma nova leitura das origens das relações de objeto* (2005) para pensar bem *Luto e melancolia* e a questão da identificação. Ler e sonhar.

Outra ideia seria tomar as elaborações de Ogden sobre a identificação projetiva em seu livro *Sujeitos da psicanálise* (1994), no qual se pode ver com clareza a dimensão *intersubjetiva* do pensamento kleiniano. Considero que Klein foi a primeira autora a chamar a atenção para as relações de objeto e a desenvolver um pensamento a este respeito: portanto, diria a meu aluno: "de fato, se você quiser estudar os pontos da obra freudiana em que podemos discernir alguns germes, já temos um roteiro de trabalho". No entanto, para ver onde esses germes brotaram na obra de Klein, precisamos reler a sua obra inteira!

Bem, o planejamento desse hipotético estudo me foi sendo inspirado enquanto lia o trabalho de Decio. Eu, então, diria ao aluno: "agora que já nos instruímos com esses autores, vamos tomar o tema da *fantasia* inconsciente em Klein e traçar a forma como ela deriva suas ideias sobretudo dos textos de Ferenczi da década de dez". Qual seria, então, a contribuição de Klein com relação à polêmica que nos trouxe a esse encontro? A pulsão vai em busca do prazer ou se dirige à relação com o objeto? Ela estaria alinhada a Freud e aos autores que privilegiam a pulsão e o *intrapsíquico*? Ou junto a Ferenczi e Winnicott, autores que privilegiam o objeto e o vértice *intersubjetivo*? Mais interessante do que trazer respostas definitivas, o mais interessante é aprofundar essa nossa reflexão.

Creio que ela pode ser considerada pertencente aos dois grupos de analistas no sentido de ser um pensamento de transição, mas com franca abertura para a dimensão *intersubjetiva*. Quanto à questão intrapsíquica, não há dúvida de que podemos localizá-la junto a Freud nessa abordagem. Por outro lado, há pelo menos três vias para demonstrar a importância do vértice *intersubjetivo* no pensamento kleiniano: a fantasia inconsciente, a identificação projetiva e por meio da referência à escuta analítica empática e continente, associada à posição depressiva, que foi enriquecida e transformada, por Bion, na noção de *continência* que, por sua vez, se abre para a *rêverie* e para a empatia.

A fantasia inconsciente

Disse há pouco que Klein abriu caminho para o modelo das relações de objeto, por ter realizado transformações na própria natureza do conceito de pulsão, por meio da noção de *fantasia inconsciente*. Para começar, eu diria que as fantasias inconscientes são representantes psíquicos das pulsões. Melanie Klein amplia esta ideia ao afirmar que as fantasias inconscientes darão *figurabilidade* a todos os processos físicos e psíquicos. Diz Figueiredo: "Nada do que ocorre no corpo e na mente deixa de estar de alguma forma associado a esta atividade inconsciente e criativa do fantasiar" (2009, p. 25).

Isso pode ser associado à ideia de uma *imaginação radical*, que encontramos em Castoriadis (1975). O filósofo acreditava que a *psyché* é primordialmente uma capacidade de *fantasmatização* radical, assinalando o caráter produtivo desta atividade que dá sentido e valor afetivo a tudo que se faz, a tudo que nos toca, a tudo que acontece. Esta visão é diferente da ideia de fantasia em Freud, na medida em que este último tende a assinalar o aspecto de distorção e falseamento da realidade produzido pelo fantasiar, e Castoriadis quer sublinhar a capacidade *produtiva* da imaginação, da mesma forma que, bem antes dele, Ferenczi e Klein fizeram. Mais tarde, encontraremos em Winnicott a noção de uma *elaboração imaginativa do corpo* e a *criatividade primária*, que seriam herdeiras da noção de fantasia inconsciente em Klein. A ideia de um constante fantasiar inconsciente da experiência vivida é uma ideia tão *germinativa*, que funcionou como uma placenta nutridora capaz de gerar em todos os autores de sua posteridade um convite a um trabalho de elaboração imaginativa das próprias teorias já existentes.

Mas, para além da sua fecundidade, o que desejo salientar é esta propriedade da fantasia inconsciente de circular entre corpo e psique manifestando o *poder imaginativo do corpo* (Figueiredo,

2009, p. 26) na direção dos objetos e em resposta aos objetos. Um exemplo disto seria mostrar que "[...] há uma linha contínua que vai do 'agarrar' de um bebê ou de um adulto até o 'compreender' mais abstrato do filósofo e do cientista" (Figueiredo, 2009, p. 26).

Klein trará esta concepção de que uma interpretação fará este mesmo percurso nos dois sentidos, da psique ao corpo, do corpo à psique, considerando que o analista realiza uma escuta com o seu corpo inteiro, com suas memórias corporais e usando toda a sua capacidade metafórica e a sua capacidade de se manter em reserva; o seu poder de palavra; e o seu poder de silêncio. E, então, convida o paciente a entrar nesse jogo paradoxal e complexo que é a associação livre. Livre justamente para circular *pará lá e pará cá*, entre corpo e psique, dentro e fora, ontem e hoje. Na verdade, isso também inclui a circulação entre pulsão e objeto. Klein reconhece esse movimento de busca do objeto, no movimento de sucessivas projeções e introjeções, na constituição do sujeito psíquico, um processo intersubjetivo, desde o princípio.

Klein se dá conta de que há uma potencialidade psíquica no corpo – o corpo quer dizer algo e o corpo fala. De um lado, há esse desejo do corpo de dizer; ele nunca é algo apenas fisiológico e anatômico, algo em si mesmo, que nos aprisiona em um mundo silencioso e opaco, embora às vezes chegue a ficar um corpo totalmente silenciado, ou completamente presente, quando se está muito doente.

De outro lado, mesmo no mais elevado *insight*, há algo de corporal, algo relacionado à boca, à pele, aos músculos, ao corpo que se movimenta, aos ruídos e aos gemidos, aos gestos que estão tentando virar palavra. Por exemplo, quando devoramos um livro, ou **com-preendemos** uma expressão, acontece algo semelhante ao gesto infantil de agarrar com as mãos (*a-preender*) algo que se deseja conhecer.

As fantasias inconscientes se enraízam no corpo. Ferenczi e Klein compreenderam que há sempre um fluxo de duas mãos do corpo ao outro e deste para o corpo, que flui incessantemente em tudo que fazemos e dizemos, a não ser quando o fluxo é interrompido pela dor e pelo trauma, gerando a doença. No início da vida, Freud falava de uma *matéria psíquica* bruta. A própria noção de realidade psíquica era algo concreto para Freud, o que me leva a crer que, para o fundador da psicanálise, *tudo começa no corpo*. Hoje ninguém discordaria que o corpo é nossa casa mais íntima e animal, que pode provocar muita dor, quando o excesso traumático e a onipotência fazem explodir nossos frágeis limites e percebemos que somos vulneráveis e transitórios.

O que acho notável é ver que Ferenczi, ele próprio, já falava na existência em vários níveis de sensorialidade e de significação que se articulam, que formam linguagens mistas e infiltradas de sensações, mais do que séries de puros significantes. O simbólico e o verbal de um adulto resultariam, então, de uma combinação impura de várias origens e temporalidades. Nas primeiras páginas de *O diário clínico*, Ferenczi faz referência a esta forma de matéria psíquica primordial.

> *O ser humano é um organismo equipado com órgãos para o desempenho específico de certas funções psíquicas essenciais (atividades do sistema nervoso e do intelecto). Em momentos de grande provação, quando o sistema psíquico parece ser incapaz de dar uma resposta adequada ou quando certos órgãos e funções específicas tenham sido destruídos, são despertadas forças psíquicas primárias e serão estas que vão ultrapassar a destruição. Nos momentos em que o sistema psíquico falha, o corpo começa a pensar. (1932, p. 5-6)*

Se voltarmos por um instante ao texto de Susan Isaacs, *A natureza e a função da fantasia* (1952), veremos como as fobias alimentares, as explosões de mau humor, os sintomas histéricos, as dores de cabeça, enfim, todas as alterações psicossomáticas, e ainda a postura corporal, o tom de voz, as atitudes frente ao tempo e à pontualidade, tudo isso tem uma determinação inconsciente a partir de uma fantasia inconsciente que pode ser parcialmente vislumbrada pelo analista e pelo paciente. "Tudo que vindo do corpo se projeta para o campo do sentido e, vindo da mente, se retroprojeta no corpo" (Figueiredo, 2009, p. 28). A fantasia inconsciente revela, assim, a produtividade da unidade somatopsíquica, a origem da vida psicossomática, "com seus valores afetivos e significados profundos" (Figueiredo, 2009, p. 28). Be, falei até aqui da função de mediação que a fantasia tem entre corpo e psique.

O mais importante, entretanto, é que as fantasias inconscientes estabelecem a *mediação* entre mundo externo e mundo interno, entre as esferas da realidade psíquica e da realidade social. As experiências com os objetos externos são enquadradas, assim, pela fantasia que as antecipa e continuamente as re-significa, *après coup*. "As fantasias inconscientes são pensamentos em estado embrionário e sem elas nenhum pensamento e [nenhum aprendizado] pode[m] se desenvolver" (Figueiredo, 2009, p. 28). Só aprendemos quando podemos lançar uma antecipação de sentido às relações entre as coisas, sensações, pessoas, palavras e ideias.

O que aconteceu, na posterioridade da obra de Klein com esta função de mediação da fantasia inconsciente, que é claramente *intersubjetiva*? A ênfase dada por esta autora à descrição do mundo *interno* de seus pacientes mais doentes obscureceu a ideia de que uma das principais funções da fantasia reside em sua capacidade de mediação entre os objetos internos e externos. Os objetos internos numa concepção *intrapsíquica* fechada parecem enfatizar uma quase total independência do ambiente social circundante, que é o que acontece nos casos patológicos mais graves, no caso dos delírios e das alucinações. Atendendo crianças muito doentes, psicóticos e *borderlines*, Klein parece, em muitos momentos, confinar a fantasia inconsciente a um sistema fechado, *intrapsíquico*. Entretanto, hoje sabemos que, mesmo nos pacientes fechados sobre si mesmos e nos traumas, o ambiente teve a sua participação maior ou menor, e o próprio fechamento do aparelho psíquico dá testemunho da violência do ambiente. Uma das estratégias terapêuticas é, então, *desconstruir* o sistema solipsista para se encontrar os traços da violência do ambiente primário.

Na verdade, as fantasias inconscientes que, em sua época, Klein localizava *dentro* do aparelho psíquico, teriam de ser re-localizadas *entre* as esferas da realidade psíquica e da realidade social. Isso seria mais preciso, apesar de não ter sido dito exatamente dessa forma por Klein. Reconheço que somos nós, nos dias de hoje, que podemos *ver* isso, com o privilégio da distância temporal.

Podemos, então, afirmar que esta condição *transicional* das fantasias inconscientes foi a sua grande contribuição para os futuros leitores e para a futura prática clínica. O *poder imaginativo do corpo e da fantasia* foi a condição de possibilidade *teórica* que levou Winnicott a criar a noção de objetos e fenômenos transicionais e também a sua ideia de *criatividade primária*. Isso aconteceu aliado, é claro, a todas as outras raras qualidades clínicas e de observador analítico do brincar que o psicanalista inglês possuía.

Podemos expandir algumas ideias acerca da fantasia para o campo das teorias psicanalíticas, que deveriam ter, em minha opinião, esse mesmo poder de mediação e desalojamento de certezas. As teorias (e as fantasias e crenças que lhe são subjacentes) deveriam ter sempre essa função de antecipar sentidos possíveis, de nos fazer *transitar* entre diferentes paisagens, de nos lançar ao futuro e a novos sentidos que ainda não tinham se configurado. Freud já admitia o parentesco entre as teorias e os delírios. Para não nos cristalizarmos em nossas ideias, deveríamos nos abrigar em nossas teorias por algum tempo, enquanto gestamos novo olhares e *rêveries*, e depois deveríamos nos livrar delas e respirar aliviados. Winnicott sabia muito bem como lançar-se a esse jogo.

Considero, pois, que a fantasia inconsciente seria o fenômeno transicional primordial, uma espécie de matriz ou concepção originária de algumas noções winnicottianas, pois é Winnicott, ele próprio, quem reconhece que "[...] a força dos elementos transicionais deve-se, em primeira instância, à força dos objetos subjetivos, vale dizer, de um objeto criado pelo bebê, a partir de suas experiências com o ambiente" (Figueiredo, 2009, p. 32). As teorias, que são nossas ficções e fantasias teóricas, têm de fato essa função de abrir a experiência emocional singular para o campo maior do sofrimento alheio, dos outros sofrimentos, uma função, portanto, *intersubjetiva* – de ligação do mais íntimo ao mais universal.

Identificação projetiva

Voltemos ao livro de Decio e a uma breve recapitulação. Concordo que os teóricos das relações de objeto *predominantemente* intersubjetivas são Ferenczi, Balint e Winnicott. Melanie Klein falou muito das relações de objeto *intrapsíquicas* criadoras de sistemas fechados, encontrados nas patologias mais graves. Mas na verdade ela nunca desprezou a importância dos objetos externos na saúde e na doença. Em estágios arcaicos do desenvolvimento, os objetos externos estão tão sobrecarregados de projeções – justamente das pulsões e dos afetos, que acabam dando pouco espaço para serem percebidos e usufruídos de maneira mais independente das projeções maciças. O que ela percebeu de forma diferente de

Freud é que as pulsões são sempre pilotadas por identificações: em toda projeção, algo do eu se fragmenta e vai para fora, dirigindo o movimento pulsional para pousar nos objetos.

O processo de fragmentação do Eu permanece inconsciente e a parte não reconhecida do Eu acaba sendo atribuída ao objeto, ou seja, a pulsão sempre arrasta consigo uma porção do Eu que também é projetada. É por esta razão que, por um lado, todo movimento projetivo leva a um estado de confusão entre o Eu e o outro. Esta confusão pode ser um simples estado de indiferenciação e ter um aspecto patológico. Ou, por outro lado, este mergulhar no outro pode levar a uma reconfiguração de si, a uma potencial transformação de si mesmo por meio das outras pessoas. Ora, isso nos coloca no cerne da invenção kleiniana da *identificação projetiva*, que anunciei anteriormente como o segundo argumento que torna impossível entender seu pensamento fora da perspectiva intersubjetiva.

Uma das formas de explicar a vivência da identificação projetiva está presente em um texto de 1955 em que discute um romance de Julien Green, *If I were you* (Se eu fosse você). O personagem principal, que sente imensa inveja das pessoas, vende a alma ao diabo, em troca do poder de deixar o seu corpo e se apoderar do corpo da pessoa de quem ele sente inveja naquele momento. Melanie Klein descreve a angústia desta fantasia de habitar a outra pessoa e o desejo de não perder completamente a própria identidade. O resultado é um esgotamento muito grande e um sentimento dolorido de que o outro se apoderou de aspectos que ele não queria perder, tudo isso aliado ao medo de sentir que não conseguirá recuperar o sentimento de continuar aquele seu antigo *Self*, entrando em um processo de despersonalização.

Os escritos que foram gerados a partir da noção de identificação projetiva, formulada por Klein em 1946 são incontáveis e em cada um deles se poderá vislumbrar algo novo para a compreensão da natureza *intersubjetiva* do psiquismo, e do "descentramento dialético do sujeito no espaço psíquico" em Melanie Klein (Ogden, 1994).[2]

Continência materna e analítica: rêverie e empatia.

Uma das consequências importantes da teoria da identificação projetiva foi perceber a importância da continência. No caso da função materna e sobretudo na função analítica, é primordial poder dar continência ao mundo interno do outro, principalmente aos aspectos mais primitivos do paciente ou da criança. Um de meus primeiros supervisores klein-bionianos dizia que o analista precisa se deixar penetrar pelo mundo interno do paciente. Deixar-nos afetar, deixar-nos tocar e deixar-nos capturar pelo outro é o que pode nos levar a conhecê-lo.

Ogden (1994) é um dos autores que discorrem amplamente sobre a dimensão intersubjetiva implícita nesse mecanismo:

> *[...] desde os estágios iniciais da vida, há um processo psíquico por intermédio do qual aspectos do Self não são simplesmente projetados sobre a representação psíquica do objeto (como na projeção), mas "para dentro" do objeto, de modo que se tenha a sensação de controlar o objeto desde dentro e aquele que projeta vivencie o objeto como parte dele mesmo.* (p. 38)

---

2 O próprio Ogden escreveu longamente a este respeito, desde 1978. Há referências bibliográficas de seus textos ao final deste artigo.

O desejo de controlar o outro decorre da dificuldade de lidar com a autonomia do outro; aquele que sempre se faz presente ou ausente de forma imprevisível. Controlar o outro seria uma forma primitiva de expressar o desejo de conhece-lo e de decifrar o enigma do desejo dele.

Foi Bion (1952, 1962a, 1963), como discípulo de Klein, quem sublinhou a dimensão *intersubjetiva* da identificação projetiva, mostrando que essa forma de se relacionar cria um espaço intersubjetivo entre sujeito e objeto. Ele descreve a forma como o bebê desenvolve uma capacidade de viver seus próprios pensamentos e emoções por meio da leitura que sua mãe faz deles. A *continência* materna para as angústias e outras emoções do bebê já era uma aptidão materna (e também do analista) amplamente reconhecida por Klein. Trata-se de uma receptividade para acolher, compreender e nomear os aspectos mais indigestos da vida psíquica do bebê e do paciente. Bion (1962a) usou o termo *rêverie* para nomear a função materna de continência:

> *a identificação projetiva torna possível para ele (o bebê) investigar seus próprios sentimentos numa personalidade forte o suficiente para contê-los. A recusa do uso desse mecanismo, quer pela negativa da mãe de servir de depósito para os sentimentos do bebê, quer pelo ódio e inveja do paciente que não pode permitir que a mãe exerça esta função, leva à destruição do vínculo entre o bebê e o seio, e, consequentemente, a uma perturbação severa do impulso de curiosidade do qual depende toda a aprendizagem. (1959, p. 314)*

Para encerrar, façamos uma breve consideração da questão que tem nos ocupado neste encontro, usando o livro de Decio Gurfinkel como inspiração. Fairbairn considerava que a teoria freudiana da libido sofria de um hedonismo generalizado, ao afirmar que os humanos são guiados pela finalidade primária de busca de prazer, descarga das pulsões e alívio da excitação corporal. O objeto só entraria mais tarde, como um mero *instrumento* na obtenção do prazer. De um lado, Fairbairn achava este modelo equivocado, pois acreditava que os humanos são, desde o início, *buscadores de objetos*.

Do outro lado, Balint critica Fairbairn por ter ignorado a busca de prazer como um princípio organizador dos processos físicos e psíquicos. Propõe, então, três possibilidades de lidar com esse impasse entre busca de prazer e busca de objeto. A primeira seria pensar que ambos coexistem como princípios ordenadores da natureza humana. A segunda seria pensar que, em algum estágio do desenvolvimento, a busca inicial do prazer seria transformada em busca do objeto, como vemos em Freud. E a terceira seria pensar que a busca do prazer seria um caso especial de busca de objeto. Fairbairn diria que a busca de prazer, por exemplo, no caso da drogadição, assinala um extravio da vocação objetal do homem.

Vejamos o que é possível afirmar acerca de Melanie Klein com relação a este assunto. Sem ter abandonado a ideia de busca de prazer e fuga da dor e do desprazer, a sua concepção permite dizer que, nos cenários da fantasia inconsciente, são as relações de objeto que revelam a pulsão. Lá estão os objetos parciais, as primeiras identificações, os objetos bons e maus, as situações duais e triangulares, as angústias, os afetos desmedidos, as defesas, enfim... tudo que dá corpo e figura ao tumulto interno que nos habita, a nossos núcleos de loucura, a tudo aquilo, enfim, que vai sendo por nós editado e significado, a partir do contato com o mundo externo. As pulsões são sempre pilotadas por identificações e abrem-se para o mundo das relações de objeto. A noção de fantasia inconsciente também permitiu ver que sempre há uma potencialidade psíquica no corpo; nunca é algo apenas fisiológico e anatômico, fechado em si mesmo, mas se abre para o campo dos sentidos e da alteridade. Esta dialética não deve ser anulada, da mesma forma que as pulsões não podem ser apenas voltadas à descarga das excitações, mas são também buscadoras de objeto, pois, em sua primordial tendência à descarga, viveram o encontro com o objeto, que as desviou e que as formatou.

Klein e Ferenczi compreenderam que há sempre um fluxo de duas mãos do pulsional ao objetal que flui incessantemente em tudo que fazemos e dizemos. O fluxo só é interrompido quando o excesso traumático, o abandono e a onipotência fazem explodir nossos frágeis limites e quando tanto as pulsões como as relações de objeto são silenciadas ou se tornam ruidosas demais.

Há uma frase de André Green (1986/1988) que podemos usar aqui para encerrar essa reflexão:

> *mesmo se formularmos as pulsões como entidades primeiras, fundamentais, isto é, originárias, deve-se, no entanto, admitir que o objeto é o revelador das pulsões. Ele não cria as pulsões – e sem dúvida podemos dizer que é criado por elas, pelo menos em parte –, mas é a condição do vir a existir das pulsões. E é através desta existência que ele mesmo será criado, ainda que já estando lá. É esta a explicação da ideia de Winnicott do encontrar-criar. (p. 64)*

Pedindo licença a André Green para parafraseá-lo em termos kleinianos:

> mesmo se formularmos as pulsões como entidades primeiras, fundamentais, isto é, originárias, deve-se, no entanto, admitir que são os objetos da fantasia inconsciente que revelam as pulsões. Eles não criam as pulsões – e sem dúvida podemos dizer que são, pelo menos em parte, criados pelas pulsões –, mas são esses objetos da fantasia inconsciente os criadores do habitat natural onde vivem as pulsões e seus destinos. Eles são de natureza híbrida, heterogênea, são matéria psíquica bruta. Só podem nascer da trama de relações que habitam no mundo, e seu destino é sempre voltar para lá, incessantemente, embora mantenham raízes no corpo e suas sensações.[3] Fazem a mediação entre interno e externo, corpo e psíquico, sensação e palavra. São eles que abrem o caminho de acesso à palavra e ao pensamento. Lá vivem tanto os piores monstros que nos assombram e podem nos sufocar até a morte como os objetos de amor que nos fazem viver, trabalhar e amar. (Cintra, 2018, p.)

---

3 Itálicos da autora.

Referências

BALINT, (1993). *A falha básica:* aspectos terapêuticos da regressão. Porto Alegre: Artes Médicas. (Trabalho original de 1968).

BION, W. R. (1959). *Experiences in groups.* London: Tavistock, 1959

_____. (1962). *Second Thoughts – selected papers on psycho-analysis.* New York: Jason Aronson, 1962.

CASTORIADIS, C. (1986). *A instituição imaginária da sociedade.* Rio de Janeiro: Paz e Terra. (Trabalho original de 1952).

CINTRA, E. M. U. (2013). André Green e o trabalho do negativo. *Percurso,* 49/50, 2013.

FAIRBAIRN, W. R. D. (1996). Schizoid factors in the personality. In: _____. *Psychoanalytic studies of the personality.* London & New York: Routledge. (Trabalho original de 1940).

FERENCZI, S. (1992). *Obras completas: Sandor Ferenczi.* São Paulo: Martins Fontes, 1992.

_____.(1990). *O Diário clínico.* São Paulo: Martins Fontes. (Trabalho original de 1932 a).

FIGUEIREDO, L.C. (2009). *As diversas faces do cuidar: novos ensaios de psicanálise contemporânea.* São Paulo: Escuta, 2009.

_____.e Coelho JR. N. (2018). *Adoecimentos psíquicos e estratégias de cura. Matrizes e modelos em psicanálise.* São Paulo, Blucher, 2018.

FREUD, S. (2014). *Obras completas.* Trad. Sergio Tellaroli. São Paulo: Companhia das Letras, 2014.

GREEN, A. (1986/1988). Pulsão de morte, narcisismo negativo, função desobjetalizante. In A. Green et al., *A pulsão de morte* (pp. 57-68). São Paulo: Escuta, 1988.

GREEN, A. (1993). *Le travail du négatif*. Paris, Les Éditions de Minuit, 1993.

_____.(2010). *O trabalho do negativo*. Porto Alegre: Artmed, 2010.

_____. (1997/1999). A intuição do negativo em *O brincar e a realidade*. In *Livro anual de psicanálise IJPA 1997 – tomo XIII* (pp. 239-251). São Paulo, Escuta, 1999.

GURFINKEL, D. (2017). *Relações de objeto*. São Paulo: Blucher, 2017.

ISAACS, S. (1982). A natureza e a função da fantasia. In: Klein M. et al. *Os progressos da psicanálise*. Rio de Janeiro: Guanabara & Koogan. (Trabalho original de 1952).

KLEIN, M. (1991). Algumas conclusões teóricas relativas à vida emocional do bebê. In: _____. *Inveja e gratidão e outros trabalhos. 1943-1963. Obras Completas de Melanie Klein* (Vol. 3). Rio de Janeiro: Imago. (Trabalho original de 1991).

KRISTEVA, J. (2002). *O gênio feminino. A vida, a loucura, as palavras. Tomo II Melanie Klein ou o matricídio como dor e como criatividade*. Rio de Janeiro: Rocco, 2002.

MEZAN, R. (2009). *O tronco e os ramos*. São Paulo: Cia das Letras, 2009.

OGDEN, T. (1996). *Os sujeitos da psicanálise*. São Paulo: Casa do Psicólogo. (obra original de 1994).

_____.(2005). Uma nova leitura das origens das relações de objeto. *Thomas Ogden* In: *Essa arte da psicanálise- sonhando sonhos não sonhados e gritos interrompidos*. Porto Alegre: Artmed (trabalho original em 2001).

WINNICOTT, D. (1975). Objetos e fenômenos transicionais. In: *O brincar e a realidade*. Rio de Janeiro: Imago, 1, 1975.

4. A busca do objeto

Decio Gurfinkel

Existirmos: a que será que se destina?

Caetano Veloso[1]

Neste trabalho, tomo como ponto de partida a clássica proposição de Fairbairn, elaborada na década de 1940, a respeito da "busca de objeto", a fim de colocá-la em perspectiva e de repensá-la à luz de como concebemos a psicanálise hoje. Sugiro tomarmos esta proposição como um mote que, se por um lado teve um papel histórico ao contribuir para a fundação e a explicitação do que poderíamos denominar o "pensamento das relações de objeto";[2] por outro, representa uma valiosíssima intuição que, reciclada segundo parâmetros renovados, abre o leque de possibilidades da reflexão psicanalítica de maneira muito instigante.

---

1 "Cajuína", canção de Caetano Veloso (In LP *Cinema Transcendental*, Verve, 1979).
2 Abordei extensamente a história e a natureza deste "pensamento" – conforme preferi denominá-lo – no livro *Relações de objeto* (Gurfinkel, 2017a). O presente artigo pode ser considerado uma extensão e um desenvolvimento das teses ali apresentadas.

A caverna e o outro

Para dar início à presente discussão, recorrerei a um episódio verídico ocorrido recentemente a fim de ilustrar o "espírito essencial" do ponto de vista das relações de objeto.

Se quisermos sintetizar o que caracteriza o pensamento das relações de objeto na psicanálise – para além da diversidade de autores, de concepções e de visões no interior deste pensamento, e para além das querelas de escolas –, poderíamos dizer que tal pensamento adota como foco central *o lugar primordial atribuído ao outro* na experiência subjetiva dos seres humanos. Ou, se quisermos, de um modo ainda um pouco impreciso: na carne desta experiência, reside a busca de objetos.

Pois então, como muitos devem se lembrar, em junho de 2018, 12 meninos ficaram presos em uma caverna na Tailândia com seu treinador, devido a uma inundação. O mundo acompanhou esta história dramática passo a passo, em um clima repleto de apreensão, ansiedade e expectativas. Os meninos permaneceram ali por 18 dias e foram localizados após dez dias; a operação de resgate foi delicada e difícil: envolveu 19 mergulhadores, mil militares e ajuda internacional, prolongou-se por três dias e teve como revés a morte de um dos mergulhadores. Mas todos os demais puderam ser resgatados com vida.

No dia seguinte ao término da operação de salvamento, foi publicada na imprensa uma bela crônica sobre o assunto escrita pelo jornalista Jairo Marques, intitulada "A caverna de todos nós". Nela, o autor, cadeirante, propõe uma reflexão sobre o que é "ser guerreiro", rótulo que ele mesmo havia recebido na infância devido à sua deficiência severa. Na época, ele havia entendido que isto queria dizer que ele deveria ser bravo e forte e "rugir firmemente" diante das adversidades; mas hoje, ele propõe uma revisão deste conceito, relativizando seu caráter heroico e solipsista:

Chamar o outro de guerreiro é uma maneira de alertá-lo de que na selva ou na caverna, muitas vezes, a vontade de continuar enfrentando o medo e de seguir pelejando para se manter íntegro, é um processo solitário, de enfrentamento de medos, de dores físicas, mentais e sentimentais. O que pouco se considera nos guerreiros é que a cada frente de batalha, novos arranhões e feridas se formam, mais vulnerável se fica, menos rugidos sobram. Por mais fortes e resistentes que fossem os 12 meninos – e, evidentemente, o treinador –, foram os incansáveis mergulhadores, socorristas, voluntários, rezadores e xamãs que deram a eles, em momentos distintos, o fiar das garras para acreditarem que se salvariam (Marques, 2018, p.B3).

Marques amplia, então, a discussão para as diversas situações em nos encontramos em estado de sofrimento e agonia, referindo-se a elas por meio da metáfora da "caverna de todos nós". Nelas, há momentos em que apenas a dedicação própria é inócua para se "voltar à superfície", e faz-se necessário que alguém, do lado de fora, faça algo a mais do que desejar "boa sorte" ou "boa luta". Pois

> *quando o padecer de alguém se torna processo além do indivíduo, mais rápido se atinge um ponto de equilíbrio e retoma-se energia, e mais lenta avança a desilusão. Quando se sabe que alguém está empenhado em arrumar uma corda longa para resgatar um aflito de um buraco, algo na natureza humana faz a gente não se esvair em choro e fim. (Marques, 2018, p.B3)*

A caverna, enquanto metáfora de um campo de experiências psíquicas e como espaço mítico, é de fato rica em significados.

A "caverna de todos nós" sugerida por Marques se refere aos nossos momentos de grande sofrimento, quando "caímos no buraco" e sentimo-nos aflitos e sem forças para de lá sair. Pode-se considerá-la o "buraco da solidão", mas também o "buraco da depressão"; afinal, toda experiência depressiva remete a um "para baixo", enquanto a defesa maníaca implica um "para cima": flutuar com leveza, voar, atingir as alturas... Jairo Marques foi especialmente sensível e preciso ao denunciar a falácia do solipsismo e do heroísmo autossuficiente e ao nos lembrar da importância primordial do outro para reconstruir a experiência subjetiva esgarçada. De fato – e concretamente –, é simplesmente impossível sair por conta própria de um buraco muito fundo se alguém não jogar uma corda a tempo, antes de perecermos. É claro que aqui nos defrontamos com uma área de vulnerabilidade inexorável, mas também de grandes paradoxos, pois o problema central e a "causa" do estar no buraco pode ser exatamente... a falta do (de um) outro! Diante desta complexidade, é importante estar atento para, em situações de crise e de grande sofrimento, não nos restringirmos a reivindicações de solidariedade e apoio, alimentando o ideal de ser "salvo" pelo outro; pois, seguindo unilateralmente este caminho, corremos sérios riscos ao negligenciarmos o lugar fundamental de um contínuo investimento na construção da autossustentabilidade, baseada, por sua vez, no desenvolvimento e no cultivo de recursos próprios.

Contudo, conforme sabemos pelo célebre mito de Platão, a caverna pode ser também um lugar eminentemente da ignorância, ou mesmo de alienação. Acorrentados na caverna, os homens estão presos a falsas crenças, preconceitos e ideias enganosas e condenados por sua incapacidade de transcender esse estado de coisas; aquele que eventualmente consegue escapar à tal condição, será incompreendido, condenado e aniquilado pela massa ignorante. Mas o mito permite diversas leituras. Podemos conceber este "espaço de projeção de sombras" também como uma espécie de "espaço do sonho", análogo à anatomia do olho humano e ao espaço onde se dá a "experiência fílmica" do cinema.³ Neste caso, um suposto "afastamento da realidade" não é um ato de alienação, mas um movimento de recolhimento ou retirada necessário para a construção de um espaço protegido para o sonhar e para a experiência estética; neste, à maneira do espaço potencial postulado por Winnicott, pode se dar um "verdadeiro" encontro entre o potencial subjetivo do *Self* e a realidade compartilhada, pois é aí que os vestígios do dia são processados criativamente e depois relançados no mundo, constituindo um projeto de futuro segundo a realização de desejo.

Há aqui uma situação bastante mais complexa a ser considerada, pois, se por um lado, vemos na "caverna de todos nós" a queda na solidão do abandono e do desamparo; por outro lado, podemos ver nela também um lugar de refúgio e de recolhimento. Se o refúgio implica, por um lado, uma dimensão defensiva de proteção contra as ameaças e o sofrimento do estar no mundo – ou mesmo uma dimensão de alienação –, o recolhimento comporta também outra face: a busca ativa de um lugar de recomposição, de reabastecimento e de trabalho criativo.

Esta complexidade é retratada de modo brilhante por H. Murakami (2017), em seu belo romance *Crônica do pássaro de corda*; seguindo seus passos, podemos aproximar o espaço da caverna à figuração do "fundo do poço". Toru, o personagem do livro, está atravessando uma grande crise em sua vida – deixa o seu emprego e "é deixado" de forma misteriosa pela mulher – e passa por um longo período de ócio, recolhimento e reflexão. Neste contexto, ele descobre e fica fascinado por um poço no jardim de uma casa abandonada nas vizinhanças, e, a partir de uma série de lances, histórias e linhas associativas (pequenas experiências cotidianas e

---

3 Explorei em mais detalhe estas analogias em "Sonhar: uma arte visual" (in Gurfinkel, 2008).

fantásticas), acaba por adotar o poço como o "seu lugar". Ir ao fundo do poço e dele voltar passa a ser parte essencial de sua rotina, e é neste espaço que ele se recolhe para poder "pensar" – e tentar compreender o que se passou com ele e com sua vida, o que aconteceu e está acontecendo com sua mulher etc. É esta zona de fronteira entre a vida e a morte que ele passa a visitar em sua longa, lenta e silenciosa saga. Uma das linhas associativas da viagem subjetiva do personagem nos conduz à história de um sobrevivente de guerra que havia sido jogado no fundo do poço após uma série de atrocidades e violências e que sobreviveu por milagre,[4] mas à custa de sequelas intransponíveis no seu sentido do viver; em certo momento, o próprio Toru – e o leitor do livro! – passa pelo horror de quase morrer no poço sem poder sair, quando a escada de corda deixada para retornar à superfície é retirada por uma adolescente: uma menina com quem ele desenvolveu intensa amizade, mas que, neste momento de ambivalência, detém o poder de condená-lo à morte ou de salvá-lo.

Bem, é justamente neste "fundo de poço" que Toru encontra um espaço/tempo para pensar e para buscar as respostas para seus enigmas vitais. É lá também que ele vive estranhas experiências fantásticas de transporte para outras dimensões de realidade, o que, muitas vezes, se sobrepõe a diversas formas de experiência onírica. Tudo isso é muito estimulante para o olhar do psicanalista: afinal, como essas viagens fantásticas tão típicas da literatura de Murakami são próximas das "viagens ao informe" do sonhar, do dormir e do psicanalisar...![5]

Guardemos por ora estas reflexões sobre "a caverna de todos nós" – deixêmo-las ressoando no fundo do poço –, para retomá-las mais adiante.

---

4   Ora, neste "milagre", houve também um companheiro – um outro – que o resgatou...
5   Cf. Gurfinkel, 2008.

O "pensamento das relações de objeto" na história da psicanálise

Sugiro que consideremos as "relações de objeto" na psicanálise como uma *corrente de pensamento* que transcende autores e escolas específicas. Trata-se de uma espécie de fluxo de águas que *atravessa* a história da psicanálise e nela se esparrama; não é fácil definir com precisão onde se encontra(m) sua(s) nascente(s), e nem retraçar com segurança por quais caminhos – tão variados – ela foi se espalhando e expandindo-se – mesmo por que houve diversas "passagens subterrâneas" neste percurso![6]

As sementes desse pensamento certamente se encontram no trabalho de Freud. Em algumas de suas conceitualizações, em particular, isso fica mais evidente – como na teoria das identificações articulada ao estudo da melancolia, que desaguou na construção da segunda tópica –, mas também em outras proposições, não tão nitidamente reconhecíveis, como em seu modelo metapsicológico sobre os dois princípios do funcionamento mental. De todo modo, é importante ressaltar que dois dos seus principais colaboradores tiveram aqui também um papel expressivo. Abraham foi o primeiro deles: a partir de seu estudo do caráter e do desenvolvimento da libido, ele proporcionou bases significativas para se conceberem as relações com o outro, uma vez que as etapas pré-genitais e as formas caracterológicas a elas relacionadas comportam, segundo seu modo de ver, *estruturas relacionais* que são expressas em termos de trocas com o objeto – absorção, expulsão e retenção –, cujos protótipos corporais remetem sempre a mecanismos e processos psíquicos. Mas o protagonismo de Ferenczi na gênese do pensamento das relações de objeto é muito mais evidente. Desde seus trabalhos iniciais sobre a introjeção e sobre o desenvolvimento do sentido de

---

6 Para mais detalhes deste percurso, ver Gurfinkel (2017a).

realidade, isso já se prenuncia, mas é na fase final de seu trabalho que encontramos uma primeira base sólida para tal pensamento. A consideração pela criança (e a criança dentro do adulto) e seu cuidado – seja no processo de desenvolvimento, seja na situação analítica – inaugurou uma nova perspectiva para a psicanálise.

Bem, mas foi em solo britânico que esta corrente de pensamento ganhou progressivamente a característica de um rio bastante mais caudaloso. Em primeiro lugar, cabe reconhecer no trabalho de Melanie Klein um papel fundamental. Ao descrever o funcionamento mental primitivo em termos dos mecanismos de projeção e introjeção – supondo aí desde o início formas de "relação de objeto" – e ao tratar a fantasia inconsciente como o elo operativo entre as pulsões e os mecanismos do Eu, ela abriu caminho ao que outros autores vieram a desenvolver. É digna de destaque aqui a grande contribuição de Bion – este pensador inquieto e criativo –, que, a partir da retomada da teoria freudiana dos dois princípios do funcionamento mental articulada à teoria kleiniana dos mecanismos psíquicos primitivos – e ao ampliar de tal modo o conceito de identificação projetiva como um mecanismo geral de comunicação –, soube nos proporcionar uma "teoria sobre o pensar" ao mesmo tempo rica e sofisticada, na qual as relações mãe-bebê, analista-paciente e continente-contido constituem processos dialéticos inseparáveis. Ora, suas conceitualizações caracterizam, neste sentido, uma matriz evidentemente relacional.

No entanto, é importante reconhecer o quanto, no caso de alguns outros analistas do mesmo meio, houve uma preocupação muito mais específica e primordial para com o contexto intersubjetivo. É o que notamos mais claramente nos trabalhos de Fairbairn, Balint e Winnicott – e é por isdo que prefiro considerá-los os representantes mais expressivos do pensamento das relações de objeto. Optei assim por atribuir à expressão "relações de objeto" –

tão vaga e indeterminada e de significado tão amplo – uma acepção *específica*, a saber: aquela que reúne sob a sua rubrica as conceptualizações psicanalíticas que adotam a *situação intersubjetiva como o foco prioritário da constituição do sujeito*. Assim, penso que Fairbairn, com sua proverbial proposição da "busca de objeto", Balint, com seu estudo minucioso da regressão e da área da falha básica, e Winnicott, com sua teoria da transicionalidade, erigiram um conjunto ao mesmo tempo heterogêneo e profundamente vigoroso de concepções que, entre as décadas de 1940 e 1960, formaram o "edifício principal" do pensamento das relações de objeto. Cabe lembrar, ainda, que foi nos anos de 1956 e 1957 – portanto, neste mesmo período – que Lacan apresentou seu famoso seminário *A relação de objeto*, no qual realizou uma leitura crítica acurada de seus colegas ingleses e aprofundou e reafirmou, a partir dela, seu próprio modo de articular o problema.

A partir da década de 1970, e até hoje, o pensamento das relações de objeto só fez se disseminar e desenvolver-se. Ora, o mais notável, nestas últimas décadas, nas quais a prevalência das "escolas" entrou em declínio, é que não mais localizamos tão caracteristicamente autores de destaque que seriam "os representantes" deste pensamento. Penso que tal pensamento está cada vez mais assimilado e incorporado ao modo de trabalhar e de teorizar de grande parte dos analistas de hoje, sem que esse fato fique necessariamente em destaque. Autores como André Green tiveram o cuidado de discriminar e discutir com mais clareza as origens e influências deste pensamento em sua obra, articulando-o com a perspectiva pulsional de origem freudiana e fortemente presente na psicanálise francesa; mas na obra de muitos outros, notamos que este pensamento está presente quase que de modo "natural" e inerente, como é o caso de Joyce McDougall, Bollas, e tantos outros. É claro que muitos analistas são ainda militantes expressos das relações de objeto, e que outros são opositores críticos igualmente manifestos;

existem debates intensos sobre as articulações – possíveis ou não, pertinentes ou não – entre os diversos modelos teóricos, que prosseguem em nosso meio. Mas, ainda assim, creio que faz sentido adotarmos uma visão – um tanto impressionista – que tenho proposto: o pensamento das relações de objeto faz parte hoje da água que bebemos...

A história da psicanálise pode ser contada sob pontos de vista diversos. Por um lado, temos a história das ideias: o estudo de como os conceitos surgiram e desenvolveram-se na obra de Freud e de outros autores, e de como foram constantemente retomados, transformados e reinterpretados, substituídos e/ou complementados com novos conceitos e sistemas teóricos. Esta história não pode ser tomada de maneira isolada; ela está relacionada com o contexto histórico, social, político e científico da época em que os conceitos emergem, assim como estreitamente vinculada à história dos agrupamentos e instituições psicanalíticas; mas, também – e, segundo penso, este é um fator primordial – ela se relaciona à história das transferências entre os autores e atores desta história. Este imbricamento está presente desde a fundação de nossa disciplina: assim, como sabemos, a autoanálise de Freud – em transferência com Fliess – foi profundamente determinante para a invenção/descoberta da psicanálise. Ora, a mesma lógica se repetiu em inúmeras ocasiões e contextos, por exemplo, no episódio do mal-entendido entre Ferenczi e Freud, no final da vida do primeiro, que influenciou profundamente as discussões sobre as reformulações da técnica protagonizadas por Ferenczi – o que repercutiu de modo marcante, por sua vez, nos debates das décadas que se seguiram. Assim, a história da transmissão do saber psicanalítico está inteiramente infiltrada pela problemática transferencial – seja enquanto captura inconsciente, seja em relação ao trabalho contínuo de sua dissolução –: heranças, fidelidades e traições, alienação, dívidas e libertação, reverências, submissão e rebeldias são os elementos que compõem as relações entre seus atores, repercutindo diretamente nos pensamentos e ideias aí produzidos.[7]

No que se refere ao estudo do lugar do pensamento das relações de objeto na história das ideias em psicanálise, encontramos no clássico trabalho de Greenberg & Mitchell (1983) um ponto de partida e uma referência importantes. O mapeamento que os autores propuseram desta história – a partir da polaridade pulsão/relação de objeto – nos proporcionou uma primeira organização do campo e teve o mérito de pôr em destaque as características principais do pensamento das relações de objeto em contraste com um modelo conceitual calcado na primazia do pulsional. Com todas as limitações e esquematizações, por vezes excessivas, desta abordagem – que certamente deve ser reavaliada de modo crítico e atualizada segundo os novos parâmetros e discussões que emergiram desde então –, considero esta polaridade um vértice "suficientemente bom" para organizar de forma preliminar a complexidade de visões que compõem nosso campo. Ao lado da leitura de Greenberg & Mitchell, tenho me apoiado, para fundamentar minhas proposições, no longo e profundo estudo de história e da epistemologia da psicanálise realizado por Renato Mezan – autor que, aliás, realizou também um diálogo profícuo com as concepções de Greenberg & Mitchell.[8]

---

7 Para uma discussão sobre os desafios que um analista enfrenta em seu percurso para construir a capacidade de pensar com relativa "independência" em relação às pressões transferenciais que o atravessam, ver "Ser psicanalista e ser independente" (Gurfinkel, 2016b).

8 Em nosso meio, merece destaque o trabalho de pesquisa que Luís Cláudio Figueiredo tem realizado sobre o assunto, acompanhado de alguns colaboradores – mais particularmente, de Nelson Coelho Júnior. Em trabalho recente (Figueiredo & Coelho Junior, 2018), tais autores propuseram dividir o campo da psicanálise em duas matrizes – a freudo-kleiniana e a matriz ferencziana – que se se desdobraram, por sua vez, em diferentes modelos (tais como o de Lacan, Balint, Winnicott e Kohut; a chamada psicanálise contemporânea caracterizar-se-ia

Fairbairn: ruptura e controvérsias

Para prosseguir na discussão, farei breve recapitulação do pensamento de Fairbairn e de sua proposição quanto à busca de objeto, assim como das polêmicas nela envolvidas.

A frase-símbolo que condensa a proposta de Fairbairn (1941) é: *o propósito final da libido não é o prazer, e sim o objeto*. Tal frase se tornou o marco mais significativo de um verdadeiro *movimento* na história das ideias em psicanálise que estava, então, em processo de gestação. O argumento principal de Fairbairn se encontra em um conjunto de artigos extremamente fascinantes, escritos entre 1941 e 1951, que contém uma apresentação sistemática da proposta e que busca abarcar as diversas dimensões do problema. Nele, o autor parte de uma reformulação de fundo do princípio do prazer como fundamento da atividade psíquica, assim como do lugar das pulsões na sua economia, e a partir daí constrói uma concepção alternativa da psicopatologia, da estrutura tópica do aparelho psíquico e do processo de desenvolvimento do indivíduo.

Qual foi, afinal, esta "reformulação de fundo"?

Para Fairbairn, a teoria freudiana da libido "colocou o carro na frente dos bois". Pois, ao tomar o prazer como a finalidade última do psiquismo, não reconheceu que a função do prazer libidinal é fundamentalmente oferecer um "marco" para se buscar um objeto. *A libido não busca primariamente o prazer, mas sim os objetos*. Por não ter levado em conta a importância central das relações de objeto, o pensamento psicanalítico dos primeiros tempos incorreu no erro de uma *inversão básica*, ao considerar o objeto como um

---

– por sua vez – pela tentativa de articular as duas matrizes. Em meu próprio trabalho, assinalei também o esforço de articulação entre os modelos pulsional e relacional como uma marca da psicanálise contemporânea.

marco para a obtenção do prazer libidinal; daí o lugar *contingente* atribuído ao objeto na teoria freudiana das pulsões.

Fairbairn questionou, de maneira pioneira e ousada, o postulado psicanalítico de que o psiquismo é regido pelo princípio do prazer: "de acordo com meu ponto de vista, o princípio do prazer deixará de ser estimado como o princípio fundamental da conduta e passará a ser considerado como um princípio subsidiário" (1944, p.70). E por que um "princípio subsidiário"? Pois ele entra em cena justamente quando fracassa o princípio da realidade – seja por imaturidade da estrutura do Ego, seja por um distúrbio no desenvolvimento. A busca de prazer em si mesmo é ativada quando o Eu é incapaz de encontrar seu caminho em direção à realidade na relação de objeto. Nosso autor discordava da visão freudiana que concebe o desenvolvimento do ser humano como uma jornada de um estado infantil em que predomina o princípio do prazer até atingir sua forma adulta, na qual predomina o regime do princípio de realidade. Para ele, o princípio da realidade é o que caracteriza a vocação inerente da natureza humana. No início do desenvolvimento, trata-se de um "princípio da realidade primariamente imaturo" que, conforme se espera, deve evoluir para sua forma mais madura. A vida infantil nos dá uma falsa impressão de estar originalmente determinada pelo princípio do prazer; para Fairbairn, o que lhe falta é sobretudo "experiência de realidade". Segundo seu ponto de vista, a presença do princípio do prazer na vida humana é indubitável; mas Freud teria incorrido em um erro de generalização, ao tratar um fenômeno essencialmente defensivo – que aponta para o campo da psicopatologia – como se fosse um princípio primário da vida psíquica.

O regime do princípio do prazer foi interpretado por Fairbairn como um *sistema fechado*, ou seja, como um processo de defesa por meio do qual o psiquismo procura se proteger das frustrações, desenvolvendo uma vida psíquica dominada por relações com objetos internalizados. Neste sistema, o envolvimento com os objetos externos se dá apenas enquanto eles forem representantes dos primeiros. Ora, no tratamento psicanalítico observamos, com muita frequência, uma determinação inconsciente do paciente de preservar a todo o custo seu mundo interno como um sistema fechado, sendo esta a verdadeira fonte da resistência. Trata-se de uma hipertrofia do mundo da fantasia, tão comum nos pacientes neuróticos; tal fenômeno se deve à pregnância do princípio do prazer e sinaliza exatamente a dimensão neurótica do sujeito que procura ajuda. O mesmo se dá com a transferência, que visa estabelecer um sistema fechado no qual o objeto externo – o analista – é tratado segundo o molde de objetos da realidade interna. Assim, para Fairbairn, o foco da distinção entre o princípio do prazer e o princípio da realidade não reside na dualidade de processos (primário ou secundário), e sim na distinção entre "condutas originadas em um sistema fechado constituído por uma realidade interna e condutas experimentadas em um sistema aberto, no qual as realidades interna e externa são colocadas em relação" (Fairbairn, 1958, p.85).

Essas proposições foram alvo, nos anos que se seguiram, de muitas críticas e discussões; vejamos suscintamente algumas delas.

Logo após a publicação do livro que continha os principais artigos de Fairbairn, sobre o qual Winnicott & Khan (1953) publicaram uma resenha bastante ácida. Ainda que tenham reconhecido a enorme riqueza clínica do seu trabalho, eles viram com grande reserva uma suposta tentativa de Fairbairn de suplantar Freud, assim como o fato de ele ignorar o trabalho de outros analistas. O assinalamento de que a ideia da "busca de objeto" não se aplicaria à situação de um bebê, já que, segundo os resenhadores, a noção de "objeto" não estaria ainda presente em seu campo de experiências, é, certamente, um questionamento bastante pertinente.

Alguns anos depois, Balint (1957) opinou que Fairbairn teria incorrido no erro de uma *generalização* indevida de suas proposições. Balint reconhecia nelas uma mudança radical na teoria psicanalítica, mas considerava necessário reformulá-las de um modo mais restrito: "eu não nego a grande importância das relações de objeto; eu só gostaria de ressaltar que excluir todo o resto é muito parcial e tendencioso" (p.140). Ele nos lembra de ter sido um dos primeiros a ressaltar a dimensão relacional da experiência psicanalítica,[9] mas ressalta que não teríamos como afirmar a inexistência de outras tendências que não as da busca de objeto: "eu não concordo que a busca de prazer deva ser excluída" (idem).

Com esta premissa, Balint recolocou a tarefa da pesquisa psicanalítica, que passou a ser: como concebemos a inter-relação entre os dois princípios – a busca de objeto e a busca de prazer –, já que ambos devem ser tomados em conta? Balint levantou três possíveis maneiras de responder à questão. As três possibilidades são: "a) a busca de prazer e a busca de objeto são ambas inatas e independentes; b) em algum estágio do desenvolvimento, parte da busca de prazer é transformada em busca de objeto; c) a busca de prazer é um caso especial de busca de objeto, nas situações em que a escolha de objeto é assunto totalmente indiferente (isto é, dentro do vasto campo de objetos disponíveis, nenhum importa)" (idem, p.140). Ora, de um modo mais humilde do que Fairbairn, Balint reconheceu a situação de relativo desconhecimento em que se encontrava a pesquisa psicanalítica; pois, para ele, a experiência clínica não possibilitava que se decidisse em favor de algum dos caminhos. De qualquer forma, creio que encontramos, neste mapeamento proposto por Balint, um bom guia para reabrir o processo de avaliação da célebre proposição de Fairbairn.

---

9 Como veremos adiante, Balint já vinha denunciando a falácia do conceito de narcisismo primário desde a década de 1930.

Em trabalho mais recente, Kernberg (2000) retomou as críticas de Winnicott & Khan e reforçou que Fairbairn não deveria ter "reivindicado" substituir Freud; ao fazê-lo, ele criou um clima de polêmica desnecessário, o que só foi agravado por Guntrip. No entanto, Kernberg considera Fairbairn o teórico mais profundo, consistente e provocativo do "*middle group*", pois ele "foi capaz de transformar em afirmação teórica o que os analistas há tempos já percebiam – e continuaram a perceber posteriormente –, a saber: que em todas as situações clínicas nós nunca encontramos pulsões puras, mas sempre a ativação de afetos que refletem tais pulsões, no contexto de relações de objeto internalizadas que são reencenadas na transferência. Eu penso que Fairbairn estava certo ao intuir que esta ideia já estava implícita em Freud, e que era necessário apenas avançar um passo adiante para chegarmos a uma reexploração fundamental da metapsicologia; mas eu discordo completamente de seu pressuposto de que esta visão requer um abandono da metapsicologia freudiana" (p. 59-60). Aqui, as palavras falam por si só; elas explicitam, de forma cristalina, uma posição que acredita no valor da articulação entre os modelos pulsional e relacional como o paradigma da psicanálise contemporânea e que vê em Fairbairn um importante elo na construção desta articulação, originária de uma reforma de peso da metapsicologia freudiana.

Trouxe aqui os comentários críticos destes quatro autores – Winnicott, Khan, Balint e Kernberg –, pois, além de nos situarem bem quanto às polêmicas envolvidas, trata-se justamente de analistas próximos e identificados ao pensamento das relações de objeto. Deste modo, temos a oportunidade de perceber claramente como "as relações de objeto" não constituem, de modo algum, uma concepção homogênea e monolítica, e muito menos caracterizam um agrupamento ou escola fechada dentro do movimento psicanalítico. Vemos aqui como as controvérsias permanecem vivas e ativas e, de modo salutar, conservam um caráter de independência de pensamento que nem sempre encontramos na história da psicanálise.

Penso que, examinada sob determinado ponto de vista, a proposição da frase-símbolo de Fairbairn significou um importante gesto simbólico na longa jornada de recolocação da problemática pulsional/relacional no pensamento psicanalítico. Neste sentido, o posicionamento de Fairbairn representa um marco histórico inegável – ainda que nem sempre bem conhecido e reconhecido. Mais adiante, pretendo assinalar como tal frase ecoou nos anos ulteriores, e como podemos reconhecer o "espírito" de tal proposição em um conjunto bem extenso de conceptualizações psicanalíticas; mas, antes – e mais uma vez –, um retorno a Freud.

Revisitando a metapsicologia freudiana

Nesta sessão, convido o leitor a um mergulho retrospectivo em alguns dos elementos da metapsicologia freudiana que – como sugeri anteriormente – traziam em si as sementes do pensamento das relações de objeto, a fim de colocá-los em uma perspectiva renovada. Discutirei três destes elementos: o modelo dos dois princípios do funcionamento mental; o problema do originário e seus mitos sobre o primitivo do psíquico; e uma visão por vezes excessivamente linear e desenvolvimentista dos processos psíquicos que merece ser revista.[10] Como se verá, esta

---

[10] Uma releitura da obra freudiana sob a perspectiva das relações de objeto pode se dar em diversos de seus elementos; elegi aqui aqueles mais pertinentes ao tema do presente capítulo. Gostaria de lembrar que um dos pontos cruciais a serem reconsiderados é o lugar da teoria pulsional, tópico que abordei em "As pulsões revisitadas" (In Gurfinkel, 2017a).

recapitulação é, ao mesmo tempo e inevitavelmente, uma ressignificação, *a posteriori*, das construções originais de Freud – revisitando-as a partir de um olhar renovado e, assim o fazendo, transformando-as consideravelmente.

Os dois princípios do funcionamento mental

Desde o *Projeto de uma psicologia para neurologistas* – e passando pelo monumental capítulo VII de *A interpretação dos sonhos* –, Freud veio elaborando um modelo sobre o funcionamento do psíquico que teve como ponto culminante, mas não definitivo, o artigo sobre os dois princípios do funcionamento mental, publicado em 1911. Neste trabalho sintético, denso e com vários postulados, como poucos de seus escritos, Freud se propôs a estudar a relação do homem com a realidade. Uma leitura atenta do artigo nos permite compreender que ele utiliza a expressão "princípio do prazer" em duas acepções diferentes. Na primeira delas, trata-se *do princípio organizador* do psiquismo humano – que seria regido pela busca de prazer e/ou pela evitação do desprazer. No entanto, em um sentido daí derivado, mas que guarda novas significações, o princípio de prazer designa também *um dos modos* do funcionamento psíquico – um de seus regimes, aquele que seria sua forma inicial, originária ou primitiva (anteriormente designado *processo primário*); este pode evoluir e desdobrar-se, em maior ou menor grau, em direção a outro regime: o dos processos secundários, que implica outra forma de se relacionar com a realidade – daí nomeá--lo como o "princípio da realidade". Nota-se, pois, como, além de propor uma concepção geral e teleológica sobre a natureza do psiquismo – este seria construído para servir à finalidade de busca de prazer –, Freud elaborou também, paralelamente, uma teoria sobre o processo de desenvolvimento do aparelho psíquico, que está a ela articulada. Tal teoria inclui, como em diversos momentos das teorizações de Freud e de outros analistas, uma concepção sobre as origens do psiquismo, com todas as especulações, controvérsias e mitos que costumam a acompanhar.

Como podemos reler esta montagem conceitual? Quanto à dimensão teleológica do princípio do prazer, fica claro como ela é o alvo preferencial da abordagem de Fairbairn; deixemos esta questão em suspenso, "em trabalho". Mas e quanto à dualidade de modos de processamento do psíquico? Penso que podemos ver no regime do princípio do prazer um campo de experimentação e de construção da atividade psíquica que se dá em um cenário eminentemente subjetivo; este subsiste de modo artificial e produz-se e fortifica-se de maneira relativamente alheia e protegida da exposição direta da "experiência com a realidade". Já o regime do princípio da realidade designa, em contraste, o tempo/espaço em que se introduz e desenvolve-se a experiência da dimensão intersubjetiva. Assim, se quisermos, podemos re-descrever esta dualidade de processamento do psíquico nos termos de Winnicott (1963b): trata-se da passagem de uma relação com *objetos subjetivamente concebidos* – e o protótipo freudiano desta é a realização alucinatória do desejo – para uma relação com *objetos objetivamente percebidos*.

No regime do princípio da realidade, o elemento impulsionante do psiquismo – seja ele entendido como a força do desejo, seja como o aspecto libidinal da pulsão – investe com prioridade o objeto objetivamente percebido da realidade e, assim, cria uma nova dimensão da experiência calcada em um *enlace* com ele. Freud (1900) descreveu este enlace como um grande volteio, um caminho mais longo a partir do qual a "identidade de percepção" é barrada e empurra o psiquismo na busca de uma "identidade de pensamento"; neste novo caminho, a realização do desejo e/ou a experiência de prazer é atingida *por intermédio do* e *com o* objeto (aquele "objetivamente percebido"). Tal objeto pode ser até considerado relativamente contingente, mas ele com certeza passa a ser parte inerente e constitutiva do circuito psíquico. Assim, surge e desenvolve-se, progressivamente, por meio deste trabalho de enlace com o objeto, um novo circuito; podemos dizer que se trata de um circuito cada vez mais largo, sobrepondo-se ao curto-circuito do princípio do prazer. Nota-se como esta proposição sobre o contraste entre o curto-circuito do princípio do prazer o circuito mais amplo e abarcativo do princípio da realidade – poderíamos renomeá-lo como o "circuito do enlace com o objeto"[11] – se aproxima da leitura de Fairbairn, que viu na duplicidade de princípios do funcionamento mental um contraste entre um circuito fechado e defensivo – a relação intrapsíquica com os objetos internalizados – e um circuito aberto, que instaura ou reinstaura a finalidade teleológica do humano de busca de objeto.

Não é difícil de se perceber o quanto o circuito "secundário" do *enlace com o objeto* amplia e enriquece a vida psíquica. Creio que um dos primeiros a ressaltarem o alcance deste enriquecimento do psíquico foi Ferenczi (1909), com seu conceito de introjeção. Pela introjeção – tão afim ao processo de transferência –, o objeto é trazido para "dentro" do Eu; pois, se por um lado ele é adotado como destino e receptáculo da energia deslocada das representações recalcadas; por outro lado, ele é também e concomitantemente "trazido para dentro" e assimilado ao Eu e, assim, amplia e enriquece seus domínios. Ali onde havia o autoerotismo, surge o Eu,[12] em seu enlace com o objeto. Eis um trabalho essencial de simbolização; retomando feliz expressão de Green (1986), trata-se aqui do

---

11 Penso que este "enlace com objeto" comporta duas dimensões: o relacionar-se imaginariamente com o objeto no campo da fantasia e o "uso do objeto", no seu sentido mais estrito proposto por Winnicott (1971). Neste último caso, a efetividade material da sobrevivência do objeto à onipotência da fantasia nos coloca em um novo patamar de enriquecimento do Eu e da experiência de realidade.
12 Parodiando Freud (1932), que popôs a fórmula: "onde havia Isso, o Eu advirá".

"investimento objetalizante" de Eros. E, em uma fórmula ainda um pouco tosca, Ferenczi nos dirá: a introjeção está para a neurose, assim como a projeção está para a psicose. Assim, se o trabalho da introjeção amplia e enriquece o Eu, as projeções sistemáticas o empobrecem, estreitando seus limites e despojando-o de grande parte de seu patrimônio.[13] Em artigo posterior, apoiado, por sua vez, no texto de Freud sobre os dois princípios do funcionamento mental, Ferenczi (1913) veio a inserir a dinâmica introjeção/projeção na concepção genética da construção do aparelho psíquico, sugerindo como a dialética entre os processos primário e secundário se articula com tal binômio. Ora, podemos reconhecer nestes trabalhos a matriz de uma grande tradição de pensamento na psicanálise, que concebeu a constituição do sujeito a partir do interjogo entre projeção e introjeção; Melanie Klein foi, sem dúvida, uma de suas representantes de destaque, seguida por Bion.

O originário e o primitivo do psíquico

A partir desta retomada do tema do desenvolvimento psíquico, as teorias sobre o originário merecem também ser revisitadas.

Freud foi o primeiro a problematizar uma visão sobre o tempo primário da vida psíquica como um estado de total isolamento, em que pesem outras tantas passagens que sugerem o contrário. Em célebre comentário, afirmou que a "ficção" de uma organização psíquica que se abandona inteiramente ao princípio do prazer e desatende ao mundo exterior só é possível mediante a existência dos cuidados maternos, que oferecem as condições para que o bebê possa subsistir nestas condições. Esse é o "artifício" ao qual me referi anteriormente. Ainda que em nota de rodapé, tal observação de

---

13 Podemos reconhecer aqui uma semente importante do conceito de *identificação projetiva*.

Freud é da maior importância, como diversos autores vieram a ressaltar;[14] ela indica a participação primordial do outro humano no processo de desenvolvimento e, mais particularmente, a função primordial da mãe em sustentar uma situação que protege o psiquismo incipiente de invasões que podem afetá-lo profundamente e corromper seu processo de constituição. Como bem sintetizou Winnicott, "não há qualquer possibilidade de um bebê avançar do princípio do prazer ao princípio da realidade [...] a não ser que haja uma mãe suficientemente boa" (Winnicott, 1951, p.237). Assim, no início não há um psiquismo inteiramente fechado em si mesmo, em estado autista; se quisermos, seguindo Freud, considerar que se trata de um "estado de ovo", há sempre outro humano que choca e cuida desse ovo até que possa ser quebrada sua casca, e que dela um novo ser possa emergir e prosseguir em seu processo de desenvolvimento.

A revisão crítica de um suposto estado primário anobjetal encontra-se no centro do pensamento das relações de objeto.

Balint foi pioneiro em sua revisão a respeito da hipótese do narcisismo primário e nisso antecedeu grande parte dos trabalhos sobre o tema, inclusive aqueles oriundos da tradição francesa. Em uma cruzada iniciada já na década de 1930, Balint realizou um estudo minucioso e exegético do tema na obra de Freud, sempre o cotejando com as experiências clínicas e outros desenvolvimentos teóricos da psicanálise. Partindo da constatação de que Freud sustentou teorias diferentes e contraditórias entre si sobre o narcisismo e sobre a gênese do psiquismo, Balint revisou o leque de referentes clínicos ligados à teoria do narcisismo para concluir que todos eles nos falam a favor de um narcisismo que é sempre *secundário*, mas não trazem elementos que corroborem a hipótese de um narcisismo primário. Em substituição a tal hipótese, Balint (1968) propôs a sua própria concepção de um "amor primário" desde o início.

---

14 Ver, por exemplo, Winnicott (1960, p.39) e Laplanche (1985, p.75).

Fairbairn propôs,- como vimos, uma inversão básica na sequência princípio do prazer/princípio da realidade. A vocação primária do psiquismo é a busca de objeto, estando ele, portanto, desde o início direcionado para a realidade; o princípio do prazer seria um desvio dessa meta primária e inerente ao psiquismo - seja por imaturidade, seja por defesa devido a fracasso nas relações de objeto primárias -, levando a produtos psicopatológicos. Deste ponto de vista, seria inconcebível pensarmos em termos de um tempo primário não objetal.

Já Winnicott, à sua própria maneira, propôs um estado de *indiferenciação primitiva* como o ponto de partida do desenvolvimento psíquico.[15] Trata-se de uma "organização ambiente-indivíduo" (*an environment-individual set-up*), para ele a única "unidade" possível de ser considerada nos estágios primitivos do desenvolvimento emocional: "de início, o indivíduo não é uma unidade" (1952, p.221). Para ele, esse período caracteriza-se por uma "identificação primária". Winnicott chegou a aproximá-lo do conceito de "narcisismo primário" de Freud; neste ponto, é notável a liberdade com que ele "brinca" com os conceitos, sem tanta preocupação em um rigor na leitura exegética de Freud, tal qual vimos em Balint. Assim, segundo o estilo Winnicott (1960) de se expressar, o processo primário, a identificação primária, o autoerotismo e o narcisismo primário são "realidades vivas" durante a fase de *holding*. É claro que, para ele, este narcisismo primário não é um estado anobjetal de uma mônada fechada.

---

15 J. Bleger (1967) posicionou-se, em nosso ambiente latino-americano, de maneira bastante próxima. Recusando a ideia de que os primeiros estágios da vida do ser humano se caracterizam pelo isolamento, alertou-nos de que "esta afirmação é a quintessência do individualismo levada ao campo científico" (p.10); em substituição a ela, concebeu um estado de "indiferenciação primitiva" como uma forma particular de organização do Eu e do mundo, e que constitui o que denominou "núcleo aglutinado", cuja manifestação mais comum na vida psíquica adulta é a simbiose.

Em seu célebre ensaio sobre a comunicação, Winnicott (1963b) levantou ainda a seguinte questão: será que a "comunicação silenciosa" está relacionada ao conceito de narcisismo primário? Com sua habitual sutileza e elegância de expressão, ele não respondeu à sua própria indagação diretamente. No entanto, ressaltou como devemos considerar a experiência *positiva* que está se processando nesta forma de silêncio: trata-se de um "estar só na presença de alguém" e de uma forma de reclusão que não implica perda de identificação, em contraste com aquela derivada de um *fracasso* da comunicação. Aqui, convenhamos, toda a complexa e sutil construção de Winnicott sobre as formas primitivas e paradoxais de comunicação – uma de suas contribuições mais inspiradas – está já bastante distante da concepção freudiana do narcisismo primário. Ao contrário dela, Winnicott concebeu o tempo primário como profundamente mergulhado na situação intersubjetiva, ainda que esta, em um paradoxo, não possa ser caracterizada propriamente como uma *relação*, pois trata-se de uma unidade ainda indiferenciada indivíduo-ambiente.

O eixo genético da teorização psicanalítica é aquele que se dedica a construir modelos a respeito da origem e do desenvolvimento do psiquismo. Nele se inserem diversas temáticas: a teoria de um "aparelho psíquico", dos modos de funcionamento mental, das articulações entre primário e secundário e entre introjeção e projeção, do desenvolvimento psicossexual e do desenvolvimento do Eu, da experiência originária (e mítica?) de satisfação (ou da "primeira mamada teórica", segundo Winnicott), do suposto narcisismo primário e/ou estado primário de indiferenciação e de "dependência absoluta" (Winnicott, 1963a) etc. Nem todos os autores e correntes de pensamento deram a este eixo o mesmo peso e a mesma importância, e muitos, inclusive, teceram críticas importantes e contundentes a ele: é preciso ficar atento ao seu caráter potencialmente ideológico e normativo, especialmente quanto a concepções subjacentes sobre o que é "maturidade" e saúde psíquica, em contraste com concepções questionáveis sobre o patológico, o desviante, o infantil e o "imaturo".

No entanto, é inegável que concepções a respeito das origens e do desenvolvimento estão encravadas nas teorizações psicanalíticas; cabe a nós revisá-las e atualizá-las de modo crítico. Creio que, dentro desta discussão, a revisitação da metapsicologia freudiana sob a ótica do pensamento das relações de objeto nos proporciona algumas reconsiderações significativas. Vimos como a dualidade princípio do prazer/processo primário e princípio da realidade/processo secundário pode ser compreendida em termos do contraste entre o curto-circuito da relação com objetos subjetivamente concebidos e o circuito mais amplo do enlace com o objeto, que tem como vocação um alargamento progressivo das fronteiras do Eu e um enriquecimento da vida psíquica em geral, à maneira do trabalho de introjeção. Vimos também como a concepção ideológica de um estado inicial de isolamento total, ligada a uma visão individualista do homem e à falácia de uma "independência absoluta" como meta do desenvolvimento, pode bem ser redescrita como um estado inicial de indiferenciação; seguindo esta perspectiva, o processo de maturação será repensado em termos de uma dialética entre o "estar com" e o "estar só", dentro da qual emerge e desenvolve-se um aparelho psíquico, um Eu, ou um "aparelho de pensar".

Os movimentos cíclicos e o trabalho de diferenciação:
a espiral dos processos psíquicos

Bem, outro reparo importante que podemos operar no eixo genético da metapsicologia freudiana diz respeito ao seu caráter *excessivamente linear.* Por vezes, a descrição do desenvolvimento da libido, partindo do autoerotismo até atingir a escolha de objeto no âmbito da organização genital, guarda este caráter; o mesmo pode-se dizer quanto ao desenvolvimento do Eu, sobre o processo de passagem do princípio do prazer (no qual impera a realização alucinatória do desejo) para o princípio da realidade (quando surgem o discernimento e o "juízo" de realidade). Ora, o mesmo caráter linear se observa no modelo, proposto por Freud, sobre a evolução das concepções ao respeito do universo na história da cultura, segundo três etapas sucessivas: a animista; a religiosa; e a dita científica.[16]

Em contraponto a este caráter excessivamente linear das concepções genéticas em psicanálise, proponho que pensemos menos em termos de uma evolução linear e mais em termos de *ciclos* e de um *trabalho de diferenciação*. Um deslizamento sutil e importante pode aqui ser realizado. Tais "ciclos" se caracterizam por um movimento de ir-e-vir, que se dá por meio de uma oscilação entre dois polos ou "posições". Mas o desenho resultante de tal movimento não é o círculo, e sim a espiral; pois se supõe nele um processo de transformação que é inerente à ideia de maturação, ou à ideia de desenvolvimento. Penso que se trata de um movimento que "evo-

---

[16] Freud apresentou e discutiu extensamente este modelo evolucionista das três concepções do universo em *Totem e tabu*, obra justamente dedicada a pensar o "primitivo" – seu caráter, sua origem e o seu desenvolvimento –, através de uma articulação complexa e ambiciosa entre a história individual e a história da cultura humana. No terceiro ensaio desta grande obra, Freud correlacionou estes três tempos da concepção do universo com três tempos do desenvolvimento da libido: o narcisista; o da escolha de objeto incestuosa; e o da busca de objeto no mundo exterior, que implicaria uma "renúncia do princípio do prazer, subordinando-o à realidade" (Freud, 1912-13, p.1804). Propus uma revisão crítica destas proposições à luz da concepção winnicottiana de ilusão e de seu modo não linear de conceber as três áreas da mente (espaço subjetivo, espaço intersubjetivo e espaço transicional), podendo coexistir em todos os seres humanos (cf. Gurfinkel, 2008, especialmente na seção "A magia nas artes visuais").

lui" em uma dialética muito particular, graças a um contínuo trabalho de diferenciação. A *espiral* é uma figuração particularmente expressiva do "movimento do psíquico" que aqui busco desenhar, caracterizado por uma combinação entre os ciclos do ir-e-vir e um trabalho de diferenciação contínuo.[17]

Como visualizamos os movimentos cíclicos e o trabalho de diferenciação nos modelos teóricos de Freud?

Uma primeira referência deste movimento pode ser reconhecida na metáfora do protozoário e seus pseudópodes, proposta por Freud (1914) em *Introdução ao narcisismo*. Com essa metáfora, Freud nos descreveu um ser-sujeito que se caracteriza por uma dupla face no que se refere aos investimentos libidinais: por um lado, e devido à sua própria natureza estrutural,[18] ele se caracteriza pelo investimento da libido em si mesmo – no seu Eu –, e, por outro, ele produz "emanações da libido" que, potencialmente – eventual, periódica ou irregularmente, alternada ou de forma concomitante –, dirigem-se a objetos.[19] Estas últimas seriam "velhas conhecidas" da clínica da neurose e da teoria da libido construída até então, e as primeiras, antes encobertas, foram a grande revelação trazida por este texto. Freud nos

---

17 Em outro lugar (Gurfinkel, 2008), abordei este tema sob um foco ligeiramente diferente, propondo que tanto o *criar* como o *sonhar* comportam a sustentação do paradoxo de um duplo movimento, bem retratado pela sobreposição entre as figuras da espiral e do quadrado.
18 Vimos há pouco os problemas derivados do fato de se considerar esta condição narcisista estrutural como *primária*; ainda que re-signifiquemos a hipótese do narcisismo primário, a concepção de homem como eminentemente narcisista não precisaria ser refutada da mesma forma – mas merece, também, sem dúvida, um reexame cuidadoso.
19 Este tipo de movimento do psíquico já fora claramente desenhado por Freud (1912-13) em *Totem e tabu*, quando ele ressaltou como uma organização narcisista nunca desaparece por completo: "o homem permanece até certo ponto narcisista, mesmo depois de ter encontrado objetos externos para sua libido; ora, tais investimentos de objeto são como emanações da libido que revestem seu Eu e que podem retornar a ele a qualquer momento" (p.1804).

falou de uma "oposição" entre libido do Eu e libido objetal, e em dois polos extremos (o apaixonamento e o delírio paranoico de fim de mundo); mas podemos também visualizar aqui em um interjogo dinâmico e complexo entre as duas modalidades de investimento, à maneira das séries complementares, segundo um tipo de movimento do psíquico muito específico. Assim, se certa leitura nos leva a pensar em termos de patologias – patologias do excesso, seja para um lado, seja para o outro –, ou em termos genéticos – do narcísico ao objetal –, a metáfora do protozoário nos convida também a um outro olhar: considerar, para além do patológico, as variações de formas de ser,[20] ou pensar em termos de posições[21] contrastantes que se alternam ao longo de toda a vida. Ora, podemos reconhecer aqui, claramente, movimentos vivos e dinâmicos, não lineares e bastante variáveis, entre os dois polos de investimento libidinal; penso que, sob esta ótica, encontramos nesta região da metapsicologia freudiana uma referência significativa para se compreender o movimento do psíquico segundo um caráter eminentemente cíclico. Nota-se, ainda, como ao ímpeto da "busca de objeto" revela-se, aqui – em uma espécie de epifania – o seu contraponto: o movimento de recolhimento para/em si-mesmo; a natureza deste último pode der pensada e teorizada, como veremos, segundo lentes diversas.

Tal caráter cíclico dos movimentos psíquicos ressurge de maneira muito mais enfática e evidente em *Psicologia das massas e*

---

20 Um ótimo exemplo desta visão encontra-se na proposição de Freud (1931) sobre os tipos libidinais – os tipos erótico, narcísico, obsessivo e suas respectivas combinações –, que não devem ser confundidos com formas psicopatológicas. Essas reflexões tardias de Freud reelaboram de modo bastante interessante a dualidade de formas de escolha de objeto (narcísica ou por apoio) por ele apresentada no artigo sobre o narcisismo.

21 Este termo, adotado por Melanie Klein de maneira tão interessante, teve o mérito de justamente relativizar o modelo linear-evolucionista do desenvolvimento libidinal, elaborado por Freud e reforçado bastante pelo trabalho de Abraham.

análise do Eu. Mas, em uma passagem especialmente inspirada, Freud (1921) se referiu também ao trabalho de *diferenciação* que se dá em diversos âmbitos da experiência psíquica. Trata-se de um movimento inevitável e inexorável, mas que, ao mesmo tempo, produz sempre um aumento de instabilidade que pode, por sua vez, gerar resultados patológicos. A primeira situação de diferenciação/instabilização é o próprio nascimento, no qual se dá o primeiro "choque de realidade" que tira o bebê de um estado que Freud descreve como uma forma absoluta de narcisismo; para contrabalancear este choque e reequilibrar o sistema psíquico, contamos diariamente com o recurso do recolhimento do sono, que nos leva temporariamente de volta para este lugar de origem.[22] Em um lance belo e surpreendente, Freud articula em seguida a alternância vigília/sono à alternância do ciclo dia/noite da natureza. Assim, o movimento de "acordar para o dia" e para a relação com a realidade objetal é como um (re)nascer, que se alterna continuamente com o movimento de "adormecer para a noite" – um desligar-se do viver desperto.[23]

---

22 Esta ideia do sono como retorno à situação intrauterina, tratada por Freud como um estado de narcisismo primário, já havia sido proposta por ele em seu artigo dedicado a repensar a teoria do sonho a partir do conceito de narcisismo (Freud, 1915a), e foi elaborada e expandida, de certa maneira, em uma espécie de coautoria com Ferenczi (1913 e 1924). Em trabalho sobre o tema, retomei esta discussão sobre a dimensão regressiva do sono-sonho (Gurfinkel, 2008), e em estudo panorâmico da obra de Ferenczi (in Gurfinkel, 2017a), examinei em mais detalhe a "metapsicologia do princípio regressivo" por ele desenvolvida.

23 Se dormir não é literalmente morrer, o sono guarda, sem dúvida, uma semelhança simbólica e imaginária com a morte, o que se evidencia em angústias maiores ou menores que acompanham o processo do adormecimento (cf. Gurfinkel, 2008) e em certos fenômenos patológicos da clínica, ver, por exemplo, "Sobre o sono e a morte", de Joyce McDougall (1989). O trabalho fino de Winnicott (1963b) nos permitiu melhor distinguir o *morrer* (a fantasia de..., a experiência de... e a pulsão de...) de uma *pausa no viver*, que não deve em absoluto com ele ser confundida.

O trabalho de diferenciação também se dá na formação do aparelho psíquico, no qual um Eu inconsciente e recalcado se destaca de um Eu coerente – eis aqui uma bela redescrição do modelo da primeira tópica! O retorno do recalcado nas formações do inconsciente indica os esforços de des-tensionamento da instabilidade gerada por esta diferenciação, seja na forma de produtos sintomáticos patológicos, seja na forma de sonhos, seja de uma psicopatologia da vida cotidiana. Trata-se de mais um ciclo de movimentos e posições alternantes, que caracteriza, podemos dizer, a própria natureza dos processos psíquicos. Bem, mas a terceira situação proposta por Freud para abordar o trabalho de diferenciação é aquela da relação entre o Eu e seu ideal, indicando uma nova camada em construção em sua metapsicologia. Ele realiza aqui um novo giro na teoria do narcisismo e, lançando mão do que propôs a respeito da identificação narcísica em *Luto e melancolia*, mostra-nos como o balanço entre investimento no objeto e investimento no Eu se interioriza e constitui uma tópica intrapsíquica – a chamada segunda tópica. A relação até então descrita por Freud entre o Eu e seu objeto de amor se traslada inteiramente para o terreno interno, constituindo a diferenciação entre o Eu e uma parte que dele se destaca – o Ideal do Eu.

Com esta nova chave, diversos fenômenos ganham clareza e inteligibilidade. "A coincidência do Eu com o Ideal do Eu produz sempre uma sensação de triunfo, enquanto que o sentimento de culpa (ou de inferioridade) pode ser considerado como a expressão de um estado de tensão entre o Eu e o Ideal" – esta é a fórmula a que chega Freud (1921, p.2601). Isso se aplica tanto ao âmbito individual como ao social. Assim, existem instituições sociais que realizam uma violação periódica das restrições impostas ao Eu pelo Ideal; são as festas – o Carnaval é um ótimo exemplo – nas quais explode uma alegria eufórica, contagiosa e permitida. Ora, uma festa análoga ocorre no polo maníaco da ciclotimia maníaco-depressiva, no qual a dor depressiva é substituída por euforia, liberdade e despreocupação – o Eu triunfou sobre seu Ideal tirânico! Assim, para além de uma concepção evolucionista e linear que pensa o desenvolvimento do Eu como o percurso de uma posição inicial e "primitiva" – um Eu onipotente e sem freios, o Eu-prazer narcisista – para um Eu recortado, diferenciado e regulado pela vigilante instância do Supereu/Ideal –, aquela que censura e restringe e, por vezes, oprime-o e castiga-o violentamente –, vemos aqui ser gestada uma concepção sutilmente diferente: trata-se de movimentos periódicos e alternados de restrição e libertação do Eu primitivo,[24] previstos e inerentes à ordem social e psíquica. Que fino mecanismo de regulação este que, se por um lado reflete bem a natureza de um viver conflituoso em meio a uma temporalidade complexa; por outro lado, está sempre sujeito a desequilíbrios e extravios em direção ao patológico.

Em suma: estas considerações nos fazem pensar que seria mais fidedigno dizer que, na vida psíquica, oscilamos continuamente entre diferentes *posições*, e não simplesmente atravessamos etapas que se sucedem. Ora, foi justamente esta a importante revisão crítica que subjaz ao trabalho de Melanie Klein, que substituiu paulatinamente o modelo freudo-abrahaminiano das etapas do desenvolvimento libidinal pela dialética entre as *posições* depressiva e esquizoparanoide. Não é casual que a matriz clínica principal do seu modelo teórico tenha sido os estados maníaco-depressivos, levando adiante as formulações iniciais de Freud de *Luto e melancolia*, que prenunciavam este lugar ambíguo da experiência depressiva – entre o patológico da

---

[24] A experiência de algum grau de liberdade e usufruto do prazer de elação do Eu, para além do modelo psicopatológico da mania, encontra-se no belo ensaio de Freud (1928) sobre o humor. Algo análogo se dá com o polo não patológico e universal do trabalho de luto e da experiência da depressividade, no artigo, igualmente inspirado, sobre a transitoriedade (Freud, 1916).

melancolia e o universal do trabalho de luto.[25] Mas é preciso acrescentar que, nestes movimentos de ir-e-vir, não retornamos necessariamente ao *mesmo* lugar, a não ser que estejamos dominados por uma compulsão à repetição. Se não nos encontramos "além do princípio do prazer", se a vida psíquica está operativa e se Eros pode realizar seu trabalho com relativa liberdade, habitamos um espaço potencial no qual novas experiências e construções podem se dar; e, aqui, a palavra-chave é *transformação*, tão cara a Bion, e retomada por Bollas em sua teorização sobre o objeto transformacional.

À medida que começamos a habituar nosso olhar a este modo de conceber os processos psíquicos a partir da dialética diferenciação/indiferenciação e dos ciclos vitais, diversas passagens de Freud e de seus colaboradores ganham um novo relevo. É assim que, como ele mesmo indicou, por meio de um *trabalho de diferenciação*, as pulsões sexuais, originalmente apoiadas e confundidas com as pulsões de autoconservação, ganham seu caminho próprio, e justamente a partir de uma mudança de posição fundamental: quando as "emanações da libido" que revestem o Eu passam a investir o objeto exterior.[26] Um trabalho de diferenciação também pode ser reconhecido no processo de formação do Eu em sua relação com a alteridade. Se em um suposto tempo inicial o campo do não Eu pode ser totalmente ignorado e por isso subjetivamente "indiferente", uma posição narcisista logo nos leva a uma diferenciação entre

---

25 É curioso notar aqui que Klein (1935), de início, ao construir o conceito de "posição depressiva", concebeu também uma "posição maníaca" – e, ainda, uma "posição obsessiva"! –, que foram deixadas de lado em favor da dualidade de posições que ficou finalmente consagrada.

26 Nota-se como o movimento de diferenciação é assim nomeado pelo próprio Freud (1914): "as energias psíquicas se encontram, de início, estreitamente fundidas, sem que nossa análise possa ainda diferenciá-las; é apenas o investimento nos objetos que torna possível distinguir uma energia sexual – a libido – de uma energia das pulsões do Eu" (p.2019).

um Eu-prazer – espaço psíquico que é o destino de todas as introjeções de objetos que trazem prazer – e o mundo externo não Eu, espaço-fonte de desprazer e espaço-continente das projeções do desagradável, vivido como hostil. O elemento-chave desta passagem é a emergência da experiência de *ódio*, que vem a substituir a *indiferença* em relação ao objeto.[27] Pois é justamente a alteridade – a distância entre o prazer do Eu e o desprazer atribuído à ingerência do objeto não Eu – que é a destinatária do ódio. E, assim como as rebeliões periódicas do Eu em relação ao Supereu das reações eufóricas e triunfantes, agora o retorno a uma indiferenciação é buscado em um projeto de fusão com o objeto que apague a diferença e seus limites e proporcione ao Eu a ilusão de mergulhar em uma espécie de sentimento oceânico. Deste novo ponto de vista, o ódio produz diferenciação e é, ao mesmo tempo, produto desta; já o amor (pelo menos *uma forma* de amor) visaria, supostamente, a fusão com o objeto.[28] Por fim, com a formatação da segunda tópica, o eixo diferenciação/indiferenciação fica ainda mais nítido no pensamento freudiano: com o novo modelo tópico, deu-se a inclusão definitiva do *outro* na formação do aparelho psíquico por intermédio dos mecanismos de introjeção/identificação, e a própria história da construção das instâncias foi explicitamente descrita por Freud (1920 e 1923) como um processo de diferenciação (do Eu para o Supereu / Ideal do Eu, e do Isso para o Eu).

E, após este caminho percorrido, podemos ainda nos indagar: a "busca de objeto" não seria, então, uma dimensão essencial do *trabalho de diferenciação do psíquico* aqui desenhado, entre o Eu--prazer e o Eu-realidade?

---

27 C.. Freud, 1915b.
28 Tal proposição merece um exame mais detido, já que comporta um paradoxo desnorteante: Eros criador de formas pode se tornar um deus mau e egoísta, que aprisiona o desejo; este só poderá ser libertado, eventualmente, pelo trabalho do ódio!

Bem, as sementes deste modelo dos ciclos vitais e do trabalho de diferenciação germinaram em diversos canteiros.

Na obra de Ferenczi (1913 e 1924), vemos como um princípio regressivo de retorno à situação indiferenciada mãe-filho (expressa na metáfora da situação intrauterina) é tratado como uma meta geral da vida psíquica. Se o desenvolvimento em direção ao sentido de realidade implica um afastamento progressivo de uma posição onipotente e narcisista do Eu, é justamente no ponto de chegada do desenvolvimento psicossexual, representado pelo encontro genital, que se daria o (re)encontro paradoxal com este espaço inicial: um retorno, ao mesmo tempo literal e simbólico, à situação intrauterina dos começos. O *progressivo* e o *regressivo* se cruzam de maneira dialética e paradoxal, pois ali onde haveria o máximo do trabalho de diferenciação, realiza-se a experiência máxima de fusão. Esta construção é inquietante e bastante polêmica, especialmente quanto aos movimentos de ir--e-vir entre o ontogenético e o filogenético de *Thalassa,*29 e não será aqui problematizada.

Ora, o pensamento das relações de objeto está impregnado de uma concepção sobre o desenvolvimento psíquico calcada no interjogo entre indiferenciação e diferenciação. E isso não me parece casual, já que esta concepção do processo maturacional guarda, a meu ver, afinidades "naturais" com tal pensamento. A afinidade é particularmente evidente em Winnicott (1963a); basta lembrarmos de seu modelo da passagem da dependência absoluta a uma interdependência madura, ou da complexa descrição por ele elaborada dos movimentos transicionais e processuais do psíquico.

---

29 No final da obra, Ferenczi (1924) articulou, ainda, o progressivo/regressivo aos movimentos de vida e de morte – seja no sentido psíquico, seja no sentido biológico –, realizando um diálogo com as especulações freudianas de *Além do princípio do prazer* (Freud, 1920).

Este ponto de vista foi bastante bem desenvolvido por Jessica Benjamin (1988) e, em seguida, retomado por Axel Honneth (1992). Para a autora, a perspectiva das relações de objeto na psicanálise – especialmente a partir da obra de Winnicott – implicou uma mudança de uma teoria intrapsíquica do inconsciente para uma teoria da intersubjetividade, na qual o elemento central passou a ser a representação do *Self* e do outro como seres distintos e inter-relacionados. Ela ressaltou que, como contraponto ao *trabalho de diferenciação* que conduz a uma "afirmação" de si, deve-se sempre considerar o *trabalho de reconhecimento*. No caso de ambos os autores, este solo conceitual serviu como base para se estudar tanto o problema da dominação e da relação entre gêneros como a "gramática moral" dos conflitos sociais. Vê-se, assim, como a contribuição de Winnicott é propícia para um diálogo fecundo com áreas de pesquisa vizinhas que têm como foco o campo social.

É importante frisarmos como a consideração pelo "trabalho de reconhecimento" é uma marca essencial de uma concepção intersubjetivista, já que a função de reconhecimento parte necessariamente do campo do outro. Tal concepção tem no pensamento das relações de objeto uma fonte significativa. Assim, os efeitos deletérios da falta de um trabalho de reconhecimento – ou do seu negativo, o irreconhecimento – foi denunciado de modo pioneiro por Ferenczi (1931), ao estudar as situações de violência traumática. Uma das maiores fontes de traumatismo encontra-se no irreconhecimento: quando o adulto, a partir da negação, priva a criança do reconhecimento da situação de violência vivida; ora, a mesma situação iatrogênica pode se reproduzir na relação analítica, caso não haja um manejo sensível por parte do analista. O tema do reconhecimento ressurgiu na obra tardia de Winnicott com muita força. Um de seus pontos altos encontra-se no artigo sobre a função de espelho do rosto da mãe (Winnicott, 1967) e em diversas passagens sobre a importância primordial do trabalho de reconhecimento por parte do analista, em *O brincar e a realidade*. A própria função da interpretação foi por ele redescrita enquanto um trabalho fundamental de reconhecimento (Winnicott, 1968), para além dos sentidos inconscientes que ela possa vir a desvelar. Aqui, o papel do outro – mãe/analista – é determinante, tanto no seu negativo como no seu positivo. Nas elaborações conceituais de Winnicott, o reconhecimento é, primordialmente, relativo ao *Self* (si-mesmo), e refere-se à vivência constitutiva e básica da experiência de Ser, na qual o que está em questão são os direitos "humanos" a uma cidadania no âmbito da comunidade dos sujeitos humanos. O trabalho do reconhecimento se encontra, pois, aquém do jogo de identificações próprio da formação de um Eu.

A busca de objeto: desdobramentos

Realizamos, até aqui, uma visitação retrospectiva – a partir da máxima de Fairbairn sobre a busca de objeto, formulada na década de 1940 – à obra de Freud. Nos breves apontamentos que se seguem, convidarei o leitor a um movimento para frente, ou seja: uma exploração de certas regiões significativas da teorização psicanalítica nas quais podemos reconhecer – direta ou indiretamente – os ecos de uma *busca de objeto*. Se considerarmos tal busca uma força motriz básica da vida psíquica, observemos como ela nos lança para além e para aquém de nós mesmos...

Lançar-se no espaço intersubjetivo

Um dos efeitos mais claros de um impulso de busca de objeto é o de lançar o sujeito, de alguma maneira, no espaço intersubjetivo. O lugar primordial deste *movimento de busca* pode ser depreendido em diversas formulações de psicanalistas, desde a proposição freudiana inaugural da "escolha de objeto" no desenvolvimento psicossexual; optei aqui por destacar a contribuição de Bollas, que me parece especialmente feliz em abordar tal aspecto, especialmente por meio de seu conceito de "objeto transformacional".

Bollas (1987) propôs, em seu trabalho, um postulado – de caráter bastante geral e abrangente – sobre a natureza humana: a "busca pela transformação" é o anseio primordial que nos move. Freud teria postulado, pelo menos até certo momento de sua obra, que a busca primordial do ser humano é a busca de prazer, subordinados que estamos nós ao princípio do prazer; Fairbairn veio a refutar e a reformular este postulado, sugerindo que a busca primordial não é por prazer, mas pelo objeto; Bollas nos sugere ainda outra modificação. O objeto não é, primariamente, o que se busca; mas ele também não é contingente no que se refere à busca de prazer – "só nos serve enquanto nos oferece prazer". O objeto é, na verdade, contingente em relação à sua *função* – esta, sim, primordial – de ser um *meio de proporcionar transformação*: "quero enfatizar que esta busca surge não do desejo pelo objeto em si [...], mas da certeza da pessoa de que o objeto trará transformação" (p. 62).

Bollas assenta sua conceitualização na proposição de que a mãe é vivenciada, nos tempos primordiais, como um processo de transformação: esta mãe é um objeto transformacional. Mas a busca pelo objeto transformacional não se restringe a este momento; ela se torna um *leitmotiv* de toda a nossa vida. Se, por um lado, guardamos em nós a memória de nossas experiências transformacionais primordiais na forma de uma "lembrança do Eu pré-verbal"; por outro lado, é no tempo futuro que depositamos a esperança persistente de reencontrá-lo. As experiências estéticas de encontro com um objeto que despertam ressonâncias pessoais profundas - tais como uma vivência de fusão misteriosa, um sentimento de sagrado etc. - são momentos especiais em que tal reencontro se dá; mas, para além de um reencontro nostálgico com o objeto perdido, trata-se de uma nova abertura, ou seja: trata-se da *esperança de viver uma nova transformação significativa.*

Na vida adulta, vivemos buscando experiências estéticas - vamos ao concerto, ao teatro, aos museus, visitamos e revisitamos lugares e paisagens que nos tocam, buscamos experiências místicas e religiosas -; e por qual motivo? Para Bollas, na esperança de sermos transformados por este encontro. E note-se bem: a transformação não pode nunca se dar de modo solipsista; ela necessariamente depende do objeto - em última instância, o agente e detentor do poder transformador. Assim, uma divindade ou o messias, um novo amor, um novo emprego ou as férias que estão por vir são os objetos investidos potencialmente deste poder misterioso de mudar a experiência do *Self.* Por que um certo quadro não nos diz nada, e uma certa música nos arrepia e nos arrebata? Por que para uns o encontro estético se dá com certos objetos, e não com outros? O que é *Isso* que nos move em determinada direção e não em outra? Como se vê, aproximamo-nos aqui das forças primordiais e dos seres míticos que movem a existência humana.

Estas proposições nos conduzem a uma reflexão rica e renovada sobre as "forças do destino", ou sobre as forças que, na vida, nos movem em uma direção ou em outra. Estas forças poderiam ser pensadas em termos pulsionais - como uma espécie de "pulsão de destino" -; mas elas guardam, sem dúvida, um vetor fortemente *direcionado para* e *moldada pelo* objeto, um outro necessário e imprescindível para o processo de transformação e de desdobramento do *Self* no mundo. Considero este um ótimo exemplo de que a busca de objeto pode ser vista como uma força motriz básica do humano.

Construir um espaço psíquico pessoal

Além de nos lançar no espaço intersubjetivo, a busca de objeto tem também como efeito a construção de um espaço psíquico pessoal; Melanie Klein e também Fairbairn tiveram um papel primordial na teorização destes processos.

Segundo Klein, construímos ao longo da vida um "mundo interno", povoado de "objetos internos". Tal mundo é resultante da ação da fantasia inconsciente que, por meio do trabalho de introjeção, constitui um mundo interno complexo, no qual tais objetos são experienciados em uma relação dinâmica com o Eu, e entre eles. Os processos de introjeção são marcadamente influenciados pelas forças pulsionais e pelas angústias presentes, podendo ser mais parcializados ou mais integrados, ou tingidos por seu caráter perseguidor, gratificante ou idealizado. Trata-se de um mundo fantasmático e por vezes extremamente fantástico, já que, ao mesmo tempo em que é construído a partir das relações com os objetos externos, está sujeito a sofrer tamanhas transformações e distorções, que constitui – à maneira da "realidade psíquica" proposta por Freud –, uma realidade própria e à parte. Mas o sentido em que se dão as trocas entre "mundo interno" e "mundo externo" é duplo; assim, o mecanismo de projeção cumpre um papel análogo e complementar ao da introjeção. Tendo como fonte a pressão dos impulsos pulsionais e as fantasias a partir daí construídas, a projeção "põe para fora", e recobre o mundo externo com as tintas de seu mundo interior. Assim, é fundamental que situemos a construção da "realidade" como fundada no interjogo entre projeções e introjeções que – dentro de certa perspectiva conceitual – é a chave da constituição de toda a subjetividade: "desde o princípio, as relações objetais são moldadas por uma interação da introjeção e da projeção, dos objetos e situações internos e externos; esses processos participam na formação do Ego e superego, preparando o terreno para o estabelecimento do complexo de Édipo" (Klein, 1946, p.314).

Fairbairn (1944) também trabalhou com a ideia da construção de um mundo de objetos internalizados, que nomeou "estrutura endopsíquica". Mas sua ênfase foi diferente da de Klein, pois partiu do pressuposto de que a internalização do objeto é colocada em marcha devido a experiências efetivas de privação e frustração com os objetos externos reais, e como uma tentativa de se defender magicamente do sofrimento, tornando tais objetos "bons". Após a internalização dos "maus", segue-se uma combinação dos mecanismos de recalcamento e dissociação, constituindo o nosso "mundo interno". Conforme os objetos maus internalizados sofrem recalcamento, produz-se ao mesmo tempo uma dissociação do Eu, que destaca de si mesmo e recalca dois Eus subsidiários ligados, respectivamente, aos dois objetos internos recalcados: o "Eu libidinal" e o "sabotador interno". Ao lado dessas duas subestruturas egoicas dissociadas e recalcadas, permanece um "Eu central", à maneira de uma instância mediadora e recalcante. Fairbairn sugere que o "Eu central" corresponde, *grosso modo*, ao Eu de Freud, enquanto o "Eu libidinal" corresponde ao Isso e o "sabotador interno" ao superego. A situação endopsíquica é, pois, composta de relações de objeto internas – inconscientes, porque recalcadas –, formando algumas duplas Eu-objeto, *duplos* resultantes de processos dissociativos primários. Assim, para Fairbairn, o aparelho psíquico se constitui pelo processo de internalização/dissociação/recalcamento, a partir das perturbações vividas nas primeiras relações entre a criança e o outro. E, à maneira de um sobrevivente deste processo universal/patológico de defesa diante dos sofrimentos na relação com os outros, resta o "Eu central", que prossegue na busca do objeto, e na esperança de uma relação menos amputada e deteriorada com este.

Seja como for, este mundo de objetos internos, construído a partir do interjogo entre introjeção e projeção, proporciona-nos uma espécie de "acervo subjetivo". Nele guardamos as memórias de nossas experiências de vida – e, em particular, de nossas experiências relacionais –, que se precipitam e fixam-se na forma de introjeções e identificações. Mas tais marcas do outro, muitas vezes meros traços, pegadas, são sempre ligadas a afetos, sensações, texturas e experiências de natureza estética. São marcas psíquicas ligadas e derivadas de experiências objetais, mas são também marcas de experiências sensoriais, lembranças de paisagens, lugares, "climas" e ambientações – "objetos internos" em um sentido bastante mais lato e impreciso.

Este espaço psíquico interno pode ser também aproximado ao mundo da fantasia. E, aqui, a fantasia contém uma dupla face. Por um lado, trata-se de um mundo imaginativo que nos proporciona um grande enriquecimento subjetivo; tais objetos nos acompanham e preenchem-nos e, em seu conjunto, compõem uma história pessoal e dão contorno e sentido à nossa existência. Mas, por outro, a fantasia pode servir como forma de defesa e de evasão. Torok e Abraham (1972) propuseram restringirmos o termo "fantasia" a esta última acepção; a fantasia guardaria um caráter intrinsecamente conservador e narcísico, evitando o trabalho de transformação e recomposição pessoal que o contato com a realidade nos impõe. Há aqui uma proximidade com a noção lacaniana de "imaginário", na qual podemos reconhecer, ainda, ecos do mito da caverna de Platão: pois trata-se de precisamente um "engano fundamental", como aquele originado das sombras dos objetos projetadas nas paredes da caverna cuja natureza "verdadeira" é inteiramente ignorada. Considero bastante interessante sustentar esta duplicidade de sentidos da noção de fantasia; se o apelo a ela pode indicar – como de fato se dá muitas vezes – uma evitação defensiva dos desafios do viver por meio de um refugiar-se em um "mundo interno" alternativo, a possibilidade de transitar e usufruir da riqueza deste acervo de objetos deve ser também sempre considerada.

Penso que é neste fio da navalha – entre uso e abuso da fantasia – que constituímos e vivemos em nosso "mundo interno". Mas, note-se, a criação e o povoamento contínuo deste espaço pessoal só são possíveis a partir de um movimento inicial de busca de objeto, movimento seguido pelas introjeções, identificações e projeções que constituem o cotidiano do viver em relação. Ora, tanto o lançar-se no espaço intersubjetivo como o habitar um espaço psíquico pessoal implica, por um lado, um investimento libidinal, e, por outro, o trabalho contínuo de encontrar/criar objetos; neste sentido, considero que em ambos os casos se trata, segundo a expressão de Green (1986), de "investimentos objetalizantes" – movimento que caracteriza, precisamente, o trabalho de Eros.

Constituir um espaço de sonho

A comunidade psicanalítica pode sentir-se bastante grata a Winnicott por nos ter mostrado a importância crucial de reconhecermos a existência uma "terceira área da experiência", para além daquelas referidas ao espaço das relações com os objetos objetivamente percebidos, e daquela referida ao espaço eminentemente subjetivo, na qual se dão as relações com os objetos subjetivamente concebidos. Esta terceira área – espaço transicional, espaço potencial – é, como se sabe, o campo sempre em aberto da ilusão e da potencialidade criativa do humano, em que concepção e percepção podem se sobrepor na mágica precária do *encontro* com o objeto. Alguns analistas,[30] inspirados nesta proposição e apoiados em diversas sugestões que encontramos ao longo da

---

30 M. Khan e Pontalis foram os pioneiros deste movimento, que prosseguiu com Fédida, Bollas, Kaës e outros.

obra de Winnicott, vieram a formatar com mais clareza e precisão o que seria exatamente o "espaço do sonho", compreendendo-o como uma variante do espaço potencial.

Testemunhamos aqui uma "pequena revolução silenciosa" na teoria freudiana do sonho, que até então se mantivera relativamente estável em seus fundamentos principais. Com esta renovação da teoria do sonho, passamos a reconsiderá-la sob diversos aspectos; vejamos, sumariamente, do que se trata.

Em relação à questão da temporalidade do psíquico, passamos a compreender que o sonhar guarda uma relação estrutural não apenas com o tempo passado, mas também com o tempo futuro. Para que o desejo possa se "realizar" no sonho, é preciso que tenha sido construída, na vida psíquica, a capacidade de se conceber um futuro, no qual o encontro com o objeto possa ser minimamente concebível; o que aqui está em jogo é a capacidade psíquica de esperar – a esperança – e a possibilidade de se conceber um projeto.

Um segundo aspecto a ser reconsiderado é que o sonhar se insere no campo intersubjetivo. A fenomenologia alucinatória do sonho e o retraimento do estado do adormecimento podem aqui ser enganadores; o sonhar é, eminentemente, uma experiência de comunicação, um diálogo sutil e profundo com os objetos das duas outras áreas da experiência. Ele começa com uma seleção de objetos e de impressões recolhidas no dia do sonho – os restos diurnos –, prossegue em um complexo entrelaçamento destes objetos "de ocasião" com diversos outros de nosso acervo subjetivo, guardados mais ou menos no fundo do baú e expressivos de sentidos afetivos e cargas pulsionais – porta-vozes daquilo que temos de mais íntimo e sensível – e, após um longo e complexo processamento deste material bruto, tem como vocação última um relançamento em direção ao campo do outro. O sonho, ao ser lembrado, pensado, relatado a alguém e "analisado", busca desdobramentos, busca novos sentidos e – por que não? – *busca objetos*: almeja ser lido, compreendido e "realizado" no âmbito de um viver compartilhado. Assim, o *sonhar* é um campo de experiências que vai muito além da consideração pelo objeto-sonho e sua interpretação. Por fim – e esta é uma outra dimensão fundamental de renovação da teoria do sonho –, devemos compreender como o sonhar comporta necessariamente uma dimensão estética: o espaço do sonho se inscreve no espaço potencial da criatividade – se a vida de vigília é como a prosa, o sonho é poesia.[31]

Assim, compreendemos como o "espaço do sonho" é um espaço singular, uma terceira área que não se confunde nem com o espaço intersubjetivo e nem com o espaço psíquico pessoal – ainda que seja frequentemente nele inserido. A busca de objeto produz e cria, aqui, *um novo campo de experiências*: um laboratório no qual se busca articular os tempos passado, presente e futuro, no qual se almeja estabelecer um diálogo vivo entre o núcleo e a casca – o *Self* e a vida objetal –, e no qual um trabalho psíquico criativo pode se dar graças ao "trabalho da ilusão" (o encontro entre concepção e percepção). O clínico atento, o artista em seu trabalho e, afinal, todas as pessoas sensíveis e "sonhadoras" – de alguma forma versadas nas aventuras exploratórias neste laboratório de sonhos – podem reconhecer que se trata, de fato, de uma terceira área; uma área de experiência afim com o viver criativo e tão central na vida humana que faz toda a diferença: faz com que a vida ganhe sentido e valha a pena ser vivida. Entre os tempos do ontem e do amanhã, e entre o espaço do si-mesmo e do outro – em um tempo/espaço transicional, precisamente "entre" –, visitamos periodicamente o fundo do poço (nossa caverna pessoal), e a partir de um re-encontro íntimo, reabastecemo-nos e rearticulamo-nos para novas buscas, ou para novas apostas de encontro com objetos.

---

[31] Para um exame detalhado do assunto, ver Gurfinkel (2008).

Ora, a psicanálise – enquanto disciplina e enquanto prática exploratória – nasceu a partir das expedições de Freud neste "espaço de sonho". E, ainda: ela tem como vocação prosseguir em tais explorações, e como responsabilidade ética compartilhar com o mundo da cultura os resultados deste trabalho.

O ir-e-vir da relação com o outro: busca de objeto, busca do Self

Para finalizar nosso percurso, gostaria de lembrar que, em contraponto à busca de objeto, é fundamental considerarmos também o seu "movimento contrário": a retirada, o recolhimento, o retraimento e suas variações. Na verdade, o viver se caracteriza justamente por um ir-e-vir, no qual os dois movimentos se alternam – à maneira dos ciclos vitais –, complementam-se e compõem-se, em um interjogo dialético.

Revistando Freud, pudemos ver como o modelo dos ciclos vitais está presente, desde a teoria do narcisismo, como uma característica das relações de objeto. A partir de uma posição narcisista, as emanações da libido se desprendem e investem os objetos, mas sempre podem a ela retornar – como na metáfora do protozoário e seus pseudópodes. O modelo se expande para outras situações: o sono, enquanto uma manifestação cotidiana da retirada narcisista, alterna-se com o estado da vigília, no qual a libido objetal prevalece – o que corresponde ao ciclo dia/noite. A formação das tópicas, realizada por um trabalho de diferenciação (o recalcado inconsciente a partir de um Eu coerente, ou o Supereu/Ideal do Eu a partir do Eu enquanto instância), cria tensões que não são fáceis de se sustentar, e que são periodicamente aliviadas por um atenuar ou suprimir das distâncias (retorno do recalcado, ou retorno do Ideal para o Eu). Assim, oscilamos entre a ascese derivada da eficácia do recalcamento e os sintomas perturbadores, os sonhos e os lapsos, ou entre o esforço de atender às exigências supergóicas e a rebelião contra elas – seja nos atos individuais de coloração maníaca, seja nas festas coletivas. Ora, estes movimentos cíclicos parecem descrever a vida psíquica de modo muito mais dinâmico e fidedigno.

Bem, no que tange às relações com o outro, podemos também considerar um ir-e-vir entre dois polos: o "estar com" e o "estar só". É bastante conhecido o trabalho em que Winnicott nos mostrou como o "estar só" é uma capacidade psíquica complexa, que é construída e arduamente conquistada ao longo do processo de amadurecimento; ora, algo semelhante podemos falar quanto à capacidade de se relacionar com o outro. Na verdade, trata-se de dois processos profundamente interligados. Um dos grandes méritos do trabalho de Winnicott (1963) foi, penso, ressignificar o movimento de retraimento patológico próprio dos estados esquizoides – muito próximo à retirada narcisista postulada por Freud –, e descrevê-lo como universal e inerente ao humano. Todos nós temos uma necessidade vital de nos recolhermos, como atesta a necessidade de dormir. É evidente que tal necessidade varia muito dependendo da pessoa, do momento e do contexto, e que ela pode oscilar dentro de um leque do patológico ao "normal". Seguindo Winnicott, diríamos que ela se relaciona à importância primordial de se conservar o núcleo do *Self* isolado, protegendo-o de invasões que seriam profundamente desagregadoras.

Assim, ao lado da necessidade humana fundamental de comunicar-se com outro, há uma necessidade igualmente vital de não se comunicar. A não comunicação pode ser reativa e defensiva no caso das situações de ameaça de invasão; neste caso, produzem-se processos dissociativos que "protegem" um circuito fechado de comunicação com objetos subjetivos, a única que realmente faz sentido. Mas pode haver também uma não comunicação "simples", buscada e desejada – apenas uma pausa, um repouso. E, ademais, a própria *comunicação* pode ser de vários tipos; além da comunicação habitual, mais conhecida, há que se considerar uma comunicação mais primitiva, silenciosa, que corresponde ao momento inicial de onipotência da criança; ela se caracteriza pela relação exclusiva com objetos subjetivos, o que só é possível devido à sustentação de um outro humano (uma mãe-ambiente) que proporciona ao bebê a pura experiência de Ser. Em alguns momentos, regredimos a esta forma de comunicação, como parte do viver habitual.

Ora, a metáfora genial que Winnicott nos proporcionou – e que, de certa forma, retoma e sofistica aquela do protozoário e seus pseudópodes – é a brincadeira de esconde-esconde. Em um primeiro tempo desta brincadeira, vemos a necessidade do *Self* de ficar isolado, incomunicável; mas tudo se estraga se permanecermos assim, e se não houver um contraponto: *um objeto que nos busca*. Pois é uma delícia se esconder, mas um desastre não ser procurado! No segundo tempo da brincadeira, vivemos o jogo e o prazer de ser procurado; e, no final, tudo culmina com o (re)encontro com o objeto. Admiremos como, com esta metáfora, os movimentos do ir-e-vir em direção ao objeto são brilhantemente retratados, conservando toda a sutileza e a complexidade em jogo.

É muito importante notar como, com as elaborações de Winnicott sobre a comunicação, uma nova dimensão da experiência psíquica é ressaltada, e ganha valor e legitimidade. O repouso, o silêncio, a regressão e o tempo de espera ganham aqui uma nova dimensão.[32] Podemos pensar que aqui retorna a temática freudiana do "sentimento oceânico", mas agora sem o tom de desconfiança em relação a esta regressão do Eu a um período em que não havia fronteiras bem delimitadas? Sim, mas agora o silêncio ganha novos

---

[32] Esta temática foi bastante trabalhada por M. Khan, e mais particularmente em seu belo ensaio intitulado "Deixar a terra descansar" (Khan, 1977). Para maior aprofundamento, ver também "O valor da não-comunicação: brincadeira de esconde-esconde" (Gurfinkel, 2014) e "Espera, esperança e sonho: deixar a terra descansar" (Gurfinkel, 2016a).

sentidos. O silêncio não é apenas uma resistência, e o silêncio não é apenas "de morte"; e o recolhimento não é necessariamente um retraimento narcisista que implica ódio e/ou indiferença em relação ao outro.

Isso nos permite retornar, finalmente, ao nosso ponto de partida. Se nos lembrarmos dos meninos perdidos na caverna da Tailândia, percebemos o quanto foi essencial que eles fossem "procurados" – seria um desastre se não o fossem. Será que cada vez que fazemos movimentos de "nos esconder" – e isso pode ser dar em excursões para lugares remotos e selvagens, ou na retirada para a própria "toca" do espaço doméstico –, desejamos, no fundo, ser procurados e resgatados? Haveria aqui um sutil jogo entre querer se afastar e querer se aproximar, entre "estar só" e "estar com", ou entre busca de não comunicação e busca de comunicação?

Como sugerimos no início, a "caverna de todos nós" pode ser entendida como o "buraco da solidão", ou como o "buraco da depressão". Jairo Marques nos advertiu, com razão, como um "guerreiro" pode enfraquecer e até sucumbir na luta se não contar com o reabastecimento de suas forças vindo do campo do outro – o trabalho de resgate. No entanto, acompanhando o romance de Murakami, vislumbramos um importante contraponto deste "buraco de negatividade": pois o fundo do poço pode ser visto, também, como um lugar para onde sempre precisamos retornar a fim de realizar uma longa, tortuosa e dolorosa jornada subjetiva cuja meta é um requacionamento de questões vitais.[33] Retomando expressão de Winnicott (1971), tratar-se-ia aqui de uma "busca do *Self*".

Mas, note-se: aqui também a perspectiva intersubjetivista é fundamental. Pois a busca do *Self* não é, em que pesem as aparências, uma experiência inteiramente solipsista. Ela simplesmente não pode

---

33 Ver o tratamento desta questão em comentário sobre caso clínico (Gurfinkel, 2017b).

se dar sem a participação primordial do outro, que, a partir do trabalho de reconhecimento e de seu olhar, reúne os elementos dispersos da experiência e reflete-os de volta para o sujeito, referendando e validando a experiência do si-mesmo. Encontramo-nos, pois, novamente, com a complexidade do pensamento paradoxal de Winnicott: no fundo do poço, talvez busquemos o reflexo do olhar do outro. Eis a essência paradoxal da brincadeira de esconde-esconde.

A partir destas considerações, podemos redescrever os ciclos do ir-e-vir nas relações de objeto como uma alternância entre a "busca de objeto" e a "busca do *Self*". O movimento de recolhimento não tem um caráter apenas negativo – seja enquanto defesa em relação ao sofrimento derivado do encontro com o outro, como na retirada narcísica, seja enquanto reação a um ambiente hostil, como no caso da internalização dos maus objetos descrita por Fairbairn. O recolhimento é parte vital deste ir-e-vir e, enquanto tal, trata-se de um movimento eminentemente positivo, de "busca de...". Pois uma *busca de objeto* que não seja temperada pelo seu contraponto – as visitas periódicas ao "fundo do poço" – corre o sério risco de se tornar um Fazer compulsivo, unilateral e puramente mecânico, que ignora e passa por cima da experiência mais básica de Ser, visada, segundo Winnicott, na busca do si-mesmo.

E, uma vez que não se trata tão somente do moto perpétuo do ir-e-vir, no espaço *entre* – entre a busca do objeto e a busca do *Self*, ou entre a comunicação e a não comunicação – e devido ao trabalho contínuo de diferenciação, abre-se o espaço potencial para o encontrar, para o criar e para o sonhar. É nele que se arrisca e desenha-se a espiral da vida psíquica.

* * *

Neste trabalho, adotei a máxima de Fairbairn sobre a "busca de objeto" como um mote para realizar uma revisitação do "pensamento das relações de objeto" na história da psicanálise. A busca de objeto é uma força motriz primária, anterior à busca de prazer, ou secundária a ela? Ou seria melhor considerá-las como forças paralelas e concomitantes? Ou, ainda: será que deveríamos equacionar a questão em outros termos? Tais indagações persistem e permanecem aqui não respondidas, em aberto. Por outro lado, pudemos percorrer, a partir desta frase-ícone, um movimento para trás na obra freudiana – ressignificando-a sob diversos aspectos – e um movimento para frente na psicanálise pós-freudiana, enfocando alguns de seus desdobramentos. O resultado reafirma, do meu ponto de vista, o interesse e o valor da proposição de Fairbairn, especialmente quando a "fazemos trabalhar" dentro de uma perspectiva histórica, crítica e renovada. Neste sentido, penso ser de grande interesse elegermos a "busca de objeto" como uma espécie de *princípio organizador* do pensamento das relações de objeto, pois ela coloca em primeiro plano a função primordial do outro na estruturação do psiquismo e proporciona-nos, a partir desta premissa, uma boa visão de conjunto sobre esta maneira de conceber a psicanálise.

Referências

ABRAHAM, N.; TOROK, M. (1972). Luto ou melancolia: introjetar-incorporar. In *A casca e o núcleo*. São Paulo: Escuta, 1995.

BALINT, M. (1957) Criticism of Fairbairn's generalisation about object-relations (incluído em "Replies to 'reevaluating concepts'"). In SCHARFF, D. E.; BIRTLES, E. F. (eds.). *From instinct to self: selected papers of W. R. D. Fairbairn - vol.1: Clinical and theoretical papers*. New Jersey / London: Jason Aronson, 1994.

_____. (1968). *A falha básica: aspectos terapêuticos da regressão*. Porto Alegre: Artes Médicas, 1993.

BENJAMIN, J. (1988). *Los lazos de amor: psicoanálisis, feminismo y el problema de la dominación*. Buenos Aires: Paidós, 1996.

BLEGER, J. (1967). *Simbiose e ambigüidade*. Rio de Janeiro: Francisco Alves, 1977.

BOLLAS, C. (1987). *A sombra do objeto: psicanálise do conhecido não pensado*. São Paulo: Escuta, 2015.

FAIRBAIRN, W. R. D. (1941). Uma revisão da psicopatologia das psicoses e psiconeuroses. In *Estudos psicanalíticos da personalidade*. Rio de Janeiro: Interamericana, 1980.

_____. (1944). As estruturas endopsíquicas consideradas em termos de relações de objeto. In *Estudos psicanalíticos da personalidade*. Rio de Janeiro: Interamericana, 1980.

_____. (1958). On the nature and aims of psychoanalytical treatment. In SCHARFF, D. E.; BIRTLES, E. F. (eds.) *From instinct to self: selected papers of W. R. D. Fairbairn - vol.1: Clinical and theoretical papers*. New Jersey / London: Jason Aronson, 1994.

FERENCZI, S. (1909). Transferência e introjeção. In *Obras Completas*. São Paulo: Martins Fontes – vol. 1 (1991).

_____. (1913). O desenvolvimento do sentido de realidade e seus estágios. In *Obras Completas*. São Paulo: Martins Fontes – vol. 2 (1992).

_____. (1924). Thalassa, ensaio sobre a teoria da genitalidade. In *Obras Completas*. São Paulo: Martins Fontes – vol. 3 (1993).

_____. (1931). Análise de crianças com adultos. In *Obras Completas*. São Paulo: Martins Fontes – vol. 4 (1992).

FIGUEIREDO, L. C.; COELHO JUNIOR, N. E. *Adoecimentos psíquicos e estratégias de cura: matrizes e modelos em psicanálise*. São Paulo: Blucher, 2018.

FREUD, S. (1900) La interpretación de los sueños. In *Obras Completas de Sigmund Freud (OC)*. Madrid: Biblioteca Nueva, v. 1, 1981.

_____. (1911) Los dos principios del funcionamiento mental. In *Obras Completas de Sigmund Freud (OC)*. Madrid: Biblioteca Nueva, v. 2, 1981.

_____. (1912-13) Totem e tabu. *Obras Completas de Sigmund Freud (OC)*. Madrid: Biblioteca Nueva, v. 2.

_____. (1914) Introducción al narcisismo. In *Obras Completas de Sigmund Freud (OC)*. Madrid: Biblioteca Nueva, v. 2, 1981.

_____. (1915a) Adición metapsicologica a la teoria de los sueños. In *Obras Completas de Sigmund Freud (OC)*. Madrid: Biblioteca Nueva, v. 2, 1981.

_____. (1915b) Los instintos y sus destinos. *OC*, v.2.

_____. (1916) Lo perecedero. In *Obras Completas de Sigmund Freud (OC)*. Madrid: Biblioteca Nueva, v. 2, 1981.

_____. (1920) Mas alla del principio del placer. In *Obras Completas de Sigmund Freud (OC)*. Madrid: Biblioteca Nueva, vol. 3, 1981.

_____. (1921). Psicologia de las masa y análisis del "Yo". In *Obras Completas de Sigmund Freud (OC)*. Madrid: Biblioteca Nueva, v. 3, 1981.

_____. (1923). El "Yo" y el "Ello". In *Obras Completas de Sigmund Freud (OC)*. Madrid: Biblioteca Nueva, v. 3, 1981.

_____. (1928). El humor. In *Obras Completas de Sigmund Freud (OC)*. Madrid: Biblioteca Nueva, v. 3, 1981.

_____. (1931) Sobre los tipos libidinales. *Obras Completas de Sigmund Freud (OC)*. Madrid: Biblioteca Nueva, v.3, 1981.

_____. (1932). Disección de la personalidad psíquica – Nuevas lecciones introductorias al psicoanálisis. In *Obras Completas de Sigmund Freud (OC)*. Madrid: Biblioteca Nueva, v. 3, 1981.

GREEN, A. (1986) Pulsão de morte, narcisismo negativo, função desobjetalizante. In: GREEN [et al.] *A pulsão de morte*. São Paulo, Escuta, 1988.

GREENBERG, J. R.; MITCHELL, S. A. (1983) *Object relations in psychoanalytic theory*. Cambridge (MA)/London: Harvard University Press, 2003. Em português: *Relações objetais na teoria psicanalítica*. Porto Alegre: Artes Médicas, 1994.

GURFINKEL, D. (2008). *Sonhar, dormir e psicanalisar: viagens ao informe*. São Paulo: Escuta.

_____. O valor da não-comunicação: brincadeira de esconde-esconde. *Winnicott E-Prints – Revista Internacional de Psicanálise Winnicottiana*, v.9, v.2, 2014.

_____. Espera, esperança e sonho: deixar a terra descansar. *Revista Brasileira de Psicanálise*, vol 50, n.4, p.29-48, 2016a.

_____. (2016b). Ser psicanalista e ser independente. Trabalho apresentado no evento *Entretantos II: 30 anos de psicanálise e política*, do Departamento de Psicanálise do Instituto Sedes Sapientiae, em 29 de outubro de 2016, com publicação prevista no livro do referido evento.

_____. *Relações de objeto*. São Paulo: Blucher, 2017a.

_____. O homem dos pesadelos – Debates Clínicos. In *Revista Percurso*, n.58, 2017b.

HONNETH, A. (1992). *Luta por reconhecimento: a gramática moral dos conflitos sociais*. São Paulo: Editora 34, 2003.

KERNBERG, O. Fairbairn's theory and challenge. In GROTSTEIN, J. S.; RINSLEY, D. B. (eds.) *Fairbairn and the origins of object relations*. New York: Other Press, 2000.

KHAN, M. (1977.) On Lying fallow. In *Hidden selves: between theory and practice in psychoanalysis*. London: Karnak, 1989.

KLEIN, M. (1935). Uma contribuição à psicogênese dos estados maníaco-depressivos. In *Amor, culpa e reparação e outros trabalhos (1021-1945)* [vol. I das *Obras Completas de M. K.*]. Rio de Janeiro, Imago, 1996.

_____. (1946). Notas sobre alguns mecanismos esquizoides. In KLEIN M, HEIMANN P, ISAACS S.; RIVIERE J. *Os progressos da psicanálise*. Rio de Janeiro: Ed. Guanabara, 1982.

LAPLANCHE, J. *Vida e morte em psicanálise*. Porto Alegre: Artes Médicas, 1985.

MCDOUGALL, J (1989). *Teatros do corpo: o psicossoma em psicanálise*. São Paulo: Martins Fontes, 1991.

MURAKAMI, H. *Crônica do pássaro de corda*. Rio de Janeiro: Alfaguara, 2017.

WINNICOTT, D. (1951). Transitional objects and transitional phenomena. In *Through paediatrics to psychoanalysis: collected papers*. London, Karnac, 1992.

_____. (1952). Psychoses and child care. In *Through paediatrics to psychoanalysis: collected papers*. London, Karnac, 1992.

_____. (1960). The theory of the parent-infant relationship. In *The maturational processes and the facilitating environment*. London: Karnac, 1990.

_____. (1963a). From dependence towards independence in the development of the individual. In *The maturational processes and the facilitating environment*. London: Karnac, ano .

_____. (1963b). Communicating and not communicating leading to a study of certain opposites. In *The maturational processes and the facilitating environment*. London: Karnac, 1990.

_____. (1967). Mirror-role of mother and family in child development. In **Winnicott** (1971).

_____. (1968). Interpretation in Psycho-Analysis. In *Psycho-analytic explorations*. London: Karnac, 1989.

_____. (1971) *Playing and reality*. London, Routledge, 1996.

5. A falta que Bion faz. Considerações sobre as relações de objeto nas teorias psicanalíticas

Luís Cláudio Figueiredo[1]

O excelente livro de Decio Gurfinkel, sua proposta, alcance, realização e utilidade

Em 2017, Decio Gurfinkel publicou, com algum atraso, os resultados de seu projeto de pós-doutorado sobre a psicanálise das relações de objeto (Gurfinkel, 2017). Antes tarde do que nunca. Era uma pena que uma investigação tão minuciosa permanecesse fora do alcance do público interessado nas teorias e na história da psicanálise. É de ressaltar a riqueza e a amplitude das referências que fundamentaram esta pesquisa. Na publicação do livro foram acrescentados outros trabalhos do autor, muitos já publicados, mas remodelados para comporem de forma harmônica o atual volume, por sinal, bastante... volumoso. Certamente, o que hoje podemos ler não corresponde apenas ao que o autor pensava quando

---

[1] Agradeço as leituras e sugestões de Alfredo Naffah Neto, Andreia Vasconcellos, Daniel Delouya, Daniel Kupermann, Ignacio Gerber, Myriam Uchitel e Nelson Coelho Júnior para versões preliminares deste capítulo.

concluiu seu pós-doc, mas também ao que pensa hoje. Esta impressão se estende ao longo de toda a leitura, mas é mais forte na terceira parte do livro, em que Gurfinkel nos conduz por um campo de debates muito oportunos na área das chamadas "teorias das relações de objeto" e da psicanálise dita "contemporânea". Neste contexto, sobressaem alguns dos autores mais relevantes e "clássicos", como Fairbairn, e também alguns dos contemporâneos de maior interesse para Decio Gurfinkel, como Bollas.

Escrito de maneira muito agradável, elegante, clara e rigorosa, e cobrindo uma faixa extensa da melhor literatura psicanalítica – que vai de Freud, passa por Karl Abraham, Sándor Ferenczi e chega a Balint, Winnicott e Fairbairn –, o livro se tornou imediatamente uma fonte indispensável para os estudos psicanalíticos no Brasil. Sua utilidade para o ensino é inegável.

Como não sou muito simpático a livros grossos demais, e este já não é, em termos físicos, dos mais finos,[2] fico até um pouco constrangido de apontar alguma omissão. Mas não seria honesto da minha parte não assinalar ao menos uma omissão totalmente não justificada para não dizer injustificável. Que falta Bion nos faz!

Uma exclusão discutível, mas parcialmente justificada: Melanie Klein

Em diversos momentos, Decio Gurfinkel nos adverte que não incluirá Melanie Klein e a linhagem kleiniana em sua apresentação (p. 37-38; p. 49). Sua alegação é de que ela não pertence à perspectiva intersubjetivista, que, segundo autor, será o âmbito do que compreende como "relações de objeto". Ela ainda seria uma autora do paradigma pulsional freudiano, mais interessada na dimensão

---

2 Em termos de pensamento, ao contrário, é de muita finura.

intrapsíquica do que na intersubjetiva. No máximo, ela seria uma espécie de *ponte* para a construção do pensamento das relações de objeto. Nisso, como em muitas das suas hipóteses básicas, nosso autor segue um livro antigo e de juventude de Greenberg e Mitchell sobre relações objetais nas teorias psicanalíticas, autores que apresentam Klein como "uma 'figura transicional-chave' entre o modelo estrutural pulsional[3] e o modelo estrutural-relacional" (1994, p. 88).[4]

Decio Gurfinkel acompanha Greenberg e Mitchell nesta avaliação que deixa qualquer conhecedor de Melanie Klein um pouco ressabiado. Mas não me deixarei paralisar por esta discordância cujas razões tentarei elucidar no que segue.

O que dizer, por exemplo, da hipótese kleiniana de que desde o começo da vida operam introjeção e projeção, vale dizer, uma troca permanente entre "dentro" e "fora"? Vale lembrar, aliás, que uma das discordâncias de Winnicott com as ideias de Klein acerca dos começos da vida é justamente o fato de que para ele ainda não há, no início, fronteiras entre *dentro* e *fora*, ou seja, não há um *Self* minimamente delimitado, enquanto o bebê vive em condição de indiferenciação em relação ao ambiente e em dependência absoluta. Este debate, sugerem os dados das neurociências e as observações das interações precoces do bebê com seu entorno, daria razão a Klein, não a Winnicott. Já na vida intrauterina, o feto responde a

---

3   É o nome que dão à teoria estrutural da mente, a "segunda tópica", proposta por Freud em 1923.

4   O livro destes autores, escrito por dois adeptos e, na época, militantes do "intersubjetivismo" e da "psicanálise relacional", está certamente marcado por uma "política historiográfica" bastante datada, o que não reduz sua importância, mas levanta alguma suspeita sobre muitas de suas apreciações. Certamente, em toda historiografia há, subjacente, uma "política" operando na reconstrução da história, mas, no caso deste livro, este viés é muito evidente e não me parece que tenha produzido bons resultados. Decio Gurfinkel, todavia, teve dele um ótimo aproveitamento.

estímulos "de fora". Nesta medida, podemos supor que já aí possam começar a operar introjeções e projeções. Mas o que importa no momento é assinalar que, ao pesquisar a própria constituição mais primitiva do psiquismo – o "dentro" do campo intrapsíquico –, Melanie Klein pressupõe um "fora", ou seja, o ambiente e os objetos externos de onde virão os introjetos e para onde vão as projeções. Aliás, ela chega a propor a hipótese de que o bebê humano já nasça com uma *innate unconscious awareness of the existence of the mother* (1959, p. 248), o que foi traduzido como "um conhecimento inconsciente inato da existência da mãe", vale dizer, de um objeto externo absolutamente necessário. A tradução funciona, mas atenua o paradoxo de uma "consciência inconsciente": não se trata de um conhecimento propriamente dito, mas de algo anterior a ele: o bebê *dá-se conta* sem saber – isto é, inconscientemente – de uma mãe real no mundo externo porque a pressupõe, também sem disso ter consciência. Tudo começa daí. Maior afirmação da alteridade do mundo externo e de seus objetos, impossível. Mas o que é notável é justamente que esta pressuposição e este "reconhecimento" inconsciente da mãe real – ainda não encontrada nem conhecida – é algo já inscrito na mente primordial,[5] o que abre o horizonte para um processo interativo continuado entre o externo e o interno, entre o intersubjetivo e o intrapsíquico.

A questão da "mãe real" ou "mãe externa", termos que Klein usa de forma intercambiável, começa assim e neste momento recuado da pré-história de cada um... e não para mais. É ela a que recebe projeções negativas e positivas, na medida em que é ela a que frustra e ameaça (gerando projeções e introjeções negativas) e a que gratifica, acolhe e compreende (gerando projeções e introjeções positivas). É também a mãe real a que reassegura o bebê na

---

5 Essa ideia retornará em Bion com o nome de "preconcepções".

passagem pela posição depressiva quando ela efetivamente sobrevive no mundo externo, contrariando e reduzindo as fantasias raivosas e destrutivas do bebê. Uma mãe que não sobreviva e afaste-se ou retalie, caso em que não sobrevive como mãe boa, precipita o bebê na maior das culpas e angústias.

Em todas estas interações, Klein imagina que os eventos produzidos nas relações com a "mãe real" produzam mobilizações pulsionais e modulações da ansiedade, ou seja, o mundo interno estará sempre sendo modulado e transformado pela experiência com os objetos do mundo externo com que o bebê interage efetivamente. Em contraposição, todos os objetos externos são coloridos e interpretados a partir do mundo interno e de seus objetos subjetivos projetados sobre os objetos de fora. É por isso que para Melanie Klein não é possível separar as angústias neuróticas das angústias realistas, como ela afirma claramente em seu texto de 1948, *On the theory of anxiety and guilt*: "Não é somente o bebê que não pode fazer a distinção: de algum modo, a *interação* entre situações de perigo externas e internas prossegue ao longo de toda a vida" (grifo meu). A fronteira entre "dentro" e "fora" se esfuma à medida em que a interação entre mundo externo e mundo interno se adensa nesta visão complexa, necessária para tratar das extremas complexidades dos processos psíquicos.

Para concluir, vale a pena reconhecer que o uso da *observação* das relações precoces do bebê com sua mãe e demais cuidadores (como vemos ser defendido e usado em um texto de 1952 (Klein, 1952 a)), escrito logo após a publicação de outro texto do mesmo ano, um dos mais completos e sistemáticos da autora, *Some theoretical conclusions regarding the emotional life of infants* (Klein. 1952), sugere a importância do ambiente externo e de seus objetos, já que nenhuma observação daria acesso ao intrapsíquico. Klein reconhece as limitações deste trabalho de observação, mas não o ignora nem o desvaloriza e continuamente faz a ponte entre o que vê nas relações observáveis do bebê com seus "objetos externos" – incluindo as ações e reações de tais objetos (mães e avós, por exemplo) à criança pequena – e o que vai construindo em suas hipóteses acerca do mundo interno, do intrapsíquico, a partir do que experimenta e observa no trabalho clínico e no campo transferencial.

De qualquer forma, Decio Gurfinkel deixa clara a exclusão de Klein e "justifica-a", embora suas justificativas pareçam um tanto discutíveis.

Há, contudo, uma exclusão não justificada e, na verdade, injustificável. Aliás, o próprio Decio Gurfinkel sabe disso. Nas páginas 484 e 485, ele acaba falando de Wilfred Bion e cita-o em textos sobre o adoecimento psicótico que não deixam, nem a mim nem a Decio, margem à dúvida. Diz Bion, e Decio transcreve: "A origem da perturbação é dupla. De um lado, a disposição inata... de outro, o ambiente...". Essa é a razão pela qual Decio Gurfinkel nos fala do "entrecruzamento complexo entre herdado e aprendido" (p. 485).

Assim sendo...

Uma exclusão não justificada e injustificável: Wilfred R. Bion

Comecemos tratando das noções de "experiência emocional" e de "pensamento", e seu alcance na *teoria do pensar*, último texto do livro que Decio Gurfinkel leu e citou em seu tratado, *Second Thoughts* (1967). O capítulo sobre a teoria do pensar, no entanto, é de 1962, ao contrário dos demais republicados em 1967, todos da época mais kleiniana de Bion, a década de 1950. Em 1962, começa uma fase muito nova do pensamento do autor, é o ano em que publica seu livro *Learning from experience*, em parte anunciado no artigo que, no mesmo ano, publicara no *International Journal of Psychoanalysis*.[6]

A "experiência emocional" é o que *e-mociona, move*, mobiliza, põe a unidade somatopsíquica em movimento, abrindo o campo para uma série de possibilidades e de exigências de transformação. Uma delas, a mais importante para o crescimento psíquico, requer a capacidade de suportar o desconforto, "tolerar a frustração" e, eventualmente, a dor, de forma a encontrar para esta experiência um destino melhor do que sua pura e imediata eliminação. Ora, a tal da "frustração" se dá quando as expectativas do bebê, o que Klein chamou de *innate unconscious awareness of the presence of the mother*, não são minimamente correspondidas. Nos termos de Bion, as preconcepções "dão no vazio", ocorrem na ausência do objeto, um objeto externo, evidentemente, em falta. Às vezes, não se trata de uma ausência absoluta, mas da incapacidade de o objeto externo realizar o que lhe compete. "Pensa-se na ausência do objeto", ou do objeto plenamente apto, embora neste caso, transtornos graves, como os dos adoecimentos psicóticos e *borderline*, venham a emergir no lugar do que seria uma capacidade para pensar e processar a experiência emocional bruta, não processada.

De qualquer forma, o que é claro é que o bebê nasce "pressupondo" – inconscientemente – o encontro com bons objetos externos, presentes e aptos, uma mãe bem equilibrada (*well-balanced mother*). Neste bom balanceamento, inclui-se a capacidade materna de se apresentar e ausentar-se dentro de certa medida.

E mais, é preciso que este objeto externo cumpra tarefas de continência e transformação psíquica das experiências emocionais do bebê que ultrapassam, de muito, suas capacidades de

---
6 Sobre esta evolução do pensamento de Bion, ver Gerber e Figueiredo (2018).

processamento. Vai ser neste equilíbrio sutil, entre encontrar e não encontrar a mãe bem equilibrada – um objeto externo – e interagir com esta "mãe real", capaz de dar continência às identificações projetivas do bebê, ainda incapaz de fazer de suas experiências emocionais outra coisa que não seja evacuá-las para dentro de um objeto real (capaz de as processar, significar e devolver de forma atenuada e suportável), que se constitui o psiquismo do infante. Ou seja, o objeto real é pressuposto, procurado, "usado" como alvo de uma comunicação emocional primitiva e tem uma importância insubstituível na constituição do psiquismo neste processo interativo complexo e delicado: é assim que vai sendo construído o próprio aparelho para pensar do bebê. Este vai expandindo sua capacidade de tolerar e compreender frustrações, ansiedades, raivas, culpas e desejos não realizados, e de sustentá-los sem negações onipotentes. A expansão das capacidades psíquicas dos sujeitos ocorre, desde o começo da vida e sempre, ao longo de toda a existência, necessariamente, pela intermediação do outro, o objeto externo, a *mãe real*. A ela não basta estar presente, nem basta ser fonte de gratificações e frustrações bem calibradas. Ela precisa oferecer muito mais de si ao filho pequeno: suas capacidades de elaboração psíquica.

Excluir esta teorização do campo dito "intersubjetivista" parece um contrassenso, mas, diga-se a bem da verdade, a ênfase nesta dimensão intersubjetiva em Bion não vem em prejuízo da dimensão intrapsíquica, e o que Decio Gurfinkel chama de "movimento pendular" (p. 484) seria mais justamente denominado "entrecruzamento", o que, aliás, ele mesmo sugere na página seguinte.

Trata-se, como se vê, daquelas figuras da intersubjetividade denominadas "intersubjetividade interpessoal" e "intersubjetividade intrapsíquica" por Coelho e Figueiredo (2003): no lugar de "objeto", a mãe é efetivamente um sujeito, uma pessoa ativa e interativa (intersubjetividade interpessoal), e o próprio aparelho para pensar da criança vai se organizando segundo o modelo intersubjetivo que nos vem de Freud e Melanie Klein (intersubjetividade intrapsíquica).[7]

Mas ainda haveria mais a dizer a favor da inclusão de Bion no tratado de Decio Gurfinkel, indo além da intersubjetividade interpessoal, e também da intrapsíquica, tão reconhecível na linhagem freudo-kleiniana a que Bion pertence e que o leva a prestar uma enorme atenção aos conflitos entre Ego e superego nos adoecimentos mais graves (cf. Coelho e Figueiredo, 2003).[8]

É notável como, na evolução de seu pensamento teórico e clínico, o processo de *intuição* ganhe relevância, bem como a noção "de verdade em O". Vale assinalar que aqui, nas obras de Bion posteriores a 1965, estamos realmente indo muito além de Freud e de Melanie Klein (cf. Gerber e Figueiredo, 2018) e de todas as figuras de intersubjetividade pensáveis a partir destes autores.

Resumidamente, a *intuição* possibilita o acesso à experiência como "coisa em si" indo além dos vínculos L, H e K.[9] Sem

---

7 Fairbairn foi quem levou mais longe esta concepção de uma intersubjetividade intrapsíquica nas suas elaborações sobre estruturas endopsíquicas, mas os autores kleinianos também a tornam muito mais complexa do que o que Freud havia proposto em 1923, em *O eu e o id*.

8 Denominamos "intersubjetividade intrapsíquica" a que é concebida como ocorrendo no mundo interno do sujeito. Isso começa na teoria estrutural de Freud (isso, eu e supereu) e ganha mais relevo em Melanie Klein e seus discípulos, e também, de forma ainda mais nítida e complexa, nas concepções de Fairbairn sobre as estruturas endopsíquicas, tema muito bem desenvolvido no livro de Decio Gurfinkel. Já a "intersubjetividade interpessoal" diz respeito às relações e interações entre diferentes sujeitos (ou pessoas). Gurfinkel, acompanhando os intersubjetivista americanos, restringe o conceito de "intersubjetividade" a esta única figura.

9 L, Love; H, Hate, K, Knowledge.

memória, sem desejo e sem compreensão prévia corresponde, na disposição psíquica do analista, à renúncia à dominância de Amor, Ódio e Conhecimento intelectual nas relações do sujeito com o mundo, com os outros e consigo mesmo. A transposição, ou ultrapassagem, destes vínculos Amor, Ódio e Conhecimento na direção da "coisa em si" da experiência – O[10] – é absolutamente indispensável para a expansão da mente no contexto desta dimensão "mística" e estética das teorizações clínicas de Bion. É contra estas possibilidades do *intuir* que resistem as instituições (*establishment*, tal como as denomina na obra de 1970, *Attention and Interpretation*), sejam as do mundo externo, sejam as do mundo interno: *intuir* é a fonte do descobrir e do inventar, é a ampliação do campo do pensar criativo na direção do infinito, *intuir* é tarefa da mente livre.

Cabe uma pequena digressão. A "Verdade em O", procurada pela *intuição*, poderia se parecer ao que Balint e Winnicott teorizam como regressão terapêutica, o que foi muito bem trabalhado no livro de Decio Gurfinkel. Mas é o contrário: para Bion, seguidor de Klein, o começo da vida não se dá na indiferenciação, mas na interação com o ambiente externo e seus objetos, alvos de projeções e fontes de introjeções. Há, desde o começo, um Ego operando, embora muito incipiente e frágil, mas já se angustiando, introjetando e projetando. Assim, o encontro da Verdade em O nada tem de regressivo, é, ao contrário, uma transcendência e uma conquista. O que se requer da mente do analista e, mais amplamente, de uma mente em contínua expansão – idealmente, a de um paciente em análise –, é que ela possa abandonar de tempos em tempos o plano pragmático em que imperam Amor e Ódio e em que se cria um Conhecimento "interessado", condicionado pelas categorias do entendimento, para então aceder à Intuição da Coisa em Si. É quando Bion ultrapassa os limites impostos por Kant ao Conhe-

---

10 O, Origin.

cimento em sua *Crítica da Razão Pura*. E mais, no processo psicanalítico, a transformação em K, em Conhecimento, não basta e pode mesmo converter-se em resistência à expansão da mente. É o que acontece quando a mente do analista é ocupada pelas teorias psicanalíticas, ou seja, pelo *establishment*. É preciso ir além de K, ir à intuição de O. Sai Kant e entra Bergson (cf. Torres, 2013). Não mais *conhecer*, mas *vir a ser*, um vir a ser infinito, um permanente transformar-se. O intuir, nesta medida, não apenas ultrapassa a dimensão pragmática como rompe com as limitações impostas pelas defesas e resistências. Aliás, a fonte de todas as resistências é justamente a defesa contra a expansão da mente e contra a experiência emocional, ou seja, contra o trabalho psíquico.

Parece evidente que estamos no terreno do *transubjetivo*, outra figura da intersubjetividade contemplada por Coelho e Figueiredo (2003),[11] no qual encontramos a unidade somatopsíquica radicalmente aberta para o mundo e para o outro, e para si mesma em sua infinita alteridade – e *infinito* é o termo que Bion adota para falar do inconsciente!

Assim, nada de regressão ao Amor Primário (Balint) ou à Dependência Absoluta (Winnicott), nenhum retorno thalássico (Ferenczi): para Bion, trata-se de ascensão, ultrapassagem dos limites narcísicos e suas defesas, abertura total à alteridade e capacidade infinita de aprender com a experiência, justamente na experiência desta alteridade inclusiva.[12]

---

11 A intersubjetividade transubjetiva é a figura da alteridade em que o sujeito é englobado pelo outro, um outro inclusivo. Esta figura de intersubjetividade também não é considerada pelos intersubjetivistas americanos nem por Decio Gurfinkel.
12 Thomas Ogden denominará esta figura da intersubjetividade transubjetiva, tal como emerge na sessão de análise, de "terceiro analítico" (cf. Ogden, 1994). O terceiro analítico emerge do encontro de analista e paciente, e ambos estes polos ficam parcialmente engolfados pelo Outro, que, então, se constitui, sendo transformados por este encontro.

Esta mente expandida, e em expansão, é a que, de início, se beneficiou do outro – uma mãe bem balanceada no começo da vida – e pode ir se beneficiando dos outros que a vida em sociedade proporciona, inclusive de um bom analista, ao longo da vida. Mas é justamente por isso que esta mente pode se desapegar de certezas e enquadramentos rígidos para seguir pelo mundo interagindo e criando, com a disposição da "capacidade negativa",[13] tolerante às incertezas e novidades imprevisíveis, inevitáveis quando a mente se abre ao inesperado e ao incerto. Um aparelho para pensar consistente e apto é capaz de enfrentar as mais extremas e variadas experiências emocionais sem recuos e negações onipotentes. O horizonte das trocas e das aprendizagens se torna maior e tende ao infinito. O campo das intersubjetividades em todas as suas figuras ganha total dominância com a conquista da intersubjetividade transubjetiva pela via da *intuição* da Verdade em O.

Como excluir este Bion, tanto o freudo-kleiniano como o que vai muito além de Freud e Melanie Klein, de um livro sobre "relações de objeto" que enfatize a dimensão intersubjetiva no pensamento psicanalítico?

A falta que Bion fez

O volume volumoso poderia ter se avolumado mais um pouco para incluir Wilfred Bion na galeria em que brilham Balint, Fairbairn e Winnicott. Teríamos, com isso, inúmeras vantagens.

A primeira seria a possibilidade de reavaliar Melanie Klein, a quem Bion esteve tão ligado, principalmente na década de 1950.

---

13 "Capacidade negativa", termo tomado de empréstimo a Keats por Bion para designar a condição de abertura e expansão permanente da mente que se requer do analista em atenção flutuante.

A partir de Bion, o "interacionismo" de Klein fica mais claro do que nunca, pois o que ele fez foi dar mais passos e ênfases nesta mesma direção. A quantidade de vezes em que ela fala em *interação* entre externo e interno está completamente presente e é plenamente realizado nos textos de Bion, no tal "entrecruzamento" a que alude Decio Gurfinkel.

Este reconhecimento daria, inclusive, mais sustentação e algum crédito à noção de "ponte" sugerida por Greenberg e Mitchell e adotada pelo autor. Mas é bom ressaltar que uma ponte, se não é a famosa ponte de Avignon, faz contato com os dois lados do Rhône, vale dizer, faz contato com as duas matrizes sugeridas pelos jovens Greenberg e Mitchell. Nesta medida, mesmo reduzida à condição de "ponte", Melanie Klein já estaria também do outro lado, o que os dois autores quase chegam a reconhecer no capítulo a ela dedicado no livro de 1983.

Mas se, apesar de tudo, a dimensão interacionista de Klein continuasse a ser ignorada, já não seria possível ignorar a dimensão intersubjetiva em Bion, completamente entrecruzada com a dimensão intrapsíquica e pulsional.

Mas vemos que nosso autor de certa forma se retrata: eis Bion de volta... (será o retorno do recalcado?). É quando, já na terceira parte, ao tratar dos adoecimentos psicóticos, ele se vê levado a aproximar (e diferenciar) Bion e Winnicott. Como vimos antes, neste momento, ele começa a ver em Bion muito mais que um "mero kleiniano", embora ele esteja lendo os textos mais "kleinianos" do autor.

Mas uma última vantagem teria sido a de, com base em Bion e sua evolução teórico-clínica, incluir uma discussão mais aprofundada da própria noção de intersubjetividade, suas diversas figuras e seus entrelaçamentos. Com Bion, vemos como a intersubjetividade interpessoal participa da constituição da intersubjetividade intrapsíquica e cria as bases para uma expansão da mente que, com sua capacidade negativa, conquista a intersubjetividade transubjetiva.

Passemos, finalmente, a considerar mais uma das ideias dos militantes americanos a que Decio Gurfinkel dá muito crédito, a menção aos "modelos mistos".

Modelos mistos?

Não precisamos ir a Kohut para falar em "modelos mistos" que reúnem pulsões e objetos, intrapsíquico e intersubjetivo. Será que Balint, Winnicott e mesmo Fairbairn, apesar da sua nova concepção do "instinto", já não nos oferecem modelos mistos? Afinal, o de Melanie Klein e, principalmente, o de Bion, evidentemente, já eram modelos mistos, tal como Decio Gurfinkel chega a reconhecer no "retorno do recalcado" que opera nas páginas finais de seu livro, embora, é certo, a leitura restritiva de Klein pareça persistir.

A necessidade dos chamados "modelos mistos" surge apenas da tentativa de os americanos fazerem uma contraposição muito nítida entre o paradigma estrutural-pulsional e o estrutural-relacional, uma contraposição necessária ao projeto institucional e historiográfico deles naquele momento, "puxando a sardinha" para o campo relacional e tendendo a desacreditar a dimensão energética das pulsões.

Algumas vezes tive a oportunidade (cf. Figueiredo, 2009) de falar no momento transescolar em que vive a psicanálise desde a década de 1980, momento em que o pensamento psicanalítico começou a atravessar livremente muitos paradigmas: pulsão e objeto; intrapsíquico e intersubjetivo; fantasia e trauma; desejo e desamparo. Embora alguns desses atravessamentos sejam realmente mais recentes, outros, como os dois primeiros mencionados, são bem antigos e já estão presentes em Melanie Klein e em toda a linhagem kleiniana, com Bion aí figurando em posição de destaque, sobretudo depois que se destacou geograficamente e foi morar na Califórnia. É claro, porém, que muitos leitores de Melanie Klein deixaram de ler com cuidado a autora e as inúmeras afirmações que fez a favor de uma visão muito mais complexa e nuançada do que aquela que insiste apenas na dominância quase exclusiva da dimensão intrapsíquica. No entanto, mesmo para esses leitores apressados, a afirmação de que ela não pertence à problemática das relações objetais, como querem os historiadores eleitos por Decio Gurfinkel, parece absurda. Mais ainda a quem estudou Klein com algum cuidado. Entretanto, é indiscutível a presença da problemática pulsional em seu pensamento.

A psicanálise contemporânea transmatricial: Bion e Winnicott e suas presenças em Green, Bollas etc.

Hoje, tendo a pensar que o que diferencia a psicanálise contemporânea não se resume ao atravessamento de paradigmas. Em um livro recente, publicado em coautoria com Nelson Coelho Júnior, Paulo Carvalho Ribeiro e Ivanise Fontes, o que acentuamos é seu caráter *transmatricial*. No presente contexto, não poderei me estender muito sobre o que expomos neste livro, restringindo-me a uma apresentação sumária para poder dar continuidade ao argumento e concluir este capítulo.

Lá falamos em *duas matrizes dos adoecimentos psíquicos*. Uma delas, a freudo-kleiniana, é fundamental em toda a psicanálise. A outra, a ferencziana, é uma *matriz suplementar* e, com isso, sugerimos que em momento nenhum a segunda matriz possa operar sozinha. De certa forma, o lugar de uma psicanálise transmatricial já está antecipado, e não se trata propriamente de uma forma "mista". A ideia do "misto" nos autores intersubjetivistas e relacionais americanos pressupunha duas matrizes em franca oposição e incompatíveis, o que dá ao termo "misto" um caráter de hibridismo. Já o entrecruzamento das matrizes *suplementares* cria um espaço de possíveis soluções extremamente integradas e consistentes, como tentamos demonstrar examinando as obras de Green, Roussillon, Anne Alvarez e Thomas Ogden. O adjetivo "misto" não faria justiça a estas obras em que opera uma articulação suplementarizante.

De qualquer modo, a distinção por nós sugerida não equivale a opor pulsão a relações de objeto, intrapsíquico a intersubjetivo. As oposições envolvem de fato aspectos metapsicológicos, mas dizem respeito à suposta inesgotabilidade ou esgotabilidade de recursos psíquicos diante de situações adversas, sejam conflitos, sejam traumas, gerando grandes incrementos de angústia, com as defesas superativadas, ou estados de agonia, com o colapso de todas as defesas e experiências de morte psíquica (cf. Figueiredo e Coelho Junior, 2018).

Como pilares na constituição da psicanálise transmatricial, muito variada e que inclui Green, Bollas entre muitos outros, temos as grandes contribuições de Bion e Winnicott.

Sugerimos também uma forte correlação entre estas concepções de adoecimento psíquico (organizadas em termos de, por um lado, angústias e defesas e, por outro, de colapso de defesas, morte e estados agônicos) e as estratégias de cura vislumbradas pela psicanálise atual. De um lado, temos estratégias de cura capazes de acolher, transformar e atenuar angústias e desconstruir defesas excessivas muito rígidas e invalidantes; de outro, estratégias de vitalização e resgate.

A diferenciação que fiz aqui entre as estratégias regressivas de Balint e Winnicott – formas fundamentais de revitalização, a que se acrescentam muitas outras táticas que passam pelo brincar e jogar, por exemplo – e a estratégia bioniana de propiciar a expansão da mente, criando condições melhores para a construção ou reconstrução do aparelho para pensar (e para um *pensar a experiência emocional infinita* que não se resume a conhecê-la e interpretá-la, mas a aceitá-la e transformá-la), aponta na direção do que precisa ser diferenciado e articulado – em regime de suplementaridade – nas nossas ideias e práticas.

Há, no entanto, algo interessante na diferença entre a "via eferente" em Bion, a da mente em expansão, as vias regressivas promovidas nas clínicas de Balint e Winnicott.[14] Elas não podem ser confundidas, certamente. Porém, a regressão pode se tornar necessária porque essa via de transformações em O, ou seja, *construção originária dos "predicados da coisa"*, como diria Freud, foi, nos casos de adoecimentos mais graves, impossibilitada pelo ambiente ou destruída por ele. Por isso, nas análises longas é possível verificar que se não houvesse ganhos acumulativos no processo de regressão, seria difícil alcançar uma expansão de transformação em O. Ou seja os *new beginnings* que seguem as regressões preparam o caminho para a via eferente de O. Vale dizer, há distinção e também uma certa complementação, o que corresponde justamente ao que estamos denominando "suplementaridade".

Dito de outro modo, incluir Bion em suas considerações não apenas teria sido justo e dado ainda maior abrangência a uma pesquisa já tão bem realizada, como poderia ter aproximado Decio Gurfinkel dos horizontes que me parecem os mais promissores para pensarmos a experiência da psicanálise nos dias atuais, com suas mais interessantes perspectivas teóricas e clínicas que articulam as duas matrizes do adoecimento psíquico e suas estratégias de cura funcionando em regime de suplementaridade.

---

14 Estas observações me foram sugeridas por Daniel Delouya a partir da leitura de uma versão prévia deste trabalho. Neste parágrafo me vali de ideias e palavras sugeridas por Delouya.

Referências

BION, W. (1962). *Learning from experience*. London: Jason Aronson, 1962.

_____. (1967) *Second thoughts*. London: Jason Aronson, 1967.

_____. *Attention and interpretation*. London, Tavistock Publications, 1970.

COELHO JUNIOR, N. E.; FIGUEIREDO, L, C. (2003). Patterns of intersubjectivity in the constitution of subjectivity: dimensions of otherness. *Culture & Psychology*

9, 3, 193-208.

FIGUEIREDO, L. C. (2009). *As diversas faces do cuidar*. São Paulo: Escuta, 2009.

_____Coelho Júnior (et alii). (2018). *Adoecimentos psíquicos e estratégias de cura. Matrizes e modelos em psicanálise*. São Paulo: Blucher, 2018.

GERBER, I.; FIGUEIREDO, L. C. (2018). *Por que Bion?* São Paulo: Zagodoni, 2018.

GREENBERG, J.; MITCHELL, S. A. (1994). *Relações objetais na teoria psicanalítica*. Porto

Alegre: Artes Médicas, 1994.

GURFINKEL, D. (2017). *Relações de objeto*. São Paulo: Blucher, 2017.

KLEIN, M. (1948). On the theory of anxiety and guilt. *The Writings of Melanie Klein*.

(1946-1963), p. 25-42. London: The Free Press, 1948.

KLEIN, M. (1952). Some theoretical conclusions regarding the emotional life of infants.

The Writings of Melanie Klein. (1946-1963), p. 61-93. London: The Free Press, 1952.

KLEIN, M. (1952a). On observing the behavior of young infants. *The Writings of Melanie*

Klein. (1946-1963), p. 94-121. London: The Free Press, 1952.

_____. (1958) "Our adult world and its roots in infancy. *The Writings of Melanie Klein.*

(1946-1963), p. 247-263. London: The Free Press, 1958.

OGDEN, TH. (1994). O terceiro analítico:trabalhando com fatos clínicos intersubjetivos. *Os*

sujeitos da psicanálise. São Paulo: Casa do Psicólogo, 1994.

TORRES, N. (2013). Intuition and ultimate reality in Psychoanalysis: Bion's implicit use of

Bergson and Whitehead's notions. N. Torres and R. D. Hinshelwood (eds.) *Bion's*

Sources. The Shaping of his Paradigms. London: Routledge, 2013.

6. Lacan e as Relações de Objeto

Christian Ingo Lenz Dunker

A aparição de *Relações de objeto*, de Decio Gurfinkel, uma autêntica geografia histórica da psicanálise, no que concerne ao problema no objeto, provocou mediato debate e reposicionamento entre as tradições psicanalíticas brasileiras, particularmente as mais ativas em São Paulo. A trajetória que vai de Ferenczi e Abraham a Balint e Fairbairn, chegando a Winnicott, parece compreender tantas ramificações e estradas vicinais que, surpreendentemente, uma delas levou a Lacan. Está por se fazer uma arqueologia dos elogios de Lacan a Ferenczi e subsidiariamente a Balint, a começar pela afirmação de que teria sido autor de *Introjeção e transferência* o primeiro a colocar o problema do ser do psicanalista no cerne da ação terapêutica.[1] Ele teria percebido que o analista não é apenas um suporte desencarnado sob o qual age uma compulsão repetitiva sob forma de fantasias. E o ponto mais agudo desta problemática residira na declaração, por parte do analista, da perda que este sofrerá diante do vindouro e premente fim da análise:

---
1 Lacan, 1958, p. 619.

> *Excetuando esse núcleo da escola húngara, de archotes hoje dispersos e logo transformados em cinzas, somente os ingleses em sua fria objetividade, souberam articular a hiância que o neurótico atesta ao querer justificar sua existência e, com isso, souberam distinguir da relação inter-humana, de seu calor e seus engodos, a relação com o Outro em que o ser encontra seu status.*[2]

A dispersão da escola húngara, ocasionada pela Segunda Guerra e pelo extermínio nazista, é lembrada aqui em sua recepção em solo inglês, definida pela tendência à objetividade. Uma forma alegórica de remeter a origem da teoria das relações de objeto a uma oposição entre uma prática voltada para a relacionalidade dos afetos e uma clínica definida pelo tipo de apelo ao Outro. Duas maneiras diferentes de tratar a hiância, ou seja, a abertura ou falta, que caracteriza a neurose para Lacan. No primeiro caso, Lacan parece aludir à psicologia do Ego, à concepção anafreudiana da angústia, eventualmente antecipando os desenvolvimentos de Grinberg e Mitchell, da psicanálise relacional. No segundo caso, cuja referência é Melanie Klein, Winnicott e Fairbairn, tratar-se-ia da problematização do Outro por meio do acento em noções de natureza relacionalista, como introjeção, transferência e identificação. O caráter bífido das relações de objeto, que combina com a hipótese de leitura trazida por Gurfinkel, pode remeter a uma diferenciação preliminar, concernente à teoria da constituição do sujeito. Para a primeira tendência, partimos de indivíduos que estabelecem trocas e afetam-se mutuamente, mas eles são antes de tudo instâncias separadas e ameaçadas por processos de autodissolução, perda de autonomia ou dependência. Para os segundos, são as próprias relações que criam os indivíduos, seus contratos e interações mutualizantes. É por se alinhar com a segunda tendência que Lacan criticará o conceito de contratransferência, advogando que há somente uma transferência, que esta

---

2 Idem.

envolve demandas e desejos do analisante, mas também este conceito, trazido por Lacan de desejo do psicanalista. Ou seja, o fato primário é a relação, transferência, identificação ou demanda ou desejo, e a partir dele se deduzem os lados ou as individualidades.

Talvez o conceito central para a teoria dos afetos não seja o de pulsão, mas o de narcisismo. É a concepção, ou a reinterpretação da noção de narcisismo que se decidirá se teremos convergência ou dissonância entre metapsicologia psicanalítica e entendimentos contingentes ou históricos de nossos modos de subjetivação. Deste ponto de vista, poderíamos contrapor o trabalho de Decio ao recente volume organizado por Inês Loureiro, sobre a trajetória de Luís Cláudio Figueiredo: "*Os saberes psi em questão: sobre o conhecimento em psicologia e psicanálise*.[3] O livro enfatiza a crítica do conceito de representação, desde sua origem epistemológica em Freud até o giro recente para a incorporação de discussões éticas provenientes, por exemplo de Heidegger e Lévinas. Ora, a crítica da tradição psicológica em psicanálise mostra-se curiosamente semelhante à crítica de Lacan aos pressupostos individualistas da psicologia. Portanto, a crítica do modelo pulsional, entendido de modo hidráulico, mecânico ou vitalista, é no fundo uma crítica ao individualismo, contido, direta ou indiretamente na teoria das defesas do Ego contra a angústia.

Cabe destacar que é ao final da seção intitulada "Como agir com seu ser?", em que ele comenta este caráter bífido da teoria das relações de objeto, em *Direção da cura e os princípios de seu poder*, provavelmente seu texto mais lido, e quiçá mais importante, sobre a prática psicanalítica, que Lacan afirmará seu programa: "Cabe formular uma ética que integre as conquistas freudianas sobre o desejo: para colocar em seu vértice a questão do desejo do analista".[4]

Renato Mezan, em seu prefácio ao livro de Gurfinkel, afirma que seria preciso acrescentar às três definições freudianas de psicanálise,

---

3 Figueiredo, 2018.
4 Idem: 621

ou seja, ao método de tratamento, tipo de investigação e disciplina científica, uma quarta, qual seja "o fato de os psicanalistas se terem dotado de uma forte estrutura institucional".[5] Isso ressoa em contraste, mas não divergente, com a quarta definição proposta por Lacan, qual seja, de que a psicanálise seria também uma ética. De tal forma que nos parece um tanto aproximativo a maneira como Mezan, seguindo a geografia canônica de Greenberg e Mitchel, descreve os dois ou três paradigmas que circundam a obra de Gurfinkel:

> *No caso da psicanálise, considero que as decisões sobre o que devem ser estes elementos e porque devem ser eles e não outros os building blocks da psique humana originam os dois paradigmas pulsional e objetal, e talvez um terceiro, o subjetal, cujos lineamentos encontraríamos sobretudo na obra madura de Lacan.*[6]

Indiretamente, esta observação nos remete ao problema de base das divergências entre paradigmas e escolas em psicanálise. Estariam eles referidos realmente a diferentes perspectivas psicopatológicas ou modelos de entendimento concorrentes sobre o mesmo objeto ou estaríamos diante de entendimentos distintos sobre modelos diferentes, historicamente cambiantes, de sofrimento de nossos analisantes? No primeiro caso, a diferença é teórica e envolve um conceito forte de paradigma em psicanálise; no segundo caso, a diferença é ontológica ou histórica, e estamos diante de um uso fraco da noção de paradigma.

A questão é da maior importância para o escopo e penetração clínica da psicanálise, pois ela toca no problema da narrativa de sofrimento padrão que esperamos de nossos analisantes, e para a qual nos formamos e que definem quais são as diferenças que fazem

---

5 Mezan, 2017, p. 14.
6 Idem: 19.

diferença em nossa racionalidade diagnóstica, mas também no que podemos esperar de uma análise. Privilegiar fetichismo e neuroses atuais, como quer Gurfinkel, quando trata dos pós-freudianos, opor clínica da dissociação à clínica do recalcamento, ou ainda incorporar tal oscilação como uma série histórica, cuja característica maior seria a alternação, funciona para marcar as diferenças entre o paradigma pulsional, objetal e subjetal. Mas aqui se obscurece a diferença entre paradigmas mistos (pulsional e relacional) e o paradigma subjetal. O paradigma subjetal, originalmente representado por Lacan, pensando no *estádio do espelho*, gradativamente poderia ser aplicado à teoria da sedução originária de Laplanche, à grupalidade de Kaës, André Green e Thomas Ogden. De tal maneira que não se sabe se a subjetalidade, ou a intersubjetividade, emana de uma integração entre pulsionalidade e objetalidade, ao modo de um paradigma integrativo ou se ela representa uma terceira perspectiva que acentua a diferença e importância da oposição inicial entre individualidade pulsional e relacionalidade intersubjetiva.

O trabalho de Gurfinkel acaba por suscitar este problema de modo dramático e operacional porque, ao fazer a história da *teoria* ou do *pensamento* das relações de objeto, ele tem de decidir, a cada vez, se estamos diante de um confronto entre instituições e suas fidelidades mais ou menos normativas ou se estamos diante de éticas e suas orientações mais ou menos comunitárias. Se a história será contada a partir dos paradoxos do narcisismo primário, da análise do caráter e dos impasses da teoria freudiana da identificação ou se ela privilegiará a satisfação autoerótica, as modalidades de amor e a pulsão de morte.

Não basta afirmar que o paradigma objetal-relacional compreende profundas diferenças quer se considere Balint, Fairbairn ou Winnicott, mas é preciso resolver o que significam, para cada qual, o seu modelo de individualização e o seu entendimento de Real. A "busca do objeto" é de fato uma ótima expressão para caracterizar a tradição das relações de objeto, contudo ela mantém indeterminado se este objeto é um outro indivíduo imaginário, historicamente definido, ou se este objeto é um desafio para a existencialidade do sujeito. Por isso o terceiro paradigma talvez não seja suficientemente definido pela oposição entre subjetalidade e objetalidade, mas pela ontologia da positividade ou da negatividade.

É neste ponto que o estudo de Gurfinkel traz uma inesperada contribuição ao campo dos estudos lacanianos. Trazendo às claras a importância da tensão entre narcisismo e esquizoidia, ele revela como a teoria do sujeito em Lacan começa pela infiltração narcísica, mas evolui consistentemente para a problemática clínica e teórica da esquizoidia. Seria assim muito mais produtivo e rigoroso opor uma primeira clínica lacaniana, baseada nas experiências de reconhecimento, a uma segunda clínica lacaniana centrada nas experiências de esquizoidia ou dos modos específicos de fracasso do reconhecimento, por exemplo o impossível dos discursos ou a não relação da sexuação. O fato de que o primeiro movimento se preste a uma boa fundamentação pela linguística estrutural e o segundo movimento se beneficie de uma explicitação baseada no método do nós e na sua lógica de dissociação torna-se secundário diante da matéria tratada e da real modificação de perspectiva.

As temáticas do apego seguro, da autenticidade e do viver criativo são percebidas como problemáticas, no limiar do ideológico, quando recebidas na chave dos processos históricos de individualização. São um capítulo da moral da não dependência, da genitalidade e do amor concluído, como parte de um programa positivo de realização do indivíduo. No entanto, o mesmo campo de problemas e de sintomas correlatos torna-se crucial e decisivo quando se admite a perspectiva da negatividade. Ou seja, não é apenas porque o sujeito seria incapaz de subjetivar a castração, a privação ou a frustração, que ele, enquanto efeito das relações de objeto, definir-se-ia pela relação com a falta, mas porque o objeto tem uma valência ontológica ligada à experiência do vazio e da lacuna de sentido (*ab-sense*). No fundo, a crítica de Lacan não é nem ao modelo pulsional, que ele absorve pela supervalorização a noção de pulsão de morte, a única pulsão por excelência; nem ao problema da absorção de um determinado entendimento de individualismo ao narcisismo, que ele resolve com o recurso a uma teoria do reconhecimento. O problema de Lacan e que de fato lhe confere o lugar de uma terceira via, na geografia proposta por Gurfinkel, é que tanto o objeto pulsional como as relações têm um estatuto negativo e não positivo, como querem e como concordam a teoria das relações de objeto e a teoria da pulsão.

Não é por outro motivo que a controvérsia entre o valor estrutural ou histórico do supereu converge para o conceito de fantasia, ponto de articulação necessário entre a intrassubjetividade pulsional e a intersubjetividade relacional, amplamente tematizado por Lacan por meio da noção de lei. De acordo com a afirmação de Gurfinkel sobre o paradigma subjetal:

> [...] o "*paradigma subjetal*". Este teria emergido da obra de Lacan, cujo pensamento se desenvolveu a partir da linhagem filosófica específica (Hegel e o estruturalismo) e que, ao definir o inconsciente como "o discurso do Outro", deu origem a uma visão muito particular: a proposição da alienação interna do sujeito como consequência da identificação especular e sua inscrição na cultura.[7]

Estamos completamente de acordo com Gurfinkel de que Lacan trabalhou a noção de tal maneira que parece difícil encaixá-la no

---

7 Idem: 41.

paradigma pulsional, assim como trabalhou a noção de relação de modo tão heterodoxo, que é pouco plausível assimilá-lo ao paradigma das relações de objeto. É possível assimilar a posição de Lacan à geografia de Gurfinkel se pensamos que a teoria do Real, Simbólico e Imaginário surge como crítica assimilativa ao modelo freudiano da pulsão, assim como a proposição do conceito de objeto a é a crítica incorporativa da teoria das relações de objeto. O que ambos movimentos têm em comum é a negatividade aplicada diferencialmente ao plano ontológico (RSI) e ao plano antropológico (objeto a).

O outro de Lacan não é o mesmo outro das relações de objeto porque ele é a negação dos indivíduos empíricos, na forma da mitologia familiar dos ancestrais que nos precederam, que definem nossa posição subjetiva pelo nome ou pela estrutura de parentesco. Ele também não é o outro, *in praesentia*, das relações de objeto porque ele é capaz de engendrar formas de alteridade ainda não existentes, mas prescritas pela operação de desejo. O desejo é a história dos desejos desejados, mas também a singularidade dos desejos ainda inéditos. Daí a insistência de Lacan de que o objeto a não é dotado ou passível de imagem, de que ele não se apresenta representado nas três dimensões do espaço euclidiano.

Mas a crítica do empirismo do outro, realizada pelo conceito de objeto a, não deve ser confundida com a crítica do realismo do outro, efetivada pelo desdobramento da noção freudiana de realidade psíquica pela introdução do Real, Simbólico e Imaginário como registros da experiência humana. Ora, o que estes registros têm em comum é a negatividade. O Real que não cessa de não se inscrever, o Imaginário como desconhecimento e alienação e o simbólico estruturado como falta, perda e furo. A controvérsia entre inatismo e ambientalismo[8] é apenas um capítulo desta discussão.

Ou seja, o paradigma subjetal deveria ser mais bem nomeado como paradigma negativo, uma vez que tanto a teoria pulsional

---
8 Idem: 54.

como a teoria das relações de objeto contêm concepções complexas e eficazes do que vem a ser o sujeito em psicanálise. Ocorre que ambas pensam o sujeito como figuras positivas do indivíduo. Ocorre ainda que a crítica do individualismo moderno está pontualmente presente em inúmeros autores da teoria das relações de objeto: particularmente em Ferenczi e Winnicott. Isso significaria aproximar esses dois autores como precursores ou próceres teóricos de Lacan, apesar das infinitas distâncias institucionais. Isso significaria, de fato, uma desestabilização da geografia gurfinkeliana pelo "tsunami lacaniano".[9] Um tsunami é feito de dois momentos: o recuo das águas marinhas de forma incomum, seguido de uma intrusão ou uma onda devastadora que destrói as regiões praianas onde acontece. Se nossa leitura é correta, as águas lacanianas da negatividade estão próximas de devorar terrenos ferenczianos e winnicottianos, sem falar na ovelha desgarrada chamada André Green, todos eles, vistos de um determinado ponto de vista, como aparentados ao negativo. Parafraseando Freud: a psicanálise é uma obra de cultura, como a drenagem do Suider See.

Tomemos uma das incidências da oposição sobre a qual trabalha Gurfinkel:

> *É assim que Greenberg e Mitchell fundamentam sua abordagem da história das ideias em psicanálise, propondo-se a estudar a dialética entre o modelo freudiano original calcado nas pulsões e o modelo alternativo erigido "a partir das relações do indivíduo com outras pessoas" – modelos denominados estrutural-pulsional e estrutural-relacional", respectivamente.*[10]

---

9 Idem: 43.
10 Idem: 63.

O problema da formulação não está na montagem de uma oposição determinada e bem caracterizada, mas no entendimento do que significa dialética neste contexto. De fato, dialética pode significar alternância de polos, mas também síntese integrativa ou ainda composição mista. Contudo, se levarmos a sério a força da proposição hegeliana em Lacan, ela deveria indicar uma dupla negação determinada e, mais ainda, uma lógica desintegrativa ou negativa, em curso em qualquer processo dialético. Isso significa que uma verdadeira dialética dissolve os termos que ela pressupõe, alterando as condições de enunciação do próprio problema, quanto relação entre existência e essência de algo. Isso permitiria reenunciar a questão de Gurfinkel: *várias psicanálises em uma?.11* Nos seguintes termos: *são necessárias várias psicanálises para que possam perguntar se existe uma, e apenas uma.* A diversidade da psicanálise é um fato de não identidade intrínseca do objeto tratado e não de "desviâncias" em relação a uma forma original. Gostaria que esta consideração fosse tomada também no contexto atual dos estudos lacanianos que consideram, por meio de argumentos distintos e opostos, uma ruptura epistemológica entre Freud e Lacan, com a consequente autonomização deste último.

Argumento análogo se poderia aplicar ao diagrama proposto por Mezan para a abordagem do problema da diversidade da psicanálise:

1. Análise histórica do contexto científico e cultural no qual surgem as ideias psicanalíticas, 2. História interna da teoria com seus diversos desenvolvimentos e rupturas; 3. Análise epistemológica dos enunciados e dos conceitos (situada, portanto, em posição mediana); 4. Discussão do processo terapêutico stricto sensu; 5. Estudo da história e da sociologia do movimento analítico

---

11 Idem: 64.

como horizonte da prática; 6. *estudo do contexto social e cultural no qual se inscreve a prática psicanalítica*.[12]

Ou seja, das seis etapas do método diagramático, quatro explicitamente remetem à reconstrução histórica e as outras duas a subsumem, uma vez que a epistemologia pode ser considerada uma reconstrução dos movimentos e tempos do conceito na teoria, ou seja, sua história interna, e a discussão do *processo* terapêutico dificilmente se realiza sem uma preconcepção de tempo, memória e história. Portanto, a decisão primeira retoma o ponto no qual teremos de escolher entre uma concepção sintética, positiva e incorporativa de dialética histórica, ou uma concepção dissolutiva, negativa e não identitarista de história.

Se nossa perspectiva é contributiva para o debate das relações de objeto, ela permitiria entender por que as principais divergências na interpretação brasileira da obra de Winnicott envolvem a mobilização de autores aparentemente distantes, como Heidegger e Lévinas, mas também Benjamin e a tradição mística russa. Trata-se de uma disputa e uma variância em torno de que tipo de negatividade convém à leitura de Winnicott e qual o teor de positividade que lhe seria necessário ou suportável. A dialética não é apenas um assunto em torno da continuidade ou transformação de um mesmo objeto, mas ela é fundamentalmente uma forma de mostrar como a negatividade é um dispositivo de produção de objetos, fenômenos e formas de consciência. Modelos mistos existem, mas eles não são necessariamente dialéticos no sentido forte do termo.

Também a ideia de dividir a obra freudiana em matrizes clínicas, determinadas respectiva e diacronicamente pela histeria, psicose, neurose obsessiva e melancolia, não corresponde a um uso muito forte da noção de dialética. Isso ocorre porque cada um destes termos consegue redescrever todos os outros segun-

---

12 Idem: 68.

do seus termos e suas exigências, fornecendo-nos um modelo completo da experiência clínica. Mas, como sói acontecer nas ciências humanas, as categorias muitas vezes tornam-se escravas de um mesmo ordenamento. Por que não ler estes quatro tempos na obra de Freud, como eu mesmo propus,[13] como mutações de sua narrativa referencial de sofrimento, baseada respectivamente na indução etiológica diferencial entre objeto intrusivo (trauma), alienação da alma (recalque), violação do pacto (complexo de Édipo) e dissolução da unidade do espirito (pulsão de morte) ? O que teria mais peso? A oscilação de modelos metapsicológicos ou a consideração pela realidade externa?[14] O que decidirá pela eficácia de uma leitura ou de outra parece remontar, simultaneamente, à própria relação interna de negação da teoria quanto ao seu desenvolvimento em sua relação dialética com a sua relação externa com a modificação das demandas de cura, tratamento e terapia que organizam a dimensão práxica da psicanálise. Uma relação de dupla negação determinada parece ser requerida aqui.

O ponto central da dialética psicanalítica, destacado por Gurfinkel, particularmente ao final de seu trabalho, é a oposição entre Real e sexual. Assim como a teoria das relações de objeto precisa de uma espécie de grau zero de origem do indivíduo, representado pelos estados de solidão, pela hipótese do "verdadeiro *Self*", do "orgasmo do eu",[15] que redundaria na capacidade humana de acreditar, ou seja, na experiência "real de si", existiria um correlato d constituição da sexualidade, como dinâmica de excesso e déficit de satisfação, ou como matriz inata ou adquirida de prazer, na qual a pulsão de

---

13 Dunker, 2014.
14 Idem: 108.
15 Idem: 465.

morte se torna uma solução.[16] A perda de realidade[17] teria, assim, uma espécie de relação com as vicissitudes da construção do prazer, na qual a pulsão de morte se torna um problema. A posição mista e integrativa seria representada por Bollas e sua tese de que:

> *Ele propõe o que chama de: epifania do sexual. Por volta dos três anos de idade, toda criança se vê diante de um grande desafio, que é a emergência da experiência genital e que exige uma reconfiguração do Self. Neste momento, a mãe e o pai são chamados a cumprir determinadas funções fundamentais que são descritas em detalhe, caso eles falhem nesta tarefa, está aberto o caminho para a formação de um caráter histérico.*[18]

O lado provocante e rejeitante da sedução, a face narcísica e esquizoide da formação do eu, a linguagem de adultos e crianças, a necessidade libidinal do objeto (amor) e o alívio de tensão corporal, o esvaziamento de sentido e a revelação de existência são todos exemplos de como a relacionalidade e a objetalidade precisam internamente do paradigma do negativo para se alternarem como repostas possíveis para o mesmo problema, mas também como diferenciação necessária entre problemas distintos.

A ética da psicanálise e o desejo do psicanalista talvez sejam os operadores fundamentais para suportar as crises dialéticas de reconhecimento entre escolas, instituições e autores na psicanálise. Não porque Lacan seria uma espécie de paradigma integrativo, mas porque sua posição, ademais aqui mostrada como não exclusiva, representa a negação mútua tanto do paradigma das relações de objeto como do paradigma da pulsão.

---

16 Idem: 478.
17 Idem: 481.
18 Idem: 532.

Referências

DUNKER, C.I.L. *Estrutura e personalidade na neurose: da metapsicologia do sintoma à narrativa do sofrimento*. Revista Psicologia USP, volume 25 I número 1 I 77-96, 2014.

FIGUEIREDO, L.C. *Os saberes psi em questão: sobre o conhecimento em psicologia e psicanálise*. Petrópolis: Vozes, 2018.

LACAN, J. Direção da cura e os princípios de seu poder. In *Escritos*. Rio de Janeiro: Jorge Zahar, 1958.

MEZAN, Renato. Manter teso o arco da conversa. In Gurfinkel, Décio (2017) *Relações de Objeto*. São Paulo: Blutcher, 2017.

Parte II

Desdobramentos e debates

7. Stein, Lacan e o narcisismo primário: um momento-chave na história da Psicanálise

Renato Mezan

A década de 1960, como se sabe, foi muito fecunda para a Psicanálise francesa. Entre as razões desta fertilidade, duas me parecem especialmente relevantes: os efeitos do ensino de Lacan, que se faziam sentir tanto no plano teórico quanto como na esfera político--institucional, e o amadurecimento da geração que iniciara seu percurso analítico nos anos 1950. A partir do Colóquio de Bonneval (1960), muitos destes jovens analistas se sentem atraídos pela renovação trazida pelo promotor do retorno a Freud "a uma Psicanálise sufocada pelo conformismo pseudocientífico"[1] e passam a frequentar o Seminário.

Embora a influência de Lacan tenha sido decisiva para as obras que vieram a produzir, quase todos acabaram se afastando dele, quer por motivos pessoais – entre eles, sua receptividade zero ao pensamento independente e a brutalidade com que tratava os que ousavam se aventurar por caminhos próprios –, quer porque consideravam que o modo pelo qual Lacan vinha reali-

---

[1] *Avertissement* (aviso), colocado por Stein logo antes do último capítulo de *L'Enfant imaginaire*, no qual sugere que o encontro com Lacan teve um "papel determinante" na sua maneira de ler Freud.

zando o dito retorno se afastava cada vez mais do projeto original, que, no entanto, todos subscreviam. Esse duplo movimento pode ser observado em autores tão diversos quanto Piera Aulagnier, André Green, Jean Laplanche, Conrad Stein, Jean-Baptiste Pontalis e Wladimir Granoff, para só mencionar alguns.

Para todos, os anos 1960 foram os da constituição lenta e laboriosa da sua própria perspectiva, que incorpora o que absorveram de Lacan *e* a crítica à qual, novamente de pontos de vista não necessariamente convergentes, submeteram as doutrinas lacanianas. O que equivale a dizer que cada um precisou construir uma solução individual para o dilema com o qual se confrontavam, e que Danièle Brun formula assim: "ser si mesmo apesar da marca de outrem, permanecer si mesmo, com o vestígio dos seus textos favoritos, apesar da pressão do outro".[2]

A questão está longe de se limitar ao caso que ela examina no trabalho, o de seu marido Conrad Stein: diz respeito a todo analista, sejam quais forem o país e a época em que vive. Mesmo sem ter mestres da estatura de um Lacan, todos começamos por idealizar nossos modelos na profissão, e levamos algum tempo para encontrar nossa própria voz e nosso próprio estilo de analisar. Nesse trajeto, temos de nos haver com o legado deles, simultaneamente estímulo e obstáculo para nossa evolução rumo ao "ser si mesmo em Psicanálise".

As reflexões de Danièle Brun a este respeito têm como base um fato do qual atualmente poucos estavam informados: a participação de Stein no seminário XIII, *L'objet de la psychanalyse*. Convidado a debater as ideias que apresentara em dois artigos que haviam chamado a atenção de Lacan,[3] em dezembro de 1965 Stein recebe

---

2   D. Brun, *Rester freudien avec Lacan*, Paris, Odile Jacob, 2016, p. 23.
3   "La situation analytique: remarques sur la régression au narcissisme primaire et le poids de la parole de l'analyste", *Revue Française de Psychanalyse*, 1964, 28:2, p. 235-250, e "Transfert et contre-transfert, ou le masochisme dans l'économie de la situation analytique", *RFP*, 1966. 30:3, p. 177-194.

críticas de Claude Conté e de Charles Melman, às quais responde um mês depois, sem no entanto convencer os ouvintes quanto ao acerto das suas posições. Elas permanecem no horizonte durante o resto do ano letivo (junho de 1966): alguns participantes as retomam quando de suas (raras) visitas, Lacan as menciona em determinadas aulas, e é para responder a Stein que escolhe certos textos para comentar, em especial a "aposta" de Pascal quanto à existência de Deus.

As teses steinianas são novamente discutidas na sessão que encerra o Seminário (22 de junho de 1966). Nessa ocasião, Lacan em pessoa toma a palavra e, numa diatribe de extrema violência, ataca-as por fazerem um "uso pervertido" de certos conceitos seus, que Stein teria colocado a serviço de uma visão do processo analítico completamente estranha à do próprio Lacan, e por serem apenas "notações fenomenológicas". Sem perder a compostura, Stein rebate essas críticas, mais uma vez sem sucesso; terminada a aula, retira-se da sala e não volta a manter relações pessoais com o mestre.

Extraordinária pela virulência e pela grosseria do anfitrião, esta sessão (de número 23) foi eliminada do registro oficial do Seminário, que se conclui com a imediatamente anterior. Ela só existe na transcrição feita por Michel Roussan, disponível no site da Associação Lacaniana Internacional.[4] Entretanto, nos arquivos de Stein havia uma pequena pasta etiquetada como "Séminaire de Lacan", contendo notas manuscritas para sua resposta a Conté e a Melman, cópias datilografadas das sessões de dezembro/1965 e de janeiro/1966, e outros documentos, que permitiram reconstruir todo o episódio, do início cordial até o desfecho na sessão suprimida.

A essa reconstituição, levada a cabo de maneira exemplar pela autora, o livro acrescenta informações e análises acerca da trajetó-

---

4 www.freud-lacan.com; ver também https://www.valas.fr/IMG/pdf/s13_objet.pdf. Para mais detalhes, cf. Brun, op. cit., p. 15, 20-22, 42-43.

ria de Stein antes e depois de 1966, da forma como elaborou o impacto que tal bombardeio não pode ter deixado de produzir, das posições que defendeu por toda a vida quanto a pontos cruciais da Psicanálise, e do respeito intelectual que, apesar do incidente, ele continuou a demonstrar por Lacan. Com efeito, considerava fundamental a renovação que este trouxera à nossa disciplina, e ao longo dos anos organizou três jornadas sobre os ecos da sua obra, duas das quais foram publicadas na revista *Études Freudiennes*[5]

Além de lançar luz sobre circunstâncias importantes na formação do pensamento de Conrad Stein, o fato de colocar à disposição do leitor largas porções do que se discutiu naquelas ocasiões confere a esse volume um interesse ainda maior. Com efeito, as questões em debate – o narcisismo, o processo analítico, a posição do analista – abrem uma janela preciosa sobre a paisagem da Psicanálise num momento-chave da sua história, a saber os meados dos anos 1960. É nessa época que, pelas mãos dos autores mencionados há pouco, começa a se constituir o lado francês da Psicanálise contemporânea. Oficialmente, vive-se a "era das escolas": entrincheirada em suas respectivas doutrinas e práticas, tanto no mundo anglo-saxão (Psicologia do Ego, kleinianos, teóricos da relação de objeto) quanto no Hexágono (lacanianos e antilacanianos) e na América Latina (principalmente kleinianos, logo mais também lacanianos), cada uma as considera a "verdadeira" Psicanálise, única herdeira legítima da obra de Freud, e recusa-se a ver nas demais elaborações igualmente válidas do legado do fundador. Silenciosamente, porém, e sob o impulso do retorno a Freud, encontram-se em curso trabalhos que a partir dos anos 1970 superarão essas divisões estanques, reconfigurando o campo analítico e estabelecendo as coordenadas teóricas, clínicas e políticas

---

5 *Incidences de l'oeuvre de Lacan sur la pratique de la psychanalyse* (EF n° 25, 1985); *Lacan, lecteur de Freud* (EF n° 33, 1992); *Retour à Freud de Jacques Lacan* (2002). Cf. Brun, op. Cit., p. 65.

nas quais continuamos a trabalhar nos dias de hoje.

Neste contexto, a posição de Stein se singulariza por sua decisão de refazer o edifício psicanalítico a partir de dois eixos: uma leitura interpretativa de Freud que toma por guia a *Interpretação dos sonhos*, e a convicção de que o objeto da Psicanálise é o que se passa nas sessões com os pacientes. Obviamente, este segundo eixo tem uma componente teórica, porém de modo muito diferente do que ocorre com seus companheiros de geração: André Green, Piera Aulagnier, Jean Laplanche e outros não tomam como ponto de partida as "constantes da situação analítica", nem procuram extrair do *opus magnum* de Freud a bússola para se orientar nelas.

Insisto num ponto essencial: no manifesto dos seus escritos, esses autores não formam um grupo homogêneo. Cada um tem sua problemática, e ao ler Freud, destacam pontos diversos da obra fundadora (no que, aliás, são ajudados pelo fato de ela conter divergências internas, pois Freud não coincide sempre com Freud). Contudo, um traço que os une (e os separa de Stein)[6] é claramente o interesse por determinada organização psicopatológica: os estados limítrofes para Green, as psicoses para Aulagnier, as neossexualidades para Joyce McDougall, as estruturas que favorecem uma solução psicossomática para Pierre Marty e sua escola, etc. Essas organizações funcionam como matrizes clínicas para a elaboração metapsicologica, enquanto para Stein a própria questão de uma psicopatologia psicanalítica não parece ter qualquer relevância. Outros, como Laplanche, vieram a sugerir "novos fundamentos para a Psicanálise" (o que Stein não considerava necessário), ou, como Pontalis, se debruçam sobre questões surgidas no trabalho analítico, servindo-se sem grande incômodo das premissas

---

6   E, ao menos em parte, também de Serge Viderman, cujo livro *La construction de l'espace analytique* (1970) tem em comum com *L'Enfant imaginaire* uma série de aspectos, abordá-los, porém, ultrapassa o escopo do presente artigo.

herdadas (enquanto nosso autor faz um grande esforço para construir uma metapsicologia à altura da situação analítica).

Em 1965, porém, esses autores ainda não têm a estatura que adquirirão posteriormente. Stein já havia dado os primeiros passos no seu trajeto, suficientemente originais para atrair a atenção de Lacan, o qual, nesse momento, desenvolvia suas ideias sobre o objeto *a* em paralelo às primeiras elaborações topológicas, ambos movimentos que assinalam uma nova etapa em sua teorização. Ora, um texto capital nesse *tournant* – no qual a primazia do significante vai aos poucos deixando a boca de cena em proveito dos matemas, dos sólidos geométricos, e depois dos nós borromeanos – é a aula inaugural do Seminário XIII, que, sob o título *La science et la vérité*, virá no ano seguinte servir de fecho aos *Écrits*.

Assim, compreende-se que as teses steinianas sobre o processo analítico – em especial as teses que sustenta acerca da regressão e do narcisismo primário – tenham parecido aos fiéis ouvintes de Lacan fora de tom, para não dizer completamente equivocadas. O que se compreende menos é a afirmação do mestre segundo a qual elas colocavam em risco o conjunto do seu ensino, como se lê à página 757 da transcrição de Roussan: "afinal, é do próprio sentido do meu ensino que se trata aqui". Seja como for, é evidente que estamos diante de uma divergência de base, que toma a forma de uma recusa contundente à noção de narcisismo primário: "o narcisismo primário, no sentido em que é empregado por quase todos os autores na análise, é algo diante do que eu me detenho e que não posso admitir de forma alguma na forma em que é articulado".[7]

O que quer dizer Lacan com uma declaração tão enfática? Para tentar compreendê-la, assim como o alcance do que está em jogo

---

7 Cf. a transcrição de Roussan, p. 756.

no desacordo entre ele e Stein, é preciso incluí-la num panorama mais amplo – o da história da Psicanálise, e não apenas na França ("quase todos os autores na análise"). O conceito de narcisismo primário "tal como quase todos os autores o empregam" surge em 1914, no contexto de uma ampla reformulação da tópica e da teoria das pulsões tais como Freud as concebera até então. Constitui uma etapa intermediária no caminho que o leva à segunda tópica e à segunda teoria pulsional, e, como observa André Green, ele não se ocupou em integrar a essas novas concepções o que elaborara anteriormente sobre o narcisismo, "deixando essa tarefa para nós".[8] Já questionada por Balint nos anos 1930, a noção de um "estado anobjetal" volta à baila precisamente nos anos 1960, e precisamente entre ex-alunos de Lacan: além do longo artigo de Green, Laplanche dedica um capítulo de *Vida e morte em Psicanálise* ao exame detalhado das aporias que ela envolve.

Há mais. O narcisismo tem a ver com o conceito de Ego, e nessa matéria Lacan tem o que dizer já na tese de 1932 sobre a paranoia de autopunição. Veremos a seguir que desde o início, e sem jamais recuar, ele rejeita uma das teorias de Freud acerca do Ego, aquela que o situa como intermediário entre a realidade exterior e o mundo interno do sujeito, portanto como representante na psique das exigências dessa realidade, ou, no seu vocabulário de então, como "princípio de conhecimento". Para ele, a teoria adequada do Ego é a que o vê como sedimento de identificações ("Luto e melancolia", *O Ego e o id*), e serve-se dela, assim como da noção de masoquismo na versão de 1924 ("O problema econômico do masoquismo") para dar conta da gênese das perturbações de Aimée. Tem, portanto, boas razões para discordar do uso que faz Stein do mesmo conceito,

---

8 Cf. "Le narcissisme primaire: structure ou état" (1966-1967), in *Narcissisme de vie, narcissisme de mort*, Paris, Payot, 1982, p. 12 (tradução brasileira por Claudia Berliner, *Narcisismo de vida, narcisismo de morte*, São Paulo, Escuta, 1995, p. 14).

ao introduzir o masoquismo do paciente na sua discussão da regressão (no artigo sobre transferência e contratransferência).

Terceiro ponto: Stein tem do imaginário, que figura no título do seu livro mais importante, uma concepção inteiramente diferente da de Lacan. Aqui o mal-entendido é completo: central na teoria da fase do espelho, o imaginário lacaniano é de início um momento no que se chamará mais tarde e "a constituição do sujeito", e opera por meio da visão, enquanto para o colega mais jovem ele nada tem a ver com o "imageable", ou seja, com aquilo de que se pode ter uma imagem, nem com a evolução psíquica.

Esta breve lista dos tópicos em que ambos divergem justifica o que disse antes: o que está em jogo seu debate vai muito além do seu teor manifesto. Já em 1965-1966, enfrentavam-se na sala Dussane da Escola Normal Superior duas maneiras completamente diferentes de conceber a Psicanálise, e portanto o trabalho do analista. Não era essa a opinião de Lacan quando leu os trabalhos de Stein, e aqui é preciso lembrar que desde o Colóquio de Bonneval estava em curso uma campanha para atraí-lo ao círculo em torno do mestre – campanha idêntica à que Lacan desenvolvia em relação a qualquer jovem analista que lhe parecesse promissor, mas que no caso de Stein estava ligada ao brilho com que este se desincumbira da missão a ele confiada por Henri Ey: discutir o relatório de Laplanche e Leclaire sobre a concepção lacaniana do inconsciente,

Quais eram, então, as teses que Stein apresentou aos ouvintes do Seminário? Devemos agora expô-las brevemente, assim como as críticas que ele recebeu, e que culminaram no feroz ataque de Lacan na aula final. Como elas dependem da sua concepção do narcisismo e do imaginário, vamos abordá-las com certo detalhe, para podermos compará-las às de Stein (no plural, pois para este ambos não estão necessariamente vinculados). Mais do que sobre esses pontos específicos, o fundo da desavença entre eles reside em visões muito diferentes quanto ao objeto da Psicanálise – e aqui o estruturalismo de Lacan o afasta ainda mais do seu convidado, o qual, ainda que interessado pelas questões da linguagem, faz delas um uso bem mais pontual (e menos central) na sua concepção do inconsciente.

Este ponto é, creio, muito relevante. Vários comentadores de Lacan sublinham a importância de um fato que poderia parecer distante do nosso assunto, mas que não o é em absoluto: a mudança do local do Seminário, que em 1964 se deslocou do hospital Sainte Anne para a Escola Normal Superior. O novo endereço – e a nova plateia, constituída principalmente por jovens filósofos – teriam seu papel na inflexão logicista do pensamento de Lacan[9] e, portanto, no aprofundamento do abismo que desde o começo o separava do freudismo mais clássico de Stein. A evolução das ideias deste, todavia, o levará a ocupar uma posição cada vez mais excêntrica em relação às correntes predominantes na Psicanálise francesa.

Por fim, visto que os problemas ligados ao narcisismo ocuparão um lugar eminente na Psicanálise pós-lacaniana, faremos alusão à forma como o concebiam dois contemporâneos de Stein na época em que escrevia *L'Enfant imaginaire*: André Green e Jean Laplanche.

O "torneio de cavaleiros"

Como boa parte de *Rester freudien avec Lacan* é dedicada a expor e comentar as teses de Stein de que tanto se falou no Seminário XIII, podemos nos limitar aqui a destacar a que mais controvérsias provocou.

---

9 Evidentemente, não se trata do único motivo: há também razões internas à evolução do pensamento lacaniano. Cf. as observações de Philippe Julien no colóquio *Lacan, lecteur de Freud* mencionado na nota 5 (p. 281).

A meu ver, ela decorre da importância que Stein atribui às "particularidades da situação analítica", entre as quais se conta a coerção (*contrainte*) imposta ao paciente pela regra fundamental, ou seja, a obrigação de "reprimir todas as críticas a fim de transformar representações não desejadas em representações desejadas e acompanhar a emergência delas com atenção concentrada".[10] Nesse movimento, ele se vê "presa da regressão", e é o estudo desta última que o conduz à sua concepção mais ousada: em certos momentos, ocorre uma "expansão narcísica", na qual o paciente "tem a impressão de se dilatar a ponto de incluir o mundo em si. Nessa transformação narcísica, a distinção entre o interior e o exterior é de certo modo abolida" (p. 24-25).

Embora em sua forma extrema (uma quase alucinação), o fenômeno seja raro, Stein enfatiza que se pode chegar à mesma conclusão "por um exame atento das falas do paciente em sessões de aparência absolutamente rotineira" (p. 27). Tal exame o leva a afirmar que o discurso do paciente na regressão pode ser uma "espécie de sonho falado", no qual suas falas "se fazem ouvir num mundo que não é exterior a ele, nem tampouco exatamente seu mundo interior: são antes falas que se fazem ouvir num mundo que é todo ele" (p. 27-28). Esse estado de satisfação narcísica realiza sempre um desejo da infância, porém por meio de uma transferência dele sobre a pessoa do analista: esta, em suma, "é um produto da regressão na situação analítica" (p. 26).

O argumento prossegue examinando outros aspectos da transferência, em particular a expectativa quanto à intervenção do analista,

---

10 *L'Enfant imaginaire*, p. 14. Como os dois primeiros capítulos deste livro retomam o cerne dos artigos de Stein discutidos no Seminário, e como hoje ele é mais acessível do que os números antigos da RFP, citarei nesta versão definitiva os argumentos que o autor apresentava neles. No que segue, as expressões entre aspas são dele, e os números entre parênteses remetem à edição original da obra.

que viria interromper o estado narcísico no qual culmina a regressão. Por necessariamente produzir um desprazer, essa expectativa pode ser considerada masoquista. Evidentemente, não se trata de sugerir que o paciente vem às sessões em virtude do seu masoquismo, mas sim que este, da mesma forma que o narcisismo, é uma "constante da análise, e a análise deve nos esclarecer sobre a sua economia" (p. 31). É ao final dessa análise que surge a tese audaciosa:

> *na unidade da fala do paciente e da escuta do analista, a ação que vincula representações de pessoas se desenvolve na única pessoa que ocupa não apenas a sala do analista, mas o mundo inteiro, e que não pode ter nem interior nem exterior, exatamente como no sonho [...]. Ela não se desenrola verdadeiramente entre quem fala e quem escuta, mas no interior dessa pessoa utópica. [...] O discurso que se faz ouvir [...] é ouvido pelo paciente e pelo analista em uma única escuta (p. 32-33).*[11]

Vigorosamente criticada por Conté e Melman na aula de 22 de dezembro de 1965, a ideia de que em virtude do arranjo (*ordonnance*) da sessão nela quem fala não é somente um "ele", mas também um "isso" (*ça parle, ça écoute*), vai progressivamente ocupar o centro do debate entre Lacan e Stein, porque concerne à posição do analista, e portanto aos fundamentos da eficácia da sua fala.

Na descrição steiniana, a intervenção do analista exprime o "real da existência", cuja contraparte é a não realização do narcisismo, ou, em outros termos, a frustração de ver negada a onipotência infantil que inconscientemente continua ativa em nossa

---

11 A qualificação de "utópica", aqui, deve ser compreendida no sentido etimológico de *u-topos*: impossível de localizar com precisão.

vida de adultos (a "criança sempre viva com todos os seus impulsos" da *Interpretação dos sonhos*). Ora, tanto Conté como Melman reprovam ao convidado o que lhes parece ser a falha decisiva na sua forma de compreender o processo analítico: a omissão, ou, como neste caso, o uso supostamente equivocado dos conceitos lacanianos referentes a ele – o objeto *a*, por certo, mas também a articulação proposta por Lacan entre o desejo sádico e o masoquista, a necessária separação entre a posição do analista e a do paciente (ilustrada pelas figuras topológicas a cujo estudo ele se dedicava na época, como a tora e a banda de Moebius), para não falar do papel da linguagem, do sujeito, e sobretudo do Grande Outro.[12]

Ao comentar a exposição de Conté, Lacan alude de passagem à "noção tão discutível de narcisismo primário [...]. Vocês verão que [...], com as últimas notações topológicas que lhes dei, ficará perfeitamente claro que aqui temos um nó".[13] A estocada visa ao papel concedido por Stein ao narcisismo no processo analítico, tanto como horizonte da regressão como na qualidade de "constante" ou "invariante". O tema ressurgirá com força no embate final entre os dois "cavaleiros", como os qualifica Mme. Brun (de quem empresto o título desta seção).

A resposta de Stein a essas objeções vem na aula de 26 de janeiro de 1966, e graças à transcrição literal feita por Danièle Brun podemos avaliar quanta razão tivera Lacan ao dizer que a "sistemática" do colega era "muitíssimo sólida" (*assez profondément armaturée*). Ela consiste numa teoria da predicação envolvendo as pessoas gramaticais (eu, tu, ele), e uma quarta, representada pelo pronome neutro *ça* (literalmente, "isso"), que na terminologia psi-

---

12 A esse respeito, ver *Rester...*, p. 47 ss.
13 Cf. *Rester...*, p. 51.

canalítica francesa designa o *Es* da segunda tópica freudiana. Em vez de tentar resumir um argumento tão complexo, convém citar um trecho da conclusão dele:

> *Dizemos bem "ça parle", e não "il parle". Por quê? Porque ele [o paciente, RM] não fala ao seu analista no caso imaginário que consideramos. A ordem imaginária é a do "ça parle". Ça designa como emissor da fala uma pessoa única – há sempre dois je, há somente um ça [...] Nada há de mais real, no sentido em que se trata da realidade psíquica, que o imaginário [...]. "Ça" é uma pessoa imaginária: "ça" fala, e o discurso que se faz ouvir, semelhante a uma predicação, não tem esse estatuto [de predicação, RM] em virtude do caráter ubiquitário que dele resulta.*[14]

Predicar significa atribuir uma característica a algo ou a alguém. Supõe portanto pessoas separadas, uma das quais é o agente da predicação e a outra o objeto dela: por exemplo, "*tu* és Pedro, e sobre esta pedra *eu* construirei minha Igreja". Que ambas possam coincidir – "eu sou brasileiro" – não altera este fato: indica apenas que, enquanto *agente* da predicação, atribuo a mim como *objeto* dela uma determinada característica. O que Stein sustenta não é que a predicação inexista na análise – o capítulo "O julgamento do psicanalista" do seu livro examina a fundo a

---

14 Citado por D. Brun a partir da transcrição de Michel Roussan, p. 104 do seu livro. Colchetes introduzidos por mim, para evitar a possível ambiguidade decorrente da supressão de certas frases. O *ubiquitário* (que está em toda parte) é outra maneira de se referir à impossibilidade de localizar a dita pessoa imaginária. Para não multiplicar as notas de rodapé, após as menções a esta aula e às duas seguintes indico entre parênteses as páginas de *Rester freudien...* onde elas se encontram.

questão –, e sim que o agenciamento da sessão analítica revela algo que se poderia descrever como um "isso diz tu és eu" (*ça dit tu es je*). E acrescenta: "essa fórmula não é especularizável – nunca há mais que um *ça*" (p. 106).

Por fim, a argumentação enlaça a interpretação do analista (que é uma predicação no sentido usual, "tu és isso") à tópica freudiana: "essa predicação é constitutiva do aparelho da alma [...], por conseguinte constitutiva do registro imaginário 'ça parle', e igualmente constitutiva do Ego e do superego" (p. 106-107). Já o registro do narcisismo secundário é aquele em que o paciente, falando de si próprio, diz *je* (eu).

Apesar de *assez profondément armaturée*, a explicação não convence o auditório, nem Lacan, que declara não poder aceitá-la. Na aula seguinte do Seminário, ele inicia sua contestação invocando a aposta de Pascal – para melhor caracterizar as funções do Outro e do objeto *a* – e explicita suas objeções ao "*ça parle*" a partir da "superfície topológica única do sujeito e do Outro implicada [nessa ideia, RM], que é de ordem imaginária. A chave de tudo está aí, e é aí que, acredito, está o seu erro de formulação" (p. 121). O tema retorna na sessão de 9 de fevereiro de 1966, quando fica claro que a utilidade da aposta pascaliana para sustentar a posição de Lacan é que ela concerne à "existência do parceiro" e, por isso, serve para "definir a posição do analista" (p. 122).

Antes de relatar o que se passou na sessão final do Seminário, na qual a oposição às teses steinianas deixa o plano dos conceitos para tomar a forma de um discurso passional, Danièle Brun resume o conteúdo das que ocuparam o intervalo entre março e meados de junho. Para o que nos interessa aqui, basta ressaltar que nelas Lacan reforça seus argumentos quanto à divisão do sujeito (incompatível com a visão unitária segundo ele defendida por Stein) e quanto à condição igualmente dividida do Outro, agora ilustrada pela estrutura da visão e pela referência à perspectiva, na qual o vidente e o visto jamais se confundem.[15]

Ou seja: o *unique ça parlant et écoutant* continuava a assombrá-lo. Mais do que a uma divergência quanto aos "invariantes da situação analítica", isso se deve, a meu ver, a dois fatores que se entrecruzam. O primeiro, apontado por Danièle Brun, é que Stein atribui ao infantil no estrito sentido freudiano um peso muito maior na vida psíquica (e portanto no processo analítico) do que jamais o fez Lacan. O segundo é assinalado por Jean Allouch na sua notável contribuição às jornadas de homenagem a Conrad Stein organizadas por ela em 2011: a base clínica sobre a qual se apoiam as ideias de um e de outro está longe de ser idêntica.

Com efeito, o que se passava nos divãs da rue de Lille e da Villa d'Eylau não podia ser mais diferente: "enquanto a sessão lacaniana apresenta um aspecto *enlevé*,[16] a sessão como Stein dá testemunho dela e a teoriza exige uma certa duração, necessária ao que ele chama, com Freud, "regressão tópica". [...] Stein e Lacan não têm a mesma noção nem a mesma prática da impossível livre associação".

---

15 O assunto era então de grande atualidade, dada a repercussão da análise por Foucault das *Meninas* de Velásquez na abertura de *As palavras e as coisas*, então recentemente publicado. Quanto a Stein, ainda que reconhecendo o papel que certos conceitos lacanianos haviam desempenhado na formulação dos seus, ele declara numa dessas aulas intermediárias "não ser sensível à vantagem da álgebra de Lacan". Cf. Brun, *op. cit.*, p. 123
16 Este termo polissêmico é difícil de traduzir. Segundo o *Petit Robert*, literalmente significa "elevar" (o avião os elevou a 10.000 metros de altura). Uma segunda acepção é "veloz, com brilho" (uma peça executada assim ao piano). Mas também quer dizer "retirar, remover" (*enlevez cette phrase de votre texte*), o que, apesar da preferência do autor pela qualificação *enlevée* em vez de *courte*, faz com que o leitor não lacaniano pense na parcela de tempo dela suprimida pela introdução do tempo lógico. Cf. "Stein chez Lacan, Lacan chez Stein", in Danièle Brun (org.), *Psychanalyse et transmission*, Paris, Etudes Freudiennes, 2012, p. 170.

Essa notação me parece essencial para compreendermos o mal-entendido que subjaz à discussão entre ambos, e que aparece igualmente no que se refere à noção de imaginário. Mme. Brun observa com razão que o termo recobre conceitos muito diferentes para um e para outro; voltaremos a esse tópico mais adiante. De momento, retenhamos que os fenômenos em que Stein se baseia para construir sua teoria da situação analítica simplesmente não ocorrem no consultório de Lacan. Não é de admirar que este duvide da sua existência, e portanto conteste o que seu adversário infere deles. No lugar do "exame atento das particularidades" *desta* situação, que ele ignora porque a sua prática obedece a outras coordenadas, Lacan se serve da sua teoria do sujeito para recusar como "erro de formulação" as concepções do colega.

Talvez esteja aí uma das razões que o levaram a ver nelas uma ameaça às bases do seu ensino, e, eu acrescentaria, da sua maneira de efetuar o retorno a Freud. Esta postulava a necessidade de infundir no texto freudiano o aporte de Saussure e de Jakobson (o famoso "Genebra 1910, Petrogrado 1920" do *Discurso de Roma*),[17] e, na época do Seminário XIII, as ideias de Frege, com as quais tomara contato por meio dos seus alunos da Escola Normal Superior, em particular Jacques-Alain Miller. Nada estava mais distante do horizonte de Stein, que lia Freud "de dentro", com a intenção explícita de preencher uma lacuna bem diversa: "ele continuou a seguir os progressos [de seus pacientes, RM] no tratamento numa óptica muito próxima da que lhe havia permitido levar a cabo sua própria psicanálise, em virtude do que permaneceu muito pouco sensível às particularidades da situação analítica".[18] Daí seu projeto de extrair da *Interpretação dos sonhos* "os lineamentos de uma problemática sobre a qual Freud jamais se debruçou, os de uma teoria dos processos operantes na situação analítica".[19]

---

17 Cf. "Fonction et champ de la parole et du langage en psychanalyse", *Écrits*, p. 298.
18 *L'Enfant...*, p. 18.
19 "Dans les linéaments de l'écriture de Freud", in *Le monde du rêve, le monde des enfants*, Paris, Aubier-Flammarion, 2011, p. 16, *apud* Brun, op. cit., p. 117.

Práticas diferentes, problemas diferentes, métodos diferentes para os equacionar e resolver, referências diferentes na vasta obra freudiana: não espanta que as discussões de 1966 lembrem o que Freud diz sobre a baleia e o urso polar - apesar de viverem ambos no Ártico, jamais se encontram no mesmo terreno. Então, por que a ameaça entrevista por Lacan na elaboração "muitíssimo sólida" de Conrad Stein?

No ponto em que estamos, a resposta a esse mistério começa a se desenhar: há todo um conjunto de motivos, em parte intelectuais, em parte emocionais. E entre os muitos méritos do livro de Danièle Brun, está o de ter chamado a atenção para a componente afetiva da disputa com Stein, que ao longo do ano letivo foi se intensificando até culminar na explosão de fúria da Lição 23.

"É do sentido mesmo do meu ensino que se trata aqui"

A intervenção de Lacan nessa aula comporta dois tempos. O primeiro denuncia o modo ilegítimo com que Stein teria se servido de ideias e termos pinçados em textos seus para construir uma concepção da situação analítica "absolutamente estranha" e "radicalmente contrária ao meu discurso".[20] O segundo, mais extenso e veemente, consiste numa crítica do que seria o equívoco central dele - o *"unique ça parlant et écoutant"* -, por sua vez, consequência de uma visão superficial, e no fundo, muito pouco psicanalítica, do que se passa nas sessões.

De página em página, vemo-lo subir o tom: do ligeiramente irônico "nosso caro amigo Stein" (751) ao grosseiro "o que buscamos na

---

20 Cf. a transcrição de Roussan, p. 752-753. Nesta seção, os números entre parênteses remetem a ela. O leitor pode também se reportar aos trechos reproduzidos e comentados por Danièle Brun (*Rester freudien*..., p. 138-145) e Jean Allouch ("Stein chez Lacan", p. 172-177).

situação analítica não tem porra nenhuma (*rien à foutre*) a ver com a ascese" [implícita na abolição de todos os limites, RM] (760), chegamos ao "o senhor não pode tirar disso nada que seja válido quanto à situação analítica" (764) e ao "o senhor deve apesar de tudo saber que o masoquismo..." (765). Stein responde esclarecendo mais uma vez seu pensamento, porém Lacan permanece irredutível: "não é em absoluto verdade – é tudo o que eu lhes ensino" (776).

O que espanta nesse *crescendo* não é tanto a discordância teórica, patente desde o início do ano e claramente assumida por ambos em sessões anteriores. É a exasperação de Lacan frente à constatação de que não conseguiria fazer de Stein um aliado, e menos ainda um discípulo. Ao que é preciso acrescentar sua intolerância a qualquer pensamento não conforme ao seu evangelho. Autoinvestido da missão de resgatar Freud dos destroços a que segundo ele tinha sido reduzido pelos kleinianos e pelos *ego-psychologists*, Lacan necessitava de seguidores, não de colegas. A condição para se manter no lugar que se atribuíra era idêntica à imposta por Jeová aos hebreus para manter a aliança com eles: "não terás outros deuses perante Mim" (Ex. 20:3, Deut. 5:7). É o que explica a intensidade da sua reação, e, seis meses depois de ter elogiado a contragosto a "sistemática muito sólida" de Stein, decidir mobilizar a artilharia mais pesada de que podia lançar mão para tentar reduzi-la a pó.

Mas este é um elemento de ordem mais psicológica do que epistemológica, e no fundo diz respeito apenas à biografia de cada um dos debatedores. Para justificar minha afirmação de que o episódio tem um interesse histórico mais amplo, precisamos ir além, e procurar situar o conteúdo das objeções lacanianas num plano propriamente conceitual. Pois este debate ilustra uma clivagem na Psicanálise que ultrapassa em muito as pessoas de Stein e de Lacan: ele é emblemático de uma reformulação de grande alcance, que havia começado em outros lugares e muito antes de junho de 1966 e que prosseguirá bem depois, com outros personagens e outros argumentos. Merece, assim, que o analisemos *sine ira et studio* (sem cólera e com calma).

Comecemos por estabelecer um ponto fundamental: o que Lacan reteve das exposições escritas e orais de Stein não corresponde inteiramente ao que nelas se encontra, em particular no tocante às consequências da regressão tópica. De modo algum Stein sustenta que a "abolição de todos os limites" seja o resultado constante do movimento regressivo e, em janeiro, afirmara explicitamente que "o *unique ça parlant et écoutant* designa a fantasia do paciente, traída por um certo afeto, uma certa maneira de ser temporária, aleatória, que designei como expansão narcísica".[21]

No embate final, Stein assinala que Lacan lhe atribui a ideia de que o enclausuramento do narcisismo primário possa se realizar, mas que deixou bem claro que isso jamais acontece (770). Lacan retruca que, mesmo assim, ele considera o fenômeno "exemplar" e o toma como manifestando uma coordenada essencial da situação analítica. O que é verdade – porém as consequências dessa posição são avaliadas de maneira diametralmente oposta por um e por outro. Aquilo que segundo Stein é um movimento assintótico, tendendo ao narcisismo absoluto, mas jamais o atingindo, discernível somente por tênues sinais que o analista deve ser capaz de perceber e interpretar, é lido por Lacan como descrição de um estado que se produziria real e regularmente. Como para ele a estrutura da situação analítica (suas coordenadas, no vocabulário de Stein) *impede* a existência de tal estado, falta pouco para afirmar que ele existe somente na cabeça do colega. Erro de avaliação, produção contratransferencial ou alucinação? Pouco importa: o fato é que "não vemos ninguém

---

21 Sessão de 26.1.1966, apud Brun, *op. cit.*, p. 105. Cf. igualmente p. 107 e 108.

regredindo ao estado de criança pequena, mesmo de modo metafórico" (759).[22]

Tal convicção, impermeável aos esclarecimentos do autor, faz com que a expressão *ça écoutant et parlant* assuma significações diferentes para um e para outro. Ela se torna ainda mais indigesta para Lacan em virtude do que mencionei há pouco: Stein teria encontrado em textos dele os elementos da construção a que procede, e, não contente em não reconhecer a dívida, os desviara do seu reto sentido. Escutemos:

> *a relação do* ça parle *ao* ça écoute *[...] diretamente extraída, articulada, do que ele pôde ouvir do meu discurso [...]. Como é possível que o que é extraído de fórmulas que podem ser destacadas* (épinglées), *colocadas entre aspas em meu discurso sobre o* ça parle, *sobre o* ça écoute, *possa servir para pintar [...] cores que por esse mero fato poderiam ser passadas como minhas [...] – que uso pode ser feito desse discurso para em suma o fazer entrar numa certa forma de conceber a situação analítica absolutamente estranha a esse discurso?* (p. 751-752)

Aqui Lacan se arroga um direito de propriedade sobre palavras que nada têm de conceptual. A situação de certa forma se repete com *autre* (outro): se é verdade que como conceito o termo tem um lugar na sua doutrina, não é menos verdade que enquanto vocábulo pode ser empregado por qualquer pessoa, sem que por isso se torne culpada de apropriação indébita. Stein, aliás, evita cortesmente rebater essa crítica, tanto mais que, na

---

22 O que é bastante discutível: Ferenczi, Winnicott ou Bion veriam muito o que criticar nessa afirmação de Lacan.

aula de 23 de fevereiro de 1966, reconhecera abertamente ter se "inspirado" nas ideias de Lacan sobre a castração e sobre o que "o sujeito apreende do desejo do Outro acerca do objeto *a*".[23]

Mesmo que a acusação não tenha fundamento, ou talvez por isso mesmo, ela é um fator nada desprezível na irritação com que Lacan se dirige ao convidado – e isso por uma conjuntura que vale explicitar. Sabe-se como ele era sensível a questões de prioridade, e que reagia "ferozmente" caso julgasse que alguma lhe estava sendo roubada.[24] A bordoada era ainda mais violenta quando o criminoso fazia parte do seu círculo. Encontramos um exemplo disso no próprio Seminário XIII, apenas três meses antes da catilinária de junho, a propósito do livro de Paul Ricoeur *De l'interprétation*. Sem sombra de dúvida, e embora o malfeito de Stein fosse a seus olhos muito menos grave, ecos do episódio Ricoeur vibram distintamente na sua fala da Lição 23.

Resumo-o a partir da sessão de 23 de março de 1966 e do que Roudinesco conta em seu livro. Com Ricoeur parece ter ocorrido um erro de julgamento semelhante ao que o fez ver em Stein um possível aliado, e que produziu (em escala bem maior) um resultado análogo: grandes esperanças, decepção a certa altura, e um amargo ressentimento. O filósofo havia frequentado o Seminário entre 1960 e 1963, e Lacan tinha como certo que seu livro sobre Freud traria a marca do que ali ouvira. Não foi o que aconteceu: na

---

23 Cf. Roussan, p. 348, e Brun, p. 123. Embora de vez em quando Stein se refira ao nome-do-pai, à metáfora paterna ou a algo forcluído, essa é uma das raras ocasiões em que o vemos se expressando diretamente no vocabulário lacaniano.
24 Cf. Elizabeth Roudinesco, *Histoire de la psychanalyse en France*, Paris, Seuil, 1985, vol. II, p. 398. A autora assinala, com razão, certa ambivalência na relação de Lacan com seu discurso: "acreditava que suas idéias lhe pertenciam, mas ensina na praça pública, arriscando-se a que outros se inspirem nelas e delas se alimentem [...]. Assim, semeia sua obra e simultaneamente quer mantê-la em conserva" (p. 399).

reta continuação do que dissera em Bonneval,[25] Ricoeur permanece firmemente ancorado na fenomenologia, e nas 600 páginas da obra não há traço de qualquer influência lacaniana. Não obstante, seus alunos Jean-Paul Valabrega e Michel Tort publicaram resenhas nas quais, embora de forma diferente, afirmavam que ele devia a Lacan muito mais do que reconhecia em seu texto.[26]

De volta dos Estados Unidos, o mestre reserva a Tort os maiores elogios, e não mede as palavras para se referir – sem o nomear – à "operação escandalosa" perpetrada por Ricoeur: "serve-se do objetivo particular, e mesmo de confidências pessoais, para fins que são propriamente fins contrários aos que constituem os fundamentos da Psicanálise. É o que qualifico de 'desvio de pensamento' (*détournement de pensée*)" (378). E, mais adiante, reclamando por não ter sido citado, fala de "desonestidade" e de "traição filosófica".

Falei em "ecos": além do tom belicoso, certamente mais moderado em relação a Stein, temos a "concepção contrária" e os "fins contrários", para não dizer nada da revolta quanto à omissão, nos dois casos, da suposta fonte. Mas, parafraseando Lacan, "passemos, não é este o fundo da questão" (753), e voltemos ao texto da Lição 23.

Após citar o trecho do artigo "La régression..." sobre o Um no qual o mundo inteiro está contido, Lacan distingue a questão de Stein (*ça* fala a quem?) da sua (*quem* fala?) e continua: "de fato, na

---

25 Seu texto, intitulado "O consciente e o inconsciente", encerra o evento. Cf. *El inconsciente: el coloquio de Bonneval*, México, Siglo Veinteuno, 1970, p. 444-454.
26 Cf. Jean-Paul Valabrega, "Comment survivre à Freud?", *Critique* nº 224, janeiro de 1966, e Michel Tort, "De l'interprétation, ou la machine herméneutique", *Les Temps Modernes*, 237 e 238 (fevereiro e março de 1966). As informações bibliográficas estão em Roussan, p. 377 e 378. Para o contexto intelectual e político, dados biográficos dos personagens e um resumo dos textos, cf. Roudinesco, *op. cit.*, p. 398-406.

análise, *isto é, na teoria analítica*, a fórmula que viria com muita felicidade no lugar de "*ça* fala" é "*ça* diz não importa o quê", pela simples razão de que isso (*ça*) se lê em diagonal" (754, grifo meu). Aqui, de raspão, tocamos em outro ponto essencial para compreender o que está (também) em jogo nesse debate: o lugar da teoria em Psicanálise.

Tanto Lacan como Stein têm por objetivo elucidar o que se passa na clínica, para o que, evidentemente, é necessário saber o que o psicanalista faz quando analisa – mas Stein jamais escreveria este *c'est à dire* entre *l'analyse* e *la théorie psychanalytique*. Em outras palavras, mesmo quando se eleva a um alto grau de abstração, ele jamais perde de vista o concreto da sessão – como prova, vejam-se os numerosos exemplos, muitos analisados a fundo, que pontilham seus escritos.

O cenário está armado para que se divise todo o alcance da questão sobre a perda dos limites: em primeiro lugar, a topologia serve exatamente para evitar esse tipo de confusão, porque formaliza a estrutura do sujeito, e por conseguinte também a da situação analítica em que ela emerge. Esta é incompatível com a perda dos limites porque "faz intervir e mantém uma estrutura entre o sujeito falante e o escutante (*sic*). É uma situação extremamente estruturada; a expansão narcísica é tão-somente [uma série de, RM] notações fenomenológicas de modo algum fundadas em qualquer relação, articulável na realidade, do que está ali, na situação" (759). A afirmação reitera outra, duas páginas antes: "essa ausência de qualquer referência, não vejo como o senhor a possa fazer subsistir com o que quer que seja compatível com um discurso" (757).

Ou seja: Lacan vê nessa ideia de Stein pouco menos que um absurdo. Poderíamos imaginar que ele se limitasse a fulminá-la com sarcasmos semelhantes aos que costumava reservar a teóricos dos quais divergia por completo, como os partidários da psicologia do Ego. Mas não é o que acontece – e retomamos nossa questão: por que receia que uma bobagem desse calibre pudesse abalar o conjunto da sua doutrina? Porque a construção teórica que nela se assenta é "muitíssimo sólida": conceder ao seu fundamento mesmo o benefício da dúvida já seria temerário. Pilar após pilar da doutrina lacaniana seria exposto à contestação: o inconsciente estruturado como uma linguagem (pois no fenômeno descrito por Stein "nada subsistiria de compatível com um discurso"); o sujeito como sempre ocupando uma posição diferente da do Outro, como o mostram todos os seus esquemas, inclusive os construídos e comentados nesse Seminário XIII; a viabilidade daí decorrente de formalizar a teoria psicanalítica por meio de uma teoria dos lugares (*topo-logia*); sua concepção da transferência, "regulada pelo eixo do sujeito suposto saber"[27] (o analista steiniano não é suposto "saber", mas "poder": é o representante do "real da existência") – tudo isso, a seu ver, poderia desmoronar se por um instante fosse admitida a possibilidade de uma abolição de todos os limites. Ela não é admissível sequer como Stein a conceitua – uma fantasia do paciente, que seríamos tentados a incluir entre os produtos da sua imaginação, portanto associada ao registro imaginário. Mas isso seria ignorar que, para Lacan, como veremos adiante, o imaginário nada tem a ver com a imaginação enquanto criadora de ficções.

O imaginário não é explicitamente mencionado neste momento, mas é por este elo implícito que podemos entender por que Lacan prossegue a argumentação invocando sua maneira de conceber o narcisismo primário: "o que me parece ser a referência pela qual se diferencia essencialmente certa forma de teorizar a situação analítica que é a minha. Trata-se de uma questão muito importante, porque é toda a questão do narcisismo primário" (758). E encadeia com a frase que já citamos, na qual recusa por completo

---

27 Como observa Jean Allouch ("Stein avec Lacan"), p. 172.

essa noção "tal como é articulada por quase todos os autores na análise" (notemos, mais uma vez, a assimilação entre "análise" e "teoria psicanalítica", único campo em que pode haver autores). Por que a noção usual de narcisismo primário deve ser recusada? Porque se refere a uma etapa autoerótica, na qual o sujeito não teria relação, e *a fortiori* vínculos, com o mundo exterior ("estado anobjetal"). Lacan se alinha com os analistas para os quais, segundo a fórmula de Allouch, "a alteridade é primeira". "Sob o narcisismo primário, o que há para desvelar é a função do objeto *a*, porém nada além disso que permita conjugar de algum modo o narcisismo primário no sentido em que é correntemente empregado na teoria psicanalítica, e no auto-erotismo do narcisismo primário (*sic*)" (766). Ele já o havia dito com vigor: "o objeto *a* lhes permite conceber o que pode ser localizado (*répéré*) no lugar anteriormente reservado ao narcisismo primário. O narcisismo da fase do espelho: eis o único narcisismo primário" (765).

Aqui tocamos o nervo da discussão, o que a torna emblemática do momento da história da Psicanálise em que ocorre: os meados da década de 1960, quando se começa a levar em conta o que André Green chamará "o pensamento do par". A reflexão sobre o papel da dupla analítica no que se passa nas sessões se combina com outra mudança importante, que transformará o panorama da Psicanálise em escala mundial: o início da prevalência de uma visão do inconsciente que concede ao objeto um lugar muito mais destacado do que tem no paradigma pulsional herdado de Freud.

Sobre isso, falaremos num instante. De momento, convém sublinhar que Stein tampouco subscreve a teoria "usual" do narcisismo primário, mas por razões inteiramente diferentes das de Lacan, e que têm a ver com o papel que confere à regressão. É evidente que este termo remete a significados diversos para um e para outro, e também aqui podemos falar de uma encruzilhada.

Com efeito, ao recusar "qualquer valor à regressão" (767), Lacan se justifica criticando a "cristalização da análise apenas na relação mãe-criança, no registro da demanda em sua origem [...] [isso] nada tem a ver [...] nem com os objetivos [...] nem com a prática da análise" (767). Estocada nada sutil na Psicanálise britânica da época! Ora, lendo tanto o alemão como o inglês, Stein estava, com toda a probabilidade, a par dos escritos de Ferenczi (do qual retomará mais adiante a figura do "bebê sábio"), assim como dos de seu herdeiro anglo-húngaro Michael Bálint, que trataram a fundo da questão da regressão na análise. Ele não tem em absoluto uma visão pejorativa deste processo, e sobretudo em momento algum o utiliza no sentido estigmatizado por Lacan.

Apesar do bombardeio de Lacan, Stein não abre mão das suas teses, e nos instantes finais da aula reafirma seus "sistemas de referência" (a regressão e o recalque), que segundo seu oponente são "completamente incompatíveis um com o outro" (776). "Absolutamente", retruca ele. "E acredito que é essa dupla conservação que nos introduziu no registro do imaginário". *The end*.

Fundamentos da posição de Lacan quanto ao narcisismo

Se no plano das relações pessoais a discussão de junho de 1966 levou ao afastamento dos dois protagonistas, do ponto de vista da história da Psicanálise podemos dizer que ela termina num empate: nenhum deles cedeu um milímetro de terreno ao outro. Lacan podia ter a impressão de ter afastado a sombra negra que as teorias de Stein lhe pareciam fazer pairar sobre a solidez do seu sistema, e aquele continuou a construir o seu, que viria a expor em *L'Enfant imaginaire*. Quanto aos aspectos mais íntimos da elaboração que pôde fazer da sua experiência com Lacan, Danièle Brun os analisa admiravelmente, tanto no plano da escrita como no da evolução do seu pensamento após a publicação do livro.

No tocante ao nosso problema – os fundamentos da crítica de Lacan às teses do seu convidado –, a leitura com lupa da Lição 23 abre um leque de questões que merecem atenção. Elas têm por base o tom peremptório das afirmações sobre o narcisismo primário, que não podem ser atribuídas apenas ao seu autoritarismo, nem à alergia pelo pensamento original de quem não se chamasse Jacques Lacan. Sua intransigência se deve antes, creio, ao fato de ter dedicado muita reflexão às dificuldades dessa noção, com a qual se deparara já na tese de doutorado sobre a paranoia de autopunição. Na verdade, foi por meio de uma teoria original do narcisismo que Lacan fez sua entrada no campo da Psicanálise, com a comunicação feita em 1936 no congresso de Marienbad.

Pois, embora se servindo de alguns conceitos da disciplina, a tese permanece no terreno da Psiquiatria. Publicada em 1932, *De la paranoïa dans ses rapports avec la personnalité* obteve certo sucesso no meio médico, mereceu algumas notícias em círculos marxistas, que viam nas posições do jovem psiquiatra pontos em comum com o materialismo dialético – e passou os 43 anos seguintes dormindo o sono dos justos nas prateleiras das bibliotecas especializadas. Só se tornou novamente disponível em 1975:[28] nem Stein nem os ouvintes do Seminário, portanto, estavam a par das restrições que já então Lacan alimentava quanto a um setor bem preciso da doutrina freu-

---

28 Pelas Éditions du Seuil, acrescida de um apêndice contendo os "Premiers écrits sur la paranoïa". No que se segue, salvo menção em contrário, as citações se referem a essa edição. Para o detalhe curioso dos elogios por parte dos comunistas (Paul Nizan a resenhou numa revista), cf. Elizabeth Roudinesco, *Lacan – esboço de uma vida, história de um sistema de pensamento*, São Paulo, Companhia das Letras, 1994, p. 77-79.

diana – o que se refere ao narcisismo e à teoria do Ego – e que voltará a criticar em 1946: "ainda que os melhores espíritos na Psicanálise desejem avidamente uma teoria do Ego, há poucas chances de que o lugar dela seja ocupado por algo diferente de um buraco escancarado (*trou béant*) enquanto eles não se resolverem a considerar como caduco o que verdadeiramente o é na obra de um mestre sem igual".[29]

Os termos são fortes. O que leva Lacan a proferi-los? Como afirmei antes, a opção que fizera na tese entre as duas concepções do Ego elaboradas por Freud. Para compreender as razões (e o alcance) dessa opção, convém recordar brevemente como ele emprega a Psicanálise nesse trabalho.

Na década de 1920, o problema dos "crimes impulsivos" havia sido discutido de modo bastante aprofundado por autores como Franz Alexander, Wilhelm Reich, Otto Fenichel e outros,[30] que Lacan cita porque suas análises da agressividade, do sentimento inconsciente de culpa, da identificação e do superego o ajudam a elucidar o gesto criminoso de Aimée. Mas seria equivocado concluir deste fato que ele aceita todas as teorias então vigentes no meio freudiano. Se por um lado elogia a forma como Freud concebe o funcionamento psíquico e incorpora à sua reflexão as ideias de inconsciente, libido, defesa, angústia, projeção, instâncias psíquicas, identificação e outras; por outro destaca certas dificuldades, por exemplo as que se referem à teoria das psicoses – cujo estado rudimentar torna, segundo ele, "mais necessária uma psicanálise do Ego que uma psicanálise do Si" (*sic*, p. 280) – e sobretudo as que envolvem a base sobre a qual se apoia esta teoria, a saber a noção de fixação narcísica, que considera "muito insuficiente" (p. 321).

---

[29] "Propos sur la causalité psychique", in *Écrits*, p. 179. Citado por Philippe Julien, *Le retour à Freud de Jacques Lacan*, Paris, E.P.E.L., 2. ed., 1990, p. 63.

[30] Cf, François Dupré, *La solution du passage à l'acte*, Paris, Érès, 1984. As notas de rodapé da tese deixam claro que ele os consultou nas páginas da *Internationale Zeitschrift für Psychoanalyse*.

Prova cabal dessa insuficiência é a "confusão" sobre pontos cruciais: a distinção entre narcisismo e autoerotismo primordial, a natureza da libido narcísica, a natureza do próprio Ego ("é identificado à consciência perceptiva e às funções pré-conscientes, mas é em parte inconsciente em sentido estrito"), e assim por diante (p. 321-322). De onde a necessidade de "retomar o problema do ponto a que chegou a Psicanálise" (p. 321).

O tom se faz então mais severo: "o caráter mal formado da concepção do narcisismo se mostra na estagnação da sua elaboração e na elasticidade demasiado grande da sua aplicação" a todos os tipos de psicose. Em consequência do que "ele se apresenta na economia da doutrina como uma *terra incognita*, que os meios de investigação provenientes do estudo das neuroses permitiram delimitar quanto às suas fronteiras, mas que no interior permanece mítica e desconhecida" (p. 322).

O que está em jogo aqui é da máxima importância para compreendermos tanto os rumos que tomará seu pensamento nos anos seguintes como, três décadas depois, a implacável oposição às ideias de Stein, o qual, por sua vez, não vê nada de confuso, insuficiente ou mal formado no conceito freudiano de narcisismo. O termo "confusão" retorna na página 324, agora para caracterizar a oposição entre o *Moi* e o *Soi* (*sic*), que pecaria por não distinguir "suficientemente" entre as "tendências concretas que manifestam esse Ego, e que são as únicas passíveis de uma gênese concreta, e a definição abstrata do Ego como sujeito de conhecimento".

O que significa isso? Que a concepção do Ego como superfície de contato entre o id e a realidade exterior -portanto como representante/mediador das exigências de cada um frente ao outro -concepção deve ser recusada porque sofre de circularidade insanável:

Freud invoca na gênese do Ego [...] a virtude de um princípio de realidade, que evidentemente se opõe ao princípio do prazer pelo qual se regulam as pulsões do soi humano. Ora, esse princípio da realidade não é de modo algum separável do princípio de prazer se não comportar um princípio de objetividade. Ou seja, o princípio de realidade só se distingue do princípio de prazer num plano gnoseológico, e assim é ilegítimo fazê-lo intervir na gênese do Ego, porque ele [o princípio de realidade, RM], implica o Ego como sujeito de conhecimento (p. 324, grifo no original)

Trocando em miúdos: a gênese efetiva do Ego não pode depender do contato com a realidade externa – nem, portanto, do princípio que o obriga a levá-la em conta – porque tal princípio só se distinguirá do de prazer quando ele estiver constituído, e for capaz de distinguir entre os desejos e fantasias do id e aquilo que existe independentemente deles.

Como essa diferenciação resulta precisamente da ação do princípio de realidade, é impossível que ela sejA a origem deste princípio – ou bem é *causa* da instalação dele, ou bem *efeito* dessa instalação, a não ser que revoguemos o princípio do terceiro excluído.

Lacan retoma aqui um venerável argumento filosófico contra o solipsismo, e é este o seu verdadeiro alvo: uma mônada fechada sobre si mesma não dispõe de meio algum para saber se uma representação "x" provém da percepção de uma coisa externa ou se é apenas produto da sua própria atividade psíquica.[31] É o problema de Descartes nas *Meditações de filosofia primeira*, e que o obriga a

---

31 A rigor, tal mônada fechada sobre si mesma nem sequer saberia que existe algo fora dela, e não teria nem mesmo a possibilidade de se colocar tal questão. Para evitar esse escolho, podemos supô-la apenas cega e surda, e que a dita representação se originasse, por exemplo, de uma sensação táctil. O importante para o argumento é a sua incapacidade de distinguir um percepto de uma ilusão, ou de uma alucinação.

recorrer a um Deus veraz para garantir que o que percebe existe realmente fora do seu espírito.

Traduzido em termos psicanalíticos, isso equivale a dizer que se postularmos o narcisismo primário não há forma alguma de sairmos dele. Para evitar o truque de prestidigitação que ele atribui a Freud, mais vale deixar de lado essa doutrina "ilegítima", tanto mais que o próprio Freud nos oferece uma versão muito mais correta da origem do Ego – sua teoria da identificação, que se mostrou tão útil para explicar como Aimée constrói os "duplos" que a perseguem (projeção + idealização + identificação), dos quais o último é justamente a atriz que ela quer matar com a faca.

Na época em que Lacan escrevia sua tese, a noção de narcisismo primário já estava sendo objeto de diversas críticas, mas estas ainda não se haviam combinado com outras – dirigidas a outros aspectos das doutrinas de Freud – para pôr em questão o que posteriormente se convencionou chamar "paradigma pulsional". Esse termo designa sua concepção do funcionamento mental como movido primordialmente pela pressão das pulsões, que o sujeito tende a descarregar sobre o que quer que lhe possa trazer alívio (o objeto). Tal pressão nasce da conexão entre a psique e o corpo, no qual se enraízam as pulsões, e o ser humano gostaria de poder tratá-la como trata num primeiro momento os estímulos provenientes do exterior – ignorando-os, ou os rejeitando ("Projeto" de 1895, "Pulsões e destinos de pulsão"). Mas como isso é impossível, ele precisa se resignar a realizar a "ação adequada" e a buscar no exterior de si os meios de apaziguar a excitação desprazerosa.

Essa descrição esquemática (as coisas são bem mais complicadas) nos basta para compreender um ponto de importância capital: nesta visão, a pulsão precede o objeto, e este é, como diz Freud, a parte "mais contingente" da montagem pulsional. A matriz clínica deste modelo é a histeria, e a sua finalidade essencial é dar conta da mobilidade e da plasticidade da libido neste tipo de organização psíquica. É isso que explica por que foi o primeiro a ser criado por Freud, e por que, apesar do surgimento de outros ao longo da sua obra, foi conservado por ele até a conclusão desta.[32]

Um destes modelos deriva do estudo das psicoses, e é neste contexto que surge a noção de narcisismo ("Caso Schreber", "Para introduzir o narcisismo"). Em suas primeiras descrições, Freud fala com frequência do grau zero da psique como um "sistema encerrado em si mesmo", ou seja, em termos solipsistas – e isso responde à necessidade de encontrar um ponto de ancoragem para a regressão psicótica: ela se estenderia até essa fase extremamente primitiva antes de dar lugar à reconstrução delirante da realidade. Não é preciso ir mais longe: são coisas bem conhecidas, mas convinha relembrá-las para bem situar a oposição entre esse modo de conceber o funcionamento psíquico e o que mais tarde recebeu o nome de "paradigma objetal" (ou "relacional").

As origens deste último se encontram nas dúvidas formuladas por diversos autores quanto à ideia de uma evolução essencialmente endógena do ser humano, bem como sobre a da contingência do objeto, que tem seu lugar no plano da libido, mas é difícil de manter se tomarmos em consideração o conjunto do desenvolvimento psíquico. Retraçar este percurso nos afastaria demasiado do nosso tema: seja suficiente mencionar os nomes de Ferenczi (por seu estudo dos traumas impostos por adultos reais a crianças igualmente reais) e de Balint, que, nos anos 1930, dedicou uma série de artigos ao exame aprofundado das aporias do conceito de narcisis-

---

32 Cf. Paul Bercherie, *Génèse de concepts freudiens*, Paris, Navarin, 1985, e R. Mezan, *O tronco e os ramos* São Paulo, Companhia das Letras, 2014. Na visão de Bercherie, que subscrevo e desenvolvo em meu livro, os outros modelos têm como fonte a reflexão sobre as psicoses, a neurose obsessiva e a melancolia.

mo primário, terminando por sugerir que fosse relegado ao museu das ideias ultrapassadas.[33]

De modo independente em relação aos húngaros, Henry S. Sullivan nos Estados Unidos, e Ronald W. Fairbairn na Grã-Bretanha lançaram as bases do novo paradigma, a partir de uma revisão radical da teoria psicanalítica que coloca no centro da vida psíquica não a pulsão, mas a relação com o outro: é de Fairbairn a frase que melhor a resume – "a libido não busca prazer, busca objetos". Foi entre os Independentes da Sociedade Britânica que se desenvolveu esta corrente; seu representante mais conhecido é Winnicott, que um dia exclamou *"there is no such a thing as a baby"* – nada de bebês-Robinson, existindo sem mãe em ilhas desertas, ou como mônadas leibnizianas "sem portas nem janelas". Em suma: não há etapa ou estado sem objeto. O outro está lá desde o começo, desempenhando um papel constituinte na psique, porque precede ontologica, logica e cronologicamente o movimento pelo qual o sujeito se dirige a ele e o investe afetivamente,

Tudo seria muito simples se se pudesse opor um Freud "pulsionalista" aos seus sucessores "objetalistas", mas, infelizmente para os amantes da simplicidade a golpes de martelo, as bases do paradigma objetal se encontram nos escritos do próprio mestre. Além da descrição da fase oral na terceira edição dos *Três ensaios*, o ponto de a ancoragem dele está na análise da identificação proposta em *Luto e melancolia*. De início limitado à "sombra" do objeto perdido "caindo sobre o Ego" do melancólico (objeto antes amado, e agora odiado pelo sofrimento que sua ausência produz), esse mecanismo é ampliado nos anos 1920 para a pró-

---

[33] Entre eles, "Critical notes on the theory of the pregenital organisations of the libido" (1935), e "Early developmental stages of the ego: primary object-love" (1937), que vieram a se tornar capítulos de *Primary love and psychoanalutic technique*, Londres, The Hogarth Press, 1952. Em 1985, o livro foi republicado pela Karnac.

pria gênese do Ego, que se originaria a partir da identificação primária com o pai (*Psicologia das massas*) e continuaria a se organizar por meio das identificações secundárias, a principal das quais resulta na formação do superego.

É esta a teoria que Lacan subscreve na tese – e isso não depende de forma alguma de uma preferência pessoal. A meu ver, tal escolha está ligada ao fato de que sua matriz clínica é a paranoia, na qual a identificação desempenha um papel de primeiro plano.

Muito ao contrário de essas considerações nos afastarem do nosso problema – por que Lacan ficou tão perturbado com as asserções de Stein –, elas nos permitem esclarecer diversos pontos dele. O primeiro e mais evidente é que, mesmo se ignora os trabalhos paralelos desses outros analistas, ele está longe de ser o único a recusar a noção de narcisismo primário. Suas razões podem ser diferentes das de Balint (bem mais enraizadas na prática analítica, pois o Lacan de 1932 está ainda em seus anos de aprendizagem do *métier*), mas o lugar que conferirá ao outro humano desde a formulação do estágio do espelho o situa próximo do que será o paradigma objetal, e a léguas de distância da contingência do objeto, à maneira do paradigma pulsional. E se pode dizer que até os avanços dos anos 1950, quando se torna verdadeiramente Lacan, seus artigos se inscrevem sob esta rubrica (o período dito de prevalência do imaginário).

É certo que no momento em que debate com Stein, seu pensamento havia evoluído ainda mais, porém nem por isso se apagaram os traços de sua primeira ideia original em Psicanálise. As duras páginas da tese sobre o narcisismo "mal formado" ressoam entre as linhas do artigo sobre o "crime do Mans" – o assassinato das suas patroas por Christine e Léa Papin. Segundo François Dupré, a novidade deste texto consiste em introduzir "a primeira formulação pessoal da função da imagem":[34] o que é introjetado não é tanto um elemento de tipo acústico (a voz dos pais), mas sim de ordem visual (a imagem deles). O apoio para essa mudança está num texto de Freud já utilizado na tese, "O problema econômico do masoquismo", porém, naquele momento, a observação lhe passara despercebida. O termo "imagem" figura nela, é claro, mas sem valor propriamente conceptual. Agora, ele se articula mais firmemente ao narcisismo: retomando a história de Aimée, Lacan escreve que "cada uma das perseguidoras é uma nova imagem, prisioneira do narcisismo, desta irmã da qual nossa paciente fez seu ideal".[35]

Essa associação lhe serve também para propor uma hipótese para a descompensação de Christine quando é (na prisão) separada da sua "alma siamesa": o crime teria tido para ela o efeito de romper a unidade que formava com a irmã ("ela se rasga de sua outra si mesma", p. 397) e reconhece o que antes não podia ver – a paixão incestuosa pela caçula. O vínculo entre narcisismo e imagem é acentuado, penso, pelo adjetivo *dessillée* com o qual Lacan qualifica essa descoberta: *dessiller* significa abrir os olhos, fazer ver o que se ignorava ou se queria ignorar (*Petit Robert*). A metáfora não me parece sem importância no trajeto que o conduz à noção de fase do espelho.

Retraçando esse percurso, Philippe Julien propõe uma análise muito fina do avanço realizado na comunicação de Marienbad, e vincula a uma das conclusões mais originais da tese: a passagem ao ato de Aimée não seria uma manifestação de agressividade, nem de ódio, mas uma realização do amor narcísico, "amor desesperado da imagem do perseguidor na negação de si mesma. O ato assassino é uma reação defensiva à intrusão invasiva da imagem do outro adorado". Lacan articula, assim, a

---

34 Cf. Dupré, *op. cit.*, p. 215.
35 "Motifs du crime paranoïaque: le crime des soeurs Papin", in *De la psychose...*, p. 397.

pulsão agressiva e o narcisismo de forma diferente do que o faz Freud, e "é para dar conta dessa inversão que surge a concepção da fase do espelho".[36]

Onde está a inversão? Na ideia de que a agressividade não é primária, mas uma defesa contra a intrusão da imagem do outro. Este aparece, portanto, como cronologicamente secundário em relação ao sujeito, que evidentemente preexiste a ele. Mas isso não concorda muito bem com a firme recusa da gênese imanente (endógena) do Ego presente no mesmo texto (o parágrafo sobre a circularidade desta gênese que comentamos há pouco). O passo dado em 1936, segundo Julien, consiste em ir até o fim, e colocar abertamente em questão a concepção freudiana do narcisismo:

> *a criança não é um ser originalmente fechado em si mesmo, que deve em seguida abrir-se para o mundo exterior e sair do narcisismo. De modo algum! O narcisismo primário define um ser todo "fora" (au dehors), de saída entregue ao outro, e sujeitado ao acontecimento. É isso ainda narcísico? Completamente, e é o que mostra a fase do espelho.*[37]

Embora se apoie na descrição por Henri Wallon do bebê que reconhece sua imagem no espelho, Lacan introduz nela duas inversões capitais: primeiro, o movimento não é para o

---

36 "*Le retour à Freud de Jacques Lacan*", p. 39
37 Cf. Ph. Julien, op. cit., p. 44. Interessante observar que, assim como em *O Ego e o id*, Freud amplia o alcance da identificação - antes restrito à melancolia - para a gênese do Ego em geral, na comunicação sobre a fase do espelho Lacan também a "universaliza" (empresto o termo de Julien): agora ela não opera apenas na paranoia, mas se situa na constituição mesma do Ego (e do ideal do Ego).

exterior, mas constitui uma *interiorização* da imagem percebida; segundo, não se trata tanto de um processo cognitivo, mas *libidinal*. Essa dupla operação permite qualificar o que se passa ali como uma identificação estruturante *no* e *do* sujeito – na verdade, *a* identificação estruturante, aquela da qual resulta a constituição de um Ego, porque a imagem tem um "poder morfogênico" (p. 47):

> *a criança não se exterioriza, não se projeta numa imagem. É o contrário: ela é constituída segundo a imagem e por ela [...]. Há transmissão por identificação, isto é, passagem de um fora a um dentro [...] Assim, designando pela fase do espelho o fundamento do Ego, Lacan subverte a natureza do narcisismo primário: não mais um dentro fechado em si, mas um fora constitutivo de um dentro, uma alienação originária. (p. 48).*

Assim, quando na aula de 23.06.1966 ele atira a Stein que "o único narcisismo primário é o da fase do espelho", Lacan tem atrás de si trinta anos de reflexão sobre o assunto. Seria excessivo, no presente artigo, aprofundar o estudo dela: digamos apenas que se deixa ver com constância em seus textos[38] – e é o que explica, afinal, que tenha visto nas asserções de Stein sobre o narcisismo primário ao mesmo tempo um deplorável retrocesso teórico *e* uma séria ameaça à coerência do seu ensino.

---

38 Uma lista não exaustiva incluiria "Além do princípio de realidade" (1936); "Da agressividade em Psicanálise" (1948); a segunda versão do texto sobre o estágio do espelho (1949); a conferência feita na Sociedade Britânica em 1951, "Some Reflections on the Ego"; os Seminários II (*O ego na teoria psicanalítica*) e III (*As psicoses*); e uma boa dúzia de outros trabalhos.

"A dívida de um não lacaniano para com Lacan"

A essa altura do nosso percurso, parece evidente que o fulcro da divergência quanto ao narcisismo primário reside em que, para Lacan, ele surge no contexto de uma *relação*,[39] enquanto Stein o concebe como algo primariamente *endopsíquico*. Qual desses pontos de vista corresponderia melhor ao conceito freudiano original?

Paradoxalmente, os dois, pois a ambiguidade está em Freud. Por um lado, ele fala num "narcisismo primário normal" enquanto "investimento libidinal primordial do Ego",[40] ideia próxima à de uma convergência das pulsões autoeróticas até então dispersas numa nova unidade, que requer "um novo ato psíquico". Por outro, o mesmo narcisismo primário resulta do seu equivalente nos pais, "abandonado há muito tempo", mas reativado pelo nascimento de um bebê e projetado sobre ele (*His Majesty the Baby*). Uma notação semelhante – sugerindo a interiorização de algo originalmente externo – aparece em "Pulsões e destinos de pulsão": "com a entrada do objeto na fase do narcisismo primário, vem a se formar [...] o ódio".[41] Não é necessário entrar nas complexidades da teoria freudiana do narcisismo para percebermos que as duas linhas de pensamento – no espírito de Freud, claramente complementares – podem fundamentar posições diferentes, que, a depender de outras considerações, virão se cristalizar em doutrinas opostas.

---

39 "A relação narcísica e imaginária é a segunda grande descoberta da Psicanálise", afirma ele em "Le mythe individuel du névrosé" (cf. *Ornicar?* n° 17/18, 1978, p. 293. P. Julien, a quem devo a referência ("L'origine de la tríade lacanienne", *Etudes Freudiennes* n° 33, p. 64), lembra que a outra "grande descoberta" é a ordem simbólica, equiparada ao Complexo de Édipo.
40 "Para introduzir o narcisismo", SA III, p. 41 e 43, BN II, p. 2017 e 2018.
41 "Para introduzir o narcisismo", SA III, p. 42, BN II, 2018, e "Pulsões...", SA III, p. 57, BN II, p. 2049.

Em todo caso, o embate da Lição 23 parece ter persuadido Stein de que convinha empreender uma exposição de conjunto das suas concepções, tanto para ressaltar sua coerência quanto para demonstrar como decorriam de uma leitura rigorosa de Freud. A cronologia dos seus escritos indica que dedicou o verão de 1966 a essa tarefa, cujo resultado – admirável pela clareza da escrita e pelo encaixe perfeito das partes do argumento – foi um texto intitulado "Observações sobre a constituição do complexo de Édipo", que apresentou ao 27º Congresso dos Psicanalistas de Línguas Românicas. Publicado na *Revista Francesa de Psicanálise* (XXXI, 1967, p. 858-874), ele serviu de base para a Parte II de *L'Enfant imaginaire*, mas o autor continuou a valorizar a versão original, pois a incluiu na coletânea *La mort d'Oedipe*.

Esse esforço de clarificação representa, a meu ver, a resposta que gostaria de ter podido dar a Lacan. Talvez por isso, além de aprofundar sua visão do narcisismo primário ele o relaciona com o complexo de Édipo, a exemplo do que fizera aquele em "O mito individual do neurótico".[42] Assim, vale nos determos um momento no avanço que as "Observações" representam em relação ao que o vimos expor aos ouvintes do Seminário.

Stein inicia lembrando a constância com que, ao longo de toda a sua obra, Freud atribui ao ser humano os desejos edipianos, e ao menos a partir de *Totem e tabu*, que ele havia estudado durante os primeiros anos do seu próprio seminário no Instituto da SPP, acrescenta a eles a presença de sentimentos que parecem contradizê-los: a saber, a nostalgia do pai e o horror ao incesto. O argumento relaciona essa oposição com a das duas forças psíquicas cuja ação conjugada origina o sonho. A primeira, "a serviço dos desejos do sonho", expressa a "aspiração à onipotência, comparável à do Deus incriado

---

42 Como este artigo data de 1953, não parece implausível supor que Stein tenha passado por ele ao se preparar para a discussão de seus trabalhos no Seminário XIII.

da crença monoteísta [...], e visa a negar as flutuações da existência" (p. 42 de *La mort*...). Ela constitui a esfera da realidade psíquica, ao passo que a realidade "exterior" é a da existência humana, na qual a onipotência é negada pelo que posteriormente chamará de "paradigmas do real", ou seja, a mortalidade do homem, o princípio de não contradição e a limitação do nosso poder sobre outrem.[43]

O primeiro dos avanços a que me referi surge exatamente neste ponto:

> *A realidade psíquica é também aquela que Freud denominará mais tarde "narcisismo primário" e que tende a se realizar pelas vias do processo primário [...]. Este processo reina soberano no inconsciente [...]. Ele se caracteriza em particular pela propriedade quase inimaginável de submeter os pensamentos a uma ordem que ignora qualquer categoria, de onde resulta que* na realização da sua onipotência, sendo o homem ao mesmo tempo o alfa e o ômega, ao mesmo tempo seu próprio princípio e seu próprio fim, ele não pode ser o sujeito do efeito da sua onipotência.
> *(p. 43, grifos meus)*

Para compreender o alcance desta passagem, convém sublinhar que para Stein a onipotência é bem mais do que a capacidade de realizar todos os desejos: ela significa a abolição da distância entre o sujeito e o objeto de *qualquer* dos seus desejos, ou, em outros termos, da carência em que desde Platão consiste o desejo, porque tê-lo e realizá-lo são uma só e mesma coisa (Deus fazendo surgir a luz no mesmo instante em que deseja fazê-la surgir). Ao incorporar a onipotência assim concebida ao narcisismo

---

43 *L'Enfant imaginaire*, p. 169 ss.

primário, e ambos ao modo de operar do inconsciente, Stein fundamenta no cerne do funcionamento psíquico o que até então era um fenômeno marginal (ainda que importante) na sessão analítica: a regressão que pode culminar no famoso "*unique ça parlant et écoutant*". De imediato, aquela ganha o estatuto de reveladora privilegiada desse mesmo funcionamento psíquico – desde que o analista não impeça a emergência do movimento regressivo rumo ao narcisismo primário, que, como vimos, é o ponto de partida de toda a sua teorização.

Com essa proposição firmemente estabelecida, ele pode passar ao estudo da outra força psíquica, que se manifesta na censura do sonho, no horror ao incesto e na nostalgia do pai. Embora tenha claramente alguma relação com a realidade exterior, essa força não é idêntica a ela, mas tão endopsíquica quanto a primeira: "tempera os impulsos desta para acomodá-la aos dados da realidade exterior, de forma a permitir ao homem colocá-la, na medida do possível, a seu serviço" (p. 44). E é por isso que, ao lhe conferir um poder limitado, mas verdadeiro, a segunda força o torna "sujeito dos seus atos".

O argumento dá então um passo adiante: o interesse de Freud em "explicar o homem pela sua biografia" o teria levado a oscilar entre duas concepções do Édipo. Uma, qualificada de "descritiva", é a mais frequente e conhecida: ele surge num momento determinado da evolução psíquica (na chamada fase fálica), e no caso do menino é reprimido pelo medo da castração, processo este que o conduz a uma nova posição perante o pai. Ela implica, portanto, uma etapa anterior à instalação do complexo (sua "pré-história", diz Freud), e outra posterior ao seu declínio.

A segunda concepção freudiana do Édipo o relaciona com o sujeito em geral: porque o horror do incesto e a nostalgia do pai, assim como os desejos a que se opõem, são ao mesmo tempo o conteúdo do complexo de Édipo e efeitos da oposição primordial das forças postuladas no capítulo VII da *Traumdeutung*, "devemos considerar o dito complexo como constitutivo do homem pela mesma razão que as duas forças psíquicas de cujo antagonismo ele é a expressão figurada. Nada do que é humano poderia lhe ser anterior, posterior ou estranho" (p. 45).

Essa conclusão radical permite a Stein simultaneamente concordar com Lacan quanto à inexistência de uma etapa solipsista na evolução do psiquismo *e* se diferenciar dele no tocante à natureza do narcisismo primário. A ocasião para isso é a discussão de se existe ou não um momento em que a primeira força atua sozinha (= estado solipsista), ou se ambas estão presentes desde o início da vida psíquica. Sua solução para o problema, simples e poderosa, se apoia na identidade entre o narcisismo primário e a onipotência: "sob a dominação exclusiva da primeira força, e se nada se opusesse à sua realização, o homem onipotente não poderia ser sujeito finito de um desejo determinado. Nessas condições, não haveria funcionamento psíquico algum" (p. 47).

Essa afirmação exprime, a meu ver, outro ponto capital da teoria que está buscando construir: a convicção de que a gênese empírica do indivíduo não pertence ao campo da Psicanálise, que *L'enfant imaginaire* definirá como exclusivamente interpretativo (p. 323). Ao debater com Lacan, Stein já tinha isso claro, como se vê pelo comentário feito no ano anterior a um trabalho de Evelyne e Jean Kestemberg. Sem negar que "as condições de vida de um bebê criadas pela mãe tenham papel determinante por toda a sua vida", ele não conclui disso que seja possível

> *interpretar o comportamento de um bebê em termos idênticos aos que empregariam para interpretar as falas de um paciente em análise que lhes tivesse contado*

seu próprio comportamento. Dada como sendo a verdade do bebê, a interpretação é de ordem solipsista [...]. O objeto do estudo do desenvolvimento das formas do comportamento [é] diferente do da Psicanálise, ao menos como o entendo.[44]

Compreende-se, assim, por que a teoria da fase do espelho – que como vimos é essencial na doutrina lacaniana sobre o narcisismo primário – não precise ser considerada nesse contexto. Mais do que discutir se ele é um estado anobjetal, ou se ao contrário envolve já uma primeira relação com o objeto (mesmo que na vertente identificatória), o que Stein faz é *colocar o problema em termos inteiramente diferentes*, que o afastam tanto da maneira como que Lacan o resolve quanto dos autores que este critica na Lição 23. Seu foco é outro, e seus pontos de referência se ancoram na leitura da *Interpretação dos sonhos* que resumi anteriormente: o narcisismo primário é apenas outro nome da onipotência, e nessa qualidade expressa tanto quanto ela a realidade psíquica no que esta tem de mais fundamental.

As consequências da tese sobre a constituição do complexo de Édipo pelas duas forças psíquicas – que o torna "constitutivo do homem" – vão ainda mais longe: "estamos assim bem perto de reconhecer que o ponto de vista de um complexo de Édipo constitutivo do homem e o de um complexo de Édipo resultando da história da sua infância coexistem ao longo de toda a obra de Freud, sem jamais se reduzir um ao outro" (p. 47).

Entre os dois, sua escolha é clara: o primeiro é preferível ao segundo, porque este não leva em conta as ditas forças. Nas "Observações", ela leva Stein a afirmar que a hipótese da constituição do Édipo pela ameaça de castração pode ser verdadeira,

---

44 "De la prédiction du passé", in *La mort* ..., p. 72.

sem que seja por isso falso que ele já estivesse constituído antes, numa configuração similar, no quadro de uma organização sexual anterior.[45] *Para que tal proposição não seja absurda, bastaria considerar que todo acontecimento dotado de sentido é constitutivo do complexo de Édipo, que o alcance do acontecimento reside a cada vez na sua constituição. É uma idéia que, embora estranha em sua formulação ao pensamento de Freud,* poderia se revelar conforme a ele em seus efeitos. *(p. 48, grifos meus)*

Eis um bom exemplo de como nosso autor deriva ideias dos "lineamentos" da obra de Freud, sem no entanto atribuí-las a ele, como o faz Lacan – para quem os conceitos que cria *estão* contidos no texto freudiano. No caso que estamos examinando, é visível que o que Freud disse sobre a genética psíquica lhe basta: não é aí que residem as dificuldades maiores do seu pensamento, aquelas que tornam imperativo retomar as coisas desde o início e reconstruir a metapsicologia a partir das "coordenadas da situação analítica".

Um segundo corolário da tese exposta nas "Observações" aparece na reavaliação (já inteiramente steiniana) da maneira como o Homem dos Lobos reage à construção da cena primitiva na sua análise: o que realmente importa não é, como pensa Freud, saber se ela de fato ocorreu na infância do paciente, e sim a certeza dele quanto à veracidade do fato. Esta se deve à *atualização da cena no presente da análise*, a qual decorre das interpretações de Freud – e isso introduz mais um dos temas que ocuparão Stein por toda a sua vida: o da eficácia da fala do analista.

---

[45] Essa ideia faz parte do arsenal teórico de Stein desde o início da década de 1960. Cf. a comunicação que apresentou ao XXII Congresso de Psicanalistas de Línguas Românicas em 1961 ("L'identification primaire", in *La mort d'Oedipe*, p. 145-154).

Em sua leitura, o que se produziu então foi "a repetição de uma fala paterna primordial", que, no entanto, Sergei Pankejeff não pôde admitir como tal. Por seu lado, Freud teria reconhecido o advento do complexo de Édipo no tratamento como "repetição de um primeiro acontecimento que poderia muito bem ter sido mítico" (p. 49). A conclusão que Stein tira dessa ideia lhe permite abordar um tema que só ganhará pleno desenvolvimento no seu *opus magnum*, mas cujo conteúdo já se anuncia aqui, e solidamente ancorado na sua nova visão do narcisismo primário:

> *Assim, a constituição edipiana do homem parece resultar [...] da incidência de uma fala sobre a pura fascinação. Acreditamos reencontrar a oposição das duas ordens sobre as quais se elabora a teoria da* Interpretação dos Sonhos: *de um lado, a fascinação do desejo suposto realizado; do outro, a censura psíquica fundada sobre o poder da palavra. A anterioridade do primeiro [o desejo, RM] sobre o segundo [o poder, RM] está na retrospecção. Ocorre o mesmo com a exterioridade da segunda em relação à primeira, pois, na fascinação na qual seria aquilo que vê, o homem não separaria um mundo interior de um mundo exterior. [...] A constituição edipiana é, portanto, ao mesmo tempo, constituição do que Freud chamou aparelho psíquico. (p. 51)*

Do tema novo – a retrospecção –, falaremos logo mais. O restante deste parágrafo retoma o que dizia na sessão de 26 de janeiro de 1966, porém com uma diferença importante: agora a ideia se apoia não apenas numa teoria da predicação, mas também na compreensão mais clara do nexo entre o que se produz na situação analítica e as condições metapsicológicas que o tornam possível. Estas favorecem uma repetição que não pode ser considerada mera reprodução de algo ocorrido no passado, ou não teria efeito mutativo algum. É sobre esta nota que terminam as "Observações": "se alguma coisa se constitui na situação analítica, que aparecerá em seguida como repetição de um ato constitutivo semelhante, será possível dar conta dos efeitos de um tratamento do qual não é a menor particularidade que pareça mudar o passado".

Eis enunciado o objetivo maior de *L'Enfant imaginaire*. Abriremos aqui um parênteses em nosso estudo das implicações do debate entre Stein e Lacan sobre o narcisismo primário para falar brevemente deste livro, cuja redação o ocupou nos últimos anos da década de 1960, e entre as linhas do qual aquele debate aparece em filigrana. A "Notícia cronológica e bibliográfica" ao final do volume permite perceber que a primeira metade dele expande as ideias, então já consolidadas, contidas nas "Observações", e introduz alguns conceitos novos, como o "roteiro transferencial" e o "fantasma do inconsciente". É, aliás, no exame deste último que a noção de retrospecção tem papel central, pois é graças a ela que esse "fantasma" pode ser deduzido, "de trás para diante", das representações e das lembranças que ocorrem ao paciente no curso da sua análise.

A elaboração teórica prossegue na Parte III, que aborda o complexo de castração[46] e o reformula segundo a concepção do sujeito construída nos capítulos anteriores. Em síntese, isso significa referi-lo à tendência que visa à realização dos desejos, em particular o de abolir a diferença dos sexos, o que permitiria preservar a ilusão de uma onipotência possível. O complexo de castração tem, portanto, uma função defensiva, e, nessa qualidade, constitui um dos motores da resistência no tratamento. Ora, como é do jogo simultâneo desta e da regressão que resulta a transferência,

---

46 O tema também interessava a Stein há muito tempo, como se vê pela conferência "La castration comme négation de la féminité", de 1960, que incluiu em *La mort d'Oedipe*.

pode-se dizer que o complexo de castração se soma ao de Édipo para formar "um sistema apto a dar conta do processo analítico".[47]

Concluído o exame desse complexo, o argumento deveria prosseguir rumo a uma "reconsideração do acontecimento mítico suposto constituir a pessoa em sua configuração edipiana" (*L'Enfant*, p. 271), mas é interrompido por uma inesperada e severa autocrítica: este estilo de exposição corria o risco de "dar a impressão que o essencial da psicanálise consiste em algumas fórmulas abstratas e cômodas [...], quando, segundo minha convicção, o princípio de toda psicanálise é que é dado a qualquer pessoa descobrir a psicanálise em si mesma" (p. 246). A decisão de não perseverar na "mistificação de fazer passar por conclusões extraídas da análise dos pacientes ideias que eu sabia muito bem terem surgido da minha própria análise" (p. 269) conduz então à interpretação detalhada de alguns sonhos próprios. Mais do que resumi-la, convém aqui ressaltar a mudança de tom e de foco, que introduz a problemática da obra feita em conjunto pelo analista e pelo paciente – tema do último capítulo, talvez o texto mais original a brotar da pena de Stein: "O duplo encontro".[48]

A expressão designa o que para ele *é* o espaço analítico: lugar da análise de quem está no divã *e* ocasião para que o analista prossiga a sua. Ora, este capítulo seminal, que como Janus, olha para trás (as conclusões obtidas em dez anos de pesquisas) e para a frente (pois contém uma primeira apresentação do tema profundamente steiniano da oferenda), está colocado sob a égide da referência a

---

47 Cf. R. Mezan, "Trois conceptions de l'originaire", *Etudes Freudiennes* n° 32, 1991, p. 159-198, no qual o leitor poderá encontrar um estudo detalhado do livro de Stein, assim como uma comparação do seu conceito de originário com os de Claude Le Guen e Jean Laplanche. (Tradução brasileira em *Figuras da Teoria Psicanalítica*, São Paulo, Casa do Psicólogo, 2011, p. 83-129).
48 Jean-Luc Donnet propôs uma bela análise deste escrito: "Retrouvaille de la doublé rencontre". Disponível no volume que reúne as contribuições à Jornada de homenagem a Stein de 2011 (*Pychanalyse et transmission*).

Lacan que mencionei no início do presente artigo. Após repetir que "a redação de um ensaio sobre o processo analítico se tornou ao mesmo tempo apoio e reflexo do progresso da minha própria análise", Stein lhe agradece por ter "devolvido à imaginação o direito de residência numa psicanálise sufocada pelo conformismo pseudocientífico", e declara ter " quase certeza que o encontro com Lacan teve um papel determinante na minha forma de me situar frente à obra de Freud" (p. 329 e 333).

Nosso parêntesis nos conduz, assim, à outra vertente da sua relação com Lacan: não tanto (e não só) a das divergências de fundo quanto a muitas coisas na Psicanálise, mas à da influência que o retorno a Freud – pois é disso que se trata – exerceu sobre o rumo do seu próprio pensamento.

Este pensamento não se limitou a produzir formulações muito distantes do sistema lacaniano: sua condição é uma maneira de ler Freud cujo traço principal é a investigação de como este chegou às suas proposições. Sua resposta é simples e radical: por meio da autoanálise. E como ser analista é "refazer o caminho de Freud", isso concerne a todo e qualquer praticante do *métier*, a começar pelo próprio Stein. Entre as inúmeras ocorrências desta ideia que pontilham seus escritos, destaco a que figura numa conferência sobre a identificação com Freud feita na SPP em novembro de 1967 ou seja, na época em que estavam amadurecendo as ideias que veio a expor em "La double reencontre": "creio que tudo o que tenho a lhes comunicar é fruto da minha autoanálise, assim como as descobertas de Freud resultam da sua autoanálise. [...] Exceto pela nova apresentação [que lhes dou, RM], minhas descobertas são somente redescobertas do que Freud já estabelecera".[49]

---

[49] "Une conférence sur l'identification à Freud ", in *La mort...*, p. 77.

Se esta última frase poderia muito bem ter sido escrita por Lacan, o fato é que o tema da autoanálise não tem nenhum destaque no modo como este realizou o seu retorno a Freud, e muito menos é tido por causa principal seja das descobertas que lhe devemos, seja das do fundador. Entretanto, a que a precede exprime – insisto nisso – uma posição sobre a qual Stein jamais transigiu e, que com toda a evidência não deve nada a Lacan. Como então conciliar o peso que atribui ao exercício constante da autoanálise com a homenagem colocada como epígrafe de um texto que marca um *tournant* tão importante na sua obra?

Talvez a contradição seja apenas aparente. Com efeito, o impulso para ler Freud da forma como o fez veio de Lacan *e* da crítica a que submeteu o que aprendera na época em que se iniciava no *métier*, como conta em *De la prédiction du passé* (p. 66): tais estudos não lhe permitiam compreender o modo de ação do tratamento psicanalítico. É daqui que provém a convicção de que sua função não era "compreender as particularidades dos meus pacientes, mas sim compreender as particularidades do seu tratamento", o que o conduziu a se interrogar sobre "o efeito do dispositivo analítico, do meu silêncio e das minhas eventuais intervenções quanto à sucessão e ao encadeamento das associações deles"[50] – ou seja, a se interessar pelas "coordenadas da situação analítica". E, se o *conteúdo* do que elaborou a respeito delas não vem de Lacan, mas de Freud, não é menos verdade que a leitura que fez de Freud foi possível *também* pelo exemplo da liberdade e da paixão com que Lacan efetuava a sua.

---

50 A tarefa que Stein se propõe aqui faz pensar naquela para a qual Bion construiu a sua Grade: categorizar passo a passo os diferentes movimentos de uma sessão de análise. Apesar de não ser uma das suas referências – Danièle Brun me informa que na sua biblioteca nem sequer constavam as obras do autor inglês – certas semelhanças entre ambos são bastante sugestivas. Para dar apenas um exemplo, a noção de "fantasma do inconsciente" tem algo em comum com o conceito bioniano de O. Contudo, seguir essa pista extrapola nosso objetivo atual, e terá de esperar outra oportunidade.

Para explorar mais a fundo essa questão, convém retomar a avaliação feita pelo próprio Stein tanto da sua dívida para com o mestre da rue de Lille como da diferença entre sua forma de ler Freud e a que tanto o inspirou. Ela se encontra nas intervenções que fez numa jornada sobre "Lacan, leitor de Freud", em 1991. O clima do evento – para o qual convidou lacanianos ilustres como Moustafa Safouan, Philippe Julien, Joel Dor, Roland Chemama, Claude Dorgeuille e outros, entre os quais Claude Conté, que na época do Seminário XIII fizera uma leitura respeitosa porém bastante crítica dos seus trabalhos – foi bem mais ameno que o de vinte e cinco anos antes: assistimos a um verdadeiro debate com os não lacanianos, entre os quais se contavam Jean-Luc Donnet, Michel Neyraut, René Major, Roland Gori e Daniel Widlöcher. Os temas abordados cobrem os principais aspectos do pensamento de Lacan, sob o ângulo do vínculo entre eles e o texto freudiano.

Isso dito, é preciso convir que não houve consenso entre os dois campos sobre a inerência a esse mesmo texto das formulações que Lacan extrai dele – e isso pode nos servir de pano de fundo contra o qual captar a especificidade da leitura steiniana de Freud. Por isso, mencionarei aqui alguns exemplos do que se pode ler no número 33 de *Etudes Freudiennes* (1992), no qual foram publicadas as comunicações do colóquio e as discussões a que deram lugar.[51]

Os lacanianos "puros e duros" não têm dúvida alguma quanto à dita inerência: "Lacan leitor de Freud busca revelar, no próprio texto de Freud, o que já estava lá sem que pudéssemos perceber, bastando para isso que fôssemos convidados a mudar o eixo de observação, ou de leitura", afirma Dor à página 193, após ter se servido da metáfora da anamorfose para caracterizar a relação entre Lacan e Freud. Outros se mostram menos reticentes em reconhecer que se trata de uma interpretação segundo parâmetros que, embora legitimamente

---

51 No que vem a seguir, os números de página entre parênteses se referem a esse volume da revista.

psicanalíticos, se assentam em outros pressupostos: comentando a exposição de Dor, Jean-Jacques Moscovitz concede que "o instrumental conceitual e heurístico de Lacan não é o de Freud", mas acrescenta logo a seguir que " ele continua a esclarecer e a explicitar este último" (p. 195). Com o que concorda Claude Dorgeuille, aliás precisamente sobre a questão do narcisismo que vem nos ocupando:

> *o fundamento da ordem imaginária que resulta da formulação da fase do espelho se efetua de fato segundo um movimento bem diferente do que conduz Freud à sua concepção do narcisismo e aos desenvolvimentos que dela se seguem quanto ao Ich. [...] Poder-se-ia sustentar, sem dúvida, que essa dimensão imaginária já se encontra em Freud [...], mas é evidente que sua explicitação e formalização acarretam o que Lacan chama um progresso no discurso. (p. 201)*

Notemos a importância da ideia de *explicitação* nessas citações: ela resume a postura mesmo dos lacanianos mais atentos à história das ideias psicanalíticas quanto ao que Lacan realizou. Independentemente do que se possa pensar sobre a veracidade dessa opinião,[52] ela está bem longe da maneira como Stein entende a singularidade da leitura lacaniana de Freud – maneira esta que, por um efeito de contraste, faz se destacar a singularidade da sua. Mais ainda: o que diz nessa ocasião permite assinalar o ponto-chave a partir do qual, ainda que em dívida com a inspiração que pôde encontrar em Lacan, seu método se afasta do projeto deste. Ouçamos:

---

52 Pessoalmente, discordo dela, pois penso que a doutrina de Lacan pertence a um paradigma diferente do que subjaz à visão do funcionamento psíquico predominante nos escritos de Freud. Para a questão de saber se ela se enquadra no paradigma objetal/relacional, ou se a amplitude da sua reformulação da Psicanálise exige postular um terceiro, subjetal, ainda não tenho resposta, embora me incline por essa possibilidade.

> Segundo o senhor [dirige-se a Safouan, RM], a obra de Lacan consistiu [...] em colocar em relevo a descoberta de Freud. [...]. Deslumbrado, tendo-a feito sua, Lacan se teria dedicado não a explorar no detalhe a obra monumental que dela resulta, mas a fazê-la conhecer na sua essência e nas suas implicações. [...]. Assim, seu retorno a Freud está longe de ser um retorno à textualidade dos escritos de Freud. Eis por que, aliás, a distância considerável entre o texto de Lacan e o texto de Freud [...] nada tem de surpreendente." (p. 20)

E logo adiante:

> É verdade que as referências de Lacan a Freud são muito fragmentárias e consistem sempre em evidenciar o que uma passagem de Freud lhe revelou, deixando de lado o que não lhe parece em absoluto relevante. [...] O texto de Freud é de uma sublime incoerência, e deveria portanto se prestar notavelmente à exegese. Ora, o menos que se pode dizer é que Lacan não fez uma tal exegese, e não parece sequer ter cogitado em a empreender. (p. 20).

Esse balanço da maneira como Lacan lê Freud não contém referência alguma à "imaginação" da qual Stein falava na "Nota ao leitor" de *L'enfant imaginaire*. Teria pensado melhor e modificado sua apreciação daquela época? Se nada o comprova, o fato é que o motivo do elogio de 1971 permanece um tanto enigmático. O que haveria de tão imaginativo nos milhares de páginas que nos legou Lacan, das quais as que ele revisou pessoalmente (em particular as mais de 800 dos *Escritos*) são por vezes tão áridas? Como Stein não se explicou acerca deste ponto, só podemos fazer suposições. Eis a minha: talvez ele estivesse se referindo à extraordinária mescla de erudição sobre tantos assuntos e de uma rara facilidade de associação, que, submetidas ao seu grande talento para a teoria, resultam nas aproximações brilhantes tão frequentes em Lacan.

Para ficarmos no que o vimos apresentar aos ouvintes do Seminário XIII, quem mais poderia ter pensado em ir buscar na Aposta de Pascal argumentos para se opor às opiniões de Stein? A banda de Moebius era conhecida desde que este matemático alemão havia estudado suas propriedades, em... 1858, e ninguém pensara em se servir dela fora do seu domínio de origem, a saber a geometria projetiva. Poderíamos multiplicar os exemplos: estes nos bastam para ter uma ideia daquilo que Stein bem podia considerar como uso vasto e frequente da imaginação para elaborar teorias em Psicanálise.

Dez anos depois da Jornada de 1991, ele volta ao tema, desta vez para distinguir entre uma maneira "erudita" e uma maneira "poética" de ler Freud. Não sem ironia, aproxima a primeira da situação em que se encontra Fausto no início do poema de Goethe, que qualifica como "estéril". A segunda

> *consiste em que o leitor tira proveito* (trouve son bien) *no que lhe é revelado durante a leitura [...]. Eka conduz [...] à elaboração de um pensamento freudiano ...] voltado exclusivamente para o conteúdo do que é revelado durante uma leitura de Freud, e que ele próprio – podemos imaginar – não teria querido reconhecer como seu. Não é de Freud, e no entanto está em Freud.*[53]

---

53 "Dans les linéaments de l´ecriture de Freud", in *Le monde du rêve*..., p. 13. Este texto, estabelecido por Danièle Brun, retoma dois seminários feitos na associação Espace Analytique em 2002.

O leitor terá reconhecido aqui ecos do que ele escrevia nas "Observações" a respeito da sua concepção do Édipo, que "embora estranha em sua formulação ao pensamento de Freud, poderia se revelar conforme a este em seus efeitos". Também terá reconhecido o emprego da mesma palavra – *revelar* – com a qual caracterizava, no comentário à exposição de Safouan, a forma como em seu modo de ver Lacan lê Freud. E terá reconhecido, por fim, que o adjetivo "poético" designa para ele próprio a essência da sua forma de "se situar frente à obra de Freud".

Contudo, seria equivocado inferir dessa passagem que o intérprete disponha de liberdade completa e absoluta em relação à "textualidade" dos *Gesammelte Werke*. Pois "tirar proveito" do que Freud escreveu – que, neste contexto, me parece significar compreender algo a respeito de si mesmo, eventualmente no quadro de uma autoanálise – ainda não é o que Stein chama de *exegese*. E é com este termo que, na Discussão Geral que encerra a jornada, ele define sua maneira de ler Freud: "Em suma, Lacan se referiu freqüentemente a Freud, mas sem jamais se dedicar ao comentário exaustivo de um texto, no sentido da exegese. Quanto a mim, sou talvez um dos raros autores a ter empreendido um trabalho deste tipo: esta é minha maneira de ler Freud, e, paradoxalmente, eu a devo a Lacan" (p. 283).

Basta abrir qualquer página dos seus escritos para ver como ele realiza esse trabalho, mas a meu ver os exemplos mais característicos se encontram na série de comentários que dedicou à *Interpretação dos sonhos*.[54] Seu projeto de a concluir permaneceu inacabado;

---

54 Entre eles, "Le père mortel et le père immortel" (*L'inconscient* nº 5, 1968); "Sur l'écriture de Freud" (*Etudes Freudiennes* nº 7-8, 1974); "L'émergence" (EF nº 9-10, 1975); "Le désir d'immortalité" (EF nº 11-12, 1976); "Le premier écrit psychologique de Freud" (EF nº 15-16, 1979). Uma tradução brasileira do segundo destes trabalhos pode ser encontrada em *O Psicanalista e seu ofício*, São Paulo, Escuta, 1988.

contudo, dada a função que atribuía à leitura de Freud, podemos indagar se seria possível executá-lo sob a forma de um livro. Qual era essa função? Pode-se resumi-la com os termos que Stein emprega para falar da redação de *L'Enfant imaginaire*: "apoio e reflexo do progresso de minha própria análise".

Ora, qualificar como poética a sua leitura não é tão diferente assim de elogiar a de Lacan sublinhando o lugar que nela tem a imaginação. E está aqui, talvez, a explicação de se sentir devedor dele. Quanto ao "paradoxalmente", parece-me ter a ver com a distância entre a exegese como a entendia ("comentário exaustivo de um texto") e o modo "fragmentário", tomando isso e deixando aquilo, que segundo ele era o do seu modelo.

A fecundidade dessa "maneira de ler" – bem diversa da explicitação conceitual que assinalei nas exposições mencionadas há pouco – o levou a produzir uma das obras mais originais não só na Psicanálise francesa, mas na posteridade freudiana como um todo. Nela, a presença de Lacan se revela, por assim dizer, pelo avesso – não como referência, mas como incitação a pensar. Deixo aberta a questão de até que ponto se pode falar de uma identificação de Stein com aquele a quem conferiu o privilégio de ser o único autor vivo a ser citado pelo nome no livro que contém a primeira apresentação sistemática do seu pensamento maduro.

O parêntesis que abrimos para comentar este livro, e que nos levou a algumas considerações sobre o desenvolvimento posterior desse pensamento, pode ser fechado com a constatação de que vários analistas da sua geração seguiram um trajeto semelhante ao dele. A semelhança consiste em que, partindo de alguma divergência de fundo com o resultado do empreendimento lacaniano – ou seja, a consolidação de uma doutrina cuja distância em relação à de Freud se tornava cada vez mais evidente –, eles começam, na mesma época em que Stein dava forma definitiva às suas concepções, a construir suas próprias obras.

Assim como Stein, não compartilhavam do "sistema de interpretação" de Lacan, e, assim também como ele, voltaram ao texto fundador em busca de soluções para os problemas que os interessavam. Entre estes, avulta o do narcisismo primário, que Stein resolveu assimilando-o à onipotência. Não foi esta, porém, a resposta que outros analistas da sua geração deram às dificuldades dessa noção. Vejamos, então, como procederam dois deles: André Green e Jean Laplanche.

O narcisismo primário em Green e em Laplanche

A questão do narcisismo – sua gênese, sua relação com as pulsões e com os objetos, assim como com as diversas instâncias psíquicas, suas manifestações na clínica – ocupou André Green numa fase crucial na evolução do seu pensamento, entre meados dos anos 1960 e 1982, quando reúne oito artigos sobre o tema na coletânea *Narcissisme de vie, narcissisme de mort*.[55] Uma consulta às referências bibliográficas no final do volume permite restabelecer a cronologia dos textos: o mais antigo ("O narcisismo primário: estrutura ou estado") foi redigido em 1966, e contém diversas alusões ao debate entre Lacan e Stein. Há boas razões para pensarmos que esse texto causou profunda impressão em Green, e que o considerável esforço de reflexão a que se dedicou nas 52 páginas do artigo representa (também) sua resposta às teses do colega.

Convém aqui recordar brevemente o contexto em que ele se inscreve. Ao contrário de Stein, Green participou do Seminário por sete anos (1960-1967), e uma de suas intervenções mais

---

[55] Paris, Minuit, 1982. Tradução brasileira por Claudia Berliner, São Paulo, Escuta, 1988. No que se segue, os números de página entre parênteses referem-se a esta edição, da qual "O narcisismo primário: estrutura ou estado" constitui o capítulo 3.

importantes – que lhe valeu um entusiástico elogio de Lacan[56] – teve lugar justamente na sessão de 22 de dezembro de 1965, na qual Conté e Melman apresentaram suas críticas às concepções steinianas sobre a regressão na situação analítica.

Embora não trate especificamente do narcisismo, que naquele momento do Seminário XIII ainda não entrara na pauta das discussões, menciono essa conferência porque nela aparece – de forma sutil, é verdade – um primeiro indício do desconforto de Green com o sistema do mestre, desconforto que nos anos seguintes se transformará em crítica aberta e afastará do círculo lacaniano. A face mais visível dessa crítica concerne à questão do afeto, e virá a público no relatório apresentado em 1970 ao Congresso de Psicanalistas de Língua Francesa, publicado pouco depois com o título de *Le discours vivant*.

O que talvez se tenha notado menos é que a elaboração dessa crítica corre em paralelo com os primeiros estudos sobre o narcisismo: basta retomar a sequência dos artigos de *Narcissisme de vie*... para perceber que, após o trabalho sobre o narcisismo primário, vem, em 1969, "Le narcissisme moral", e em 1973 – já concluído o livro sobre o afeto – *Le genre neutre*. A investigação prossegue com *Un, autre, neutre: valeurs narcissiques du même* (1976), *L'angoisse et le narcissisme* (1979), passa por dois outros artigos datados de 1980 e 1982, e culmina com a grande síntese que serve de prefácio à coletânea, *Le narcissisme et la psychanalyse: hier et aujourd'hui* (1982).

Em dezembro de 1965, porém, tudo isso pertence ainda ao futuro. O desconforto a que me referi concerne ao estatuto do afeto: se o inconsciente é estruturado como uma linguagem, e se a linguagem é

---

56 "L'objet *a* de Jacques Lacan", *Cahiers pour l'analyse* nº 3, 1967. A "conferência admirável" de Green pode ser lida na transcrição de M. Roussan, p. 101-134, e o "vivo agradecimento" do mestre figura na p. 135.

feita de significantes, *qu'en est-il de l'affect?*" ("e o afeto, como fica?", cf. Roussan, p. 109). Admitidas as premissas, ele só pode ser um significante – e Green procede a uma espantosa contorção conceitual para demonstrar que assim é. Resumidamente, recorre a uma passagem do *Compêndio de Psicanálise* (1938), na qual Freud, falando da castração, escreve que no momento da visão dos genitais femininos o menino denega a representação (*Veleugnung*) e recalca o afeto (*Verdrängung*). "Como somente um significante pode sofrer esse destino, devemos provavelmente concluir que o afeto entra nessa mesma categoria", lemos à p. 120 da transcrição de Roussan.

Além do *provavelmente,* que no mínimo indica não se tratar de uma certeza, a fragilidade do silogismo não escapa a Green. Ele se apressa a acrescentar uma restrição que na verdade o corrói por dentro: "o significante-afeto se distingue do significante-representação porque não pode entrar em nenhuma combinatória [...]. Sua especificidade enquanto significante consiste em exprimir-se diretamente, sem passar pelas conexões do pré-consciente" (p. 121). Ora, o que é um significante incapaz de se combinar com outros em cadeias que veiculem um sentido? A ideia não se sustenta. A meu ver, trata-se de uma formação de compromisso entre a adesão já hesitante e a crítica ainda não explícita à tese do inconsciente estruturado como linguagem.

Estamos, creio, diante do canto do cisne da fase filolacaniana de Green, e o estudo de 1966 sobre o narcisismo é um passo a mais nessa direção. Não terá escapado ao leitor que o momento da sua redação é o mesmo em que Stein escreve as "Observações sobre o complexo de Édipo", ou seja, logo após o encerramento tempestuoso do Seminário XIII. O paralelo não é apenas temporal: podemos dizer que esse artigo ocupa na obra de Green um lugar análogo ao do de Stein na dele. Ambos se situam no prolongamento dos debates do Seminário acerca do narcisismo primário, ambos envolvem um importante trabalho de elucidação das próprias posições sobre o tema, ambos o situam num quadro de referência metapsicológico bem mais atento aos meandros das concepções de Freud do que às ideias de Lacan.

No entanto, entre os dois textos há também diferenças de peso. Uma delas é que o de Green se refere várias vezes ao que Stein apresentou no Seminário XIII, enquanto as "Observações" se dedicam, no essencial, a refinar as ideias do próprio autor. Outra é que para fundamentar sua tese Green percorre com lupa praticamente todos os aspectos da metapsicologia freudiana (o que explica a extensão do artigo), e abre espaço para o que alguns dos seus sucessores elaboraram acerca de um tópico estreitamente relacionado com o narcisismo, a saber o Ego – postura que retomará nos trabalhos posteriores, em particular no que discute os "valores narcísicos do mesmo" (1976) e no prefácio da coletânea de 1982, que sintetiza quinze anos de investigações.

Examinemos então as teses principais de "Le narcissisme primaire". Após declarar que "de todas as questões relativas ao narcisismo, nenhuma é mais confusa e controversa que a do narcisismo primário", Green estabelece uma distinção que guiará todo o percurso do texto e que o coloca diretamente em oposição à concepção steiniana quanto à sua essência. Apoiando-se no *Compêndio de Psicanálise*, confere grande peso à noção de um narcisismo primário *absoluto* (termo novo sob a pena de Freud, e que aparecerá muitas vezes grifado ao longo do artigo de Green).

Contudo, não se trata de uma vivência, e sim do "limite extremo do que podemos conceber como uma forma de total inexcitabilidade" (p. 94). É um conceito próximo do que desde o *Projeto* de 1895 Freud denomina "princípio de inércia" – a tendência não à redução das tensões (que corresponderia ao princípio de prazer), não à manutenção delas no nível mais baixo possível (o princípio de constância), mas sim à *supressão* completa de qualquer estímulo, e portanto de qualquer tensão no interior do aparelho psíquico. A imagem menos inadequada do que seria um tal estado é oferecida pelo sono sem sonhos – e é sobre a nítida oposição entre este e o sono com sonhos que Green construirá sua visão do narcisismo.

Se admitirmos que a visada essencial dele é a quietude no recolhimento dentro de si mesmo, e que esta é incompatível com a presença de qualquer estímulo, segue-se que o sonho não é uma manifestação do narcisismo primário absoluto, mas sim do "narcisismo do sonhador", que obviamente requer um tipo de funcionamento psíquico muito mais complexo. Da mesma forma (e aqui é evidente a alusão ao que Stein expôs aos ouvintes do Seminário),

> *a elação ou expansão narcísica, conotando a regressão narcísica, são igualmente estranhas [ao narcisismo primário absoluto, RM]. Elas traduzem, por parte do sujeito, uma oposição a esse deslizamento rumo ao silêncio. Pois quando o analisando tem a impressão de que o analista não está mais ali na sessão, seria preciso explicar por que não se cala [...]. E não é no momento em que seu discurso corre o risco de o conduzir a esta extinção aos olhos e aos ouvidos do analista que ele o engole como um ovo, incorporando-o para que o discurso não se interrompa? (p. 94)*

Segue-se uma revisão em regra dos remanejamentos que Freud impôs à sequência redução/constância/eliminação das tensões, ao cabo dos quais surge a versão que parece a Green ser a mais coerente: a de "O Problema Econômico do Masoquismo" (1924), na qual "o princípio de Nirvana exprime a tendência da pulsão de morte; o princípio do prazer, estreitamente ligado às 'características qualitativas' dos estímulos, representa as exigências da libido; e o princípio de realidade representa a influência do mundo externo". Se assim é, prossegue Green, "temos o direito de postular que todos os estados que comportam uma característica afetiva, ou o prazer e suas formas derivadas (elação, expansão, ou qualquer outra manifestação do mesmo gênero) são estranhas ao narcisismo primário absoluto" (p. 101).

De onde, então, viria o equívoco atribuído a Stein? Aqui Green toma partido num tópico do embate final entre ele e Lacan, quando o mestre o acusa de se limitar a um plano "fenomenológico". Teria lhe faltado, em suma, distinguir entre uma teoria dos estados – ligada, entre outras coisas, às formas clínicas – e uma teoria das estruturas, que "cria modelos nos quais se revelam, em termos abstratos, o conteúdo e a função desses estados: uma teoria do sujeito, e não apenas das suas manifestações" (p. 103). Ora, a teoria dos estados (que engendra o "monstro híbrido da fenomenologia psicanalítica") é apenas um primeiro nível da epistemologia analítica, porque concebe o sujeito como "personalizado", como "um ser de vontades, que quer e que não pode", etc.

A este nível de compreensão descritivo (e por isso fenomenológico, aqui significando restrito aos fenômenos), Green prefere expressamente a conceitualização lacaniana: "a teoria das estruturas procura estabelecer as condições de possibilidade do discurso [...], [no qual, RM] o sujeito é a operação pela qual *há enunciado*". E, caso restasse qualquer dúvida quanto ao alvo do comentário, Green conclui esta seção do artigo com uma declaração enfática:

> *Mas este patamar inevitável não pode ser considerado como o grau de organização que dá conta do processo da análise. [...] O grande mérito do impulso dado por Lacan a este tipo de pesquisas é mostrar no que os resultados das nossas investigações, mesmo respeitando a*

intenção estrutural, remetem a organizações já estruturadas.[57] *(p. 57, grifo do autor)*

Este elogio a Lacan não deve, porém, nos fazer crer que o argumento que Green está construindo referendará a teoria lacaniana do narcisismo primário, que mais adiante qualificará de *pièce maîtresse* (peça fundamental) do seu sistema.[58] Ao contrário, é na análise detalhada da metapsicologia freudiana que buscará elementos para apoiar a tese do artigo: ao lado de um narcisismo que por seu papel de ligação é "obra de Eros", existe outro, que por sua aspiração ao repouso exprime a força das pulsões de morte.

É o que explica o longo excurso pela tópica, pelas pulsões e seus investimentos, pelas identificações e por outros temas na aparência distantes do problema que se propôs a estudar – mas só na aparência: o desvio lhe permite retornar a ele munido de outra distinção de importância crucial, agora entre as pulsões aptas a se satisfazerem no corpo do sujeito, quer na presença quer na ausência de um objeto externo, e as que não podem prescindir de um objeto exterior ao sujeito (p. 125 ss). Apesar de pequenas menções a Lacan aqui e ali, tal trajeto na verdade o afasta cada vez mais da concepção deste último quanto ao narcisismo primário, que, como vimos, o faz surgir da identificação com a forma totalizada do Outro na fase do espelho.[59]

Se em relação ao mestre o movimento centrífugo é sutil – está

---

57 "O narcisismo primário....", p. 104. É transparente a alusão ao que Lacan troveja no debate de 23 de junho de 1966: "a situação analítica é uma situação extremamente estruturada; a expansão narcísica são (*sic*) notações fenomenológicas, que não são em absoluto fundadas (...) sobre o que está ali, na situação" (Roussan, p. 759).
58 "O narcisismo e a psicanálise, ontem e hoje", in *Narcisismo de vida...*, p. 15.
59 O fato não escapou a Lacan, que criticou o artigo, sem porém mencionar o autor. "Este procedimento acabou de convencer Green a deixar de participar do seu seminário", escreve François Duparc em *André Green*, Paris, PUF, 1997 (tradução brasileira por Mônica Seincman, São Paulo, Via Lettera, p. 58).

mais no que Green retira de sua minuciosa leitura de Freud do que na explicitação de divergências quanto a este ou àquele ponto –, em relação a Stein o tom, embora sempre respeitoso, é abertamente crítico. Não se trata, contudo, de polemizar por polemizar, e, à diferença de Lacan, Green não opõe dogmaticamente suas opiniões às do adversário. Discorda delas porque tem do narcisismo primário uma visão completamente diferente, já que o vincula por dentro ao princípio de inércia, portanto à pulsão de morte, à tendência ao desinvestimento total – que posteriormente denominará "função desobjetalizante" – e evita confundi-lo, como a seu ver faz Stein, com o narcisismo primário "libidinal", que investe o Ego e constitui o "cimento" da sua coesão.

A este respeito, convém não perder de vista que para Green nenhuma forma de narcisismo pode ser referida ao id. É este o alvo de mais uma crítica endereçada ao convidado do Seminário XIII, agora quanto ao que escreve nas "Observações sobre o Complexo de Édipo", e que visivelmente não o convenceu:

Freud não associa jamais o id a funções ou a processos que pertençam propriamente ao Ego. Ora, definir o narcisismo pelas qualidades que são a expansão ou a elação, ou qualquer outro afeto da mesma espécie, é – mesmo se referindo à indiferenciação Ego/id – falar de propriedades que só têm significação no sistema do id. É colocá-las, para definir sua pertinência ao narcisismo, numa via que não é a dos investimentos do Ego. Não basta aproximá-las da onipotência, pois a elação ou a expansão são conseqüências da onipotência, e não a operação pela qual se instaura a onipotência. Esta consiste em suprimir o poder de resistência do objeto ou do real pela denegação da dependência em relação a eles, e não pela fusão com eles" (p. 111)

Essa passagem me parece confirmar que o verdadeiro interlocutor de "O Narcisismo Primário" é Conrad Stein: a cada etapa do argumento desenvolvido por Green, encontramos uma referência ao que o viu apresentar no Seminário. E é sem dúvida um reconhecimento indireto do caráter "muito solidamente articulado" das ideias do colega que para refutá-las sinta necessidade de retomar tantos detalhes e aspectos da metapsicologia freudiana. Ora, é a propósito justamente de uma questão central na metapsicologia que o nome dele é mencionado, uma única vez, no texto que nos ocupa.

Ela se encontra no "longo desvio" empreendido para fundamentar a unidade dos vários tipos de narcisismo no plano dos fatos, e a coerência geral do conceito no plano da teoria: "o amor que o Ego atribui a si próprio [...], o retorno da libido objetal ao Ego [...], a ausência de conflito [...] conseguem constituir um *sistema fechado* e se aproximam da condição mais próxima daquilo para o que tende o Ego no sono sem sonhos", escreve Green ao tratar da origem dos investimentos primários (p. 112). As características mencionadas por extenso são as do narcisismo secundário, o qual mantém em seu nível próprio a "condição" que o aparenta ao narcisismo primário absoluto.

Ora, um sistema fechado pressupõe uma fronteira, um envoltório que o separe do que lhe é exterior. Esta é a função do para-excitações em relação aos estímulos externos, e do recalcamento em relação dos que provêm do "segundo mundo exterior" à psique, a sabe, a saber o corpo. A lógica do argumento exige, assim, uma discussão do recalcamento, e é neste contexto que encontramos a referência explícita a Stein, O problema é definir, na perspectiva de uma teoria das estruturas, exatamente o quê é separado do quê pela instauração dessa barreira. Segundo Green – e apesar de "certas citações da *Metapsicologia* à primeira vista o permitirem" –, é ilegítimo supor que, como "em certas concepções metapsicológicas recentes (Laplanche e Pontalis, Stein)", se trate dos registros da consciência e do pré-consciente, e menos ainda dos processos primários e secundários. Por quê?

> *Essa maneira de ver, se tem a vantagem de centrar as distinções num ato fundador [...], me parece correr o risco de postular aquém do recalque um caos ininteligível, que será oposto à ordem primordial a partir da qual advém o estruturado inteligível. [...]. O recalcamento seria o correspondente interno[60] do para-excitações. Nessa óptica, para alguns o narcisismo primário estaria do lado deste aquém do recalque – do lado do mundo não ordenado, ilimitado, no qual o Ego se confundiria com o cosmos [...]. Esta situação, em nossa opinião, é mais específica do id que do narcisismo. Ora, como vimos, a característica do narcisismo primário absoluto é a busca de um nível zero de excitação. A abolição total do movimento, e o refúgio contra qualquer excitação, não geram necessariamente esse sentimento de expansão, ainda que isso possa por vezes ser o caso. (p. 128)*

A objeção à hipótese avançada por Stein nas "Observações" decorre tanto da convicção de que não é pela via cronológica que se pode compreender o narcisismo primário quanto da sua concepção dos inícios da vida psíquica. Os mesmos motivos o levam a recusar que o narcisismo primário seja um estado ou uma vivência, ainda que apenas como horizonte da regressão na situação analítica. A conclusão do estudo de 1966 é taxativa: trata-se de

---

60 Green usa aqui o termo *doublure*, que designa o forro de um casaco.

uma estrutura, mas não no mesmo sentido das instâncias definidas na segunda tópica (id, Ego, superego). Eis por que é preciso relacioná-lo aos diversos eixos da metapsicologia.[61] Em particular, é necessário distingui-lo de algo com o que a literatura psicanalítica costuma relacioná-lo, a saber, o autoerotismo – e aqui o diálogo não será mais com Stein, que não tratara do assunto, e sim com Laplanche e Pontalis.

***

Em 1964, quando estavam quase terminando a redação do *Vocabulário de Psicanálise*, os dois haviam publicado um artigo intitulado *Fantasme originaire, fantasmes des origines, origine du fantasme*.[62] Nas páginas finais do ensaio, a propósito da relação privilegiada da fantasia com a sexualidade, abordam o problema do autoerotismo, cujo surgimento é em sua visão simultâneo ao da fantasia. E aproveitam a ocasião para criticar a "compreensão frequentemente errônea" deste momento no "curso real da história da criança", que consiste em "tomá-la como uma primeira fase, fechada sobre si mesma, a partir da qual o sujeito deveria atingir o mundo dos objetos". Posição facilmente rebatida por inúmeras observações "que mostram a variedade e a complexidade dos vínculos que desde o início unem o bebê ao mundo externo, e em primeiro lugar com a mãe". Ora, não é assim que Freud o caracteriza, como se pode comprovar nos *Três ensaios*:

---

61 Os estudos da década de 1970 darão continuidade a este programa. A posição final de Green quanto ao narcisismo em geral será claramente expressa no prefácio de *Narcisismo de vida, narcisismo de morte*, do qual falaremos brevemente em nossa conclusão.

62 *Les Temps Modernes*, nº 215, abril de 1964. A informação sobre a época da finalização do *Vocabulário* – interessante para a história da Psicanálise, posto que só foi publicado em 1967 – está no "Post-Scriptum 1985", acrescentado à edição do ensaio em formato livro (Paris, Hachette, 1985).

> *Quando Freud fala [...] do auto-erotismo, não tem a intenção de negar a existência de uma relação primária com o objeto. Ao contrário, indica que a pulsão só se torna autoerótica após ter perdido seu objeto [o seio, RM]. Se se pode dizer que o auto-erotismo é sem objeto (objeklos), não é em absoluto porque ele surgiria anteriormente a qualquer relação com um objeto [...], mas apenas porque o modo natural de apreensão do objeto se encontra cindido: a pulsão sexual se separa das funções não sexuais sobre as quais se apoia (Anlehnung). [...] A "origem" do auto-erotismo seria então este momento – mais abstrato que datável – no qual a sexualidade se separa de todo objeto natural, se vê entregue à fantasia e, com isso, se cria enquanto sexualidade.*[63]

Passemos sobre a justificação um tanto manca do termo usado por Freud (*objektlos*, sem objeto), pois o fato de haver *mais de um modo* de apreensão do objeto de forma alguma acarreta que *não haja objeto*, e foi justamente a existência de formulações freudianas divergentes acerca desse assunto que produziu as "compreensões equivocadas" do conceito de autoerotismo. O importante nos parágrafos que condensei na citação acima está na ideia de que o autoerotismo é o primeiro grau da sexualidade, mas não da vida psíquica em geral, ou seja, da solução que Laplanche adotará para o problema do narcisismo primário no capítulo IV de *Vie et mort en Psychanalyse*, do qual falaremos logo mais.

De momento, continuemos com Green, que aprova sem dificuldade essa leitura do autoerotismo, mas (bem à sua maneira) a

---
63 "Fantasme...", p. 70-72.

inscreve num quadro de referência "mais vasto, mais geral e mais radical". O que lhe interessa no *seu* percurso não é tanto que o momento *auto* seja o primeiro na história da sexualidade (não nutre grande simpatia pelas "reconstituições arqueológicas", como diz logo antes da crítica a Stein mencionada há pouco, e repete na discussão com os autores do *Vocabulário*), mas sim que a pulsão autoerótica seja capaz de se satisfazer a si mesma *independentemente de um objeto externo*, esteja este presente ou ausente (p. 126, grifo de Green). É esse o fundamento da distinção mencionada há pouco entre as pulsões que podem se satisfazer no próprio corpo do sujeito e as que não podem "prescindir do objeto".

O acordo com Laplanche e Pontalis cessa aqui. Na exposição deles, três pontos suscitam críticas da parte de Green. O primeiro é que, ainda que o foco do artigo de *Temps Modernes* não seja o autoerotismo, e sim a fantasia, os autores deveriam tê-lo definido mais exatamente (nota 50, p. 125). Essa negligência os conduz aos outros equívocos, mais graves na opinião de Green:

a) veem no autoerotismo "o produto anárquico das pulsões parciais", o que o situaria no grupo das pulsões sem inibição de fim (ou seja, as que buscam descarga direta, caracterizadas pelo "deslocamento constante, pela constante transformação de fim e de objeto". Ora, se o autoerotismo encontra seus objetos no corpo, isso indica que nele o objeto é conservado, a exemplo do que ocorre com as pulsões inibidas quanto ao fim.

b) daí decorre a impossibilidade de ligar o autoerotismo ao desejo, como eles afirmam, já que o desejo "é desejo de contato com o objeto" e pressupõe portanto uma distância entre este e o sujeito desejante – o que obviamente não pode ocorrer se a excitação nasce e morre no próprio corpo (p. 125-126).

Não se trata aqui de questões de detalhe: o motivo das discordâncias está, a meu ver, em que para Green o autoerotismo não é somente, nem talvez principalmente, o momento inaugural da *sexualidade*. Ele faz parte de um processo que inaugura a *subjetividade*, e é este o quadro "mais vasto e mais radical" em que convém localizá-lo:

> *antes do seu advento, no momento da perda do objeto – que até então estava apenas "fora" – o "sujeito" era essa orientação centrífuga da busca. A separação reconstitui o par [sujeito/objeto, RM] no próprio corpo do sujeito [...] [e lhe] permite se refletir* [64] *sobre si mesmo. O auto-erotismo é uma etapa no caminho dessa reflexão; representa o seu ponto de parada, a interrupção da viagem na fronteira, e por isso seria equiparável à inibição de fim descrita para as pulsões eróticas libidinais. (p. 125)*

Mas atenção: se, como sugere Freud nos *Três Ensaios*, o objeto em questão – o seio – é perdido no instante em que se torna possível à criança perceber a mãe como objeto total, a satisfação autoerótica só é possível porque a mãe continua a suprir os cuidados sem os quais essa criança morreria. *A mãe cobre o autoerotismo da criança*, sublinha Green, para frisar que não há nem pode haver etapa, estado ou o que quer que

---

[64] *Se rabattre*, termo de difícil tradução, assim como *rabattement*, que será empregado logo adiante. O teor do argumento sugere vertê-lo levando em conta a forma hegeliana da operação – negando o exterior, mas sem o ignorar nem o destruir, e sim colocando-o para dentro, com o que surge uma nova síntese. Por isso minha escolha de *reflexão*, a ser tomada numa acepção dialética. Mais adiante, Green falará de introjeção e de identificação, termos mais familiares a um leitor psicanalista.

seja "anobjetal". Ao contrário, propõe uma imagem do id "que incluiria em parte a mãe, investida primitiva e diretamente, enquanto o Ego se edificaria a partir das suas próprias possibilidades de satisfação" (p. 127).

Essa notação vem ao encontro do que afirmei no início do presente artigo quanto ao papel central desses debates sobre o narcisismo para a Psicanálise contemporânea, porque neles se podem entrever os primeiros esboços do que será o paradigma objetal, ao menos no território francês. Relembremos que o que caracteriza este paradigma (e o diferencia do pulsional) é a *função constituinte do outro real* na organização psíquica. Seria abusivo ver na citação imediatamente anterior uma ruptura com o que vigorava até então; limitemo-nos a observar que ela introduz algo que Green começará a desenvolver ainda no texto que estamos comentando, a saber seu conceito de "estrutura enquadrante". Sem que seja possível neste momento extrair dele todas as consequências teóricas e clínicas que se seguirão, seu alcance geral já é claramente percebido na seção sobre a alucinação negativa da mãe.[65]

A estrutura enquadrante se revelará essencial no estudo das patologias narcísicas e limítrofes, nas quais Green sustentará que ela está ausente, ou é muito deficitária – e se há algo que permite conceber o termo "contemporâneo" não apenas como adjetivo, mas como parte de uma expressão substantiva ("Psicanálise contemporânea"), é exatamente o papel cada vez mais central dessas afecções na clínica, na psicopatologia e na metapsicologia a partir da década de 1970.[66]

---

65 "Não podemos inferir que a alucinação negativa da mãe, sem ser de modo algum representativa de algo, tornou possíveis as condições da representação?" (p. 141).

66 Comentando o artigo sobre o narcisismo primário, François Duparc ressalta a importância do conceito de alucinação negativa da mãe no trabalho posterior de Green. Cf. *André Green*, p. 58-60.

Na arquitetura de "Narcisismo primário...", após a breve menção à mãe real no curso do debate com Laplanche e Pontalis, o tema fica de certa forma em suspenso: Green conclui esta primeira referência ao autoerotismo afirmando que ele se inscreve "na linhagem dos fenômenos nos quais o corpo toma o lugar do mundo externo", obviamente em relação à psique. Daí que seu percurso tenha de passar pela constituição da "barreira de proteção interna" em que consiste o recalcamento, a qual, por sua vez, é precedida por movimentos psíquicos mais arcaicos. Trata-se de dois destinos pulsionais, a inversão no contrário e o retorno para a própria pessoa, que Freud discute em "Pulsões e destinos de pulsão". Nosso autor vê neles duas facetas de uma mesma operação (a "decussação primária"), cujo resultado é o estabelecimento da "primeira diferença" entre o dentro e o fora (p. 127-139).

Qual é a relação desses desenvolvimentos com o problema do narcisismo? A análise de François Duparc nos ajuda a compreendê-la: em primeiro lugar, eles concernem à organização progressiva do Ego, alvo do "amor por si mesmo", em que consiste o aspecto mais visível do narcisismo primário "não absoluto", ou libidinal Neste processo, que culmina na "transformação do narcisismo primário em defesa do Ego", intervêm três fatores:

a) o autoerotismo enquanto investimento do "objeto do objeto", ou seja, o corpo próprio do bebê, na medida em que também é um objeto sexual para a mãe;

b) a dupla inversão pulsional, que permite tratar o que é externo como interno e vice-versa;

c) a unificação dos aspectos parciais do objeto, concomitante à apreensão global do seu Ego pela criança (estágio do espelho). Sem recusar a descrição lacaniana, Green ressalta neste processo a percepção de uma autonomia e de uma perfeição emprestadas do objeto-mãe. Conclui Duparc:

> *o ponto essencial da teoria de Green é, pois, este momento em que o sujeito criança pode negativar a presença da mãe, a fim de criar para si, a partir dessa presença, uma estrutura enquadrante que lhe permitirá formar o fundo em que virão se inscrever suas representações e o jogo do seu auto-erotismo. [...] Com efeito, o que é emprestado do objeto [...] é o sentimento de uma auto-suficiência, de uma unidade do Ego [...] Assim se explicam ao mesmo tempo o aspecto auto-suficiente do narcisismo e sua estreita dependência face ao objeto.[67]*

A página final do artigo apresenta sinteticamente as posições de Green quanto ao narcisismo primário. Contrariamente ao que afirma "a maior parte dos autores", ele não é um estado, mas uma estrutura, e, ainda contrariamente a essa maioria, é preciso levar em conta a vertente que o aproxima da pulsão de morte. Para tornar convincente tal tese, era necessário mostrar a ação daquela tendência em "diversos temas da metapsicologia", dos investimentos primários e da separação entre o id e o Ego até os mecanismos primitivos de defesa e o autoerotismo, cujo estudo conduz, entre outras coisas, ao conceito de alucinação negativa da mãe.

Postas essas bases, Green pode afirmar que o narcisismo do Ego é, como diz Freud, secundário, e vincula-se ao autoerotismo como "situação de auto-suficiência". Já o narcisismo primário é o Desejo do Um, "aspiração a uma totalidade auto-suficiente e imortal cuja condição é o auto-engendramento, morte e negação da morte ao mesmo tempo" (p. 147).

Não é o caso de prosseguirmos o estudo do que Green tirará das conclusões do texto de 1966: o leitor que se dispuser a acompanhar

---

67 Cf. Duparc, op. cit, p. 59-61.

na ordem cronológica os capítulos de *Narcissisme de vida, narcisismo de morte* poderá ver como eles o conduzem à sua posição definitiva sobre o tema, que, como afirmei antes, se encontra no prefácio do livro. A leitura a que procedemos é suficiente, parece-me, para justificar a hipótese de que sua atenção foi provavelmente atraída para o narcisismo primário pelos embates a que este deu lugar durante o Seminário XIII.

Sua forma de esclarecer para si mesmo as questões então discutidas foi redigir uma longa resposta às posições de Conrad Stein, sem, no entanto, se limitar a repetir as de Lacan. O resultado vai muito além do ponto em que se situavam os dois contendores de então: Green não apenas percorre em todas as direções a obra de Freud, mas ainda extrai da leitura uma tese original sobre o narcisismo primário (seu vínculo com a pulsão de morte) e outra sobre a constituição do sujeito (a alucinação negativa da mãe). Ambas contribuem para orientar suas pesquisas numa direção diferente da seguida por Stein, e que com o correr dos anos o levará, assim como ocorre com aquele, a construir o que será sua obra madura.

E Jean Laplanche? Em sua releitura de Freud, ele também se depara com os enigmas do narcisismo primário, e a exemplo dos seus colegas, a forma como os resolve também terá importância para o desenvolvimento das suas concepções pessoais. Ela se encontra no capítulo IV de *Vida e morte em Psicanálise*, para o qual voltaremos agora nossa atenção.

***

Tendo se afastado de Lacan na cisão de 1963, Laplanche não acompanhou os debates do Seminário XIII, ocorridos três anos depois. Embora seja plausível supor que tenha tomado conhecimento dos artigos de Stein e de Green que estudamos no presente trabalho, não os menciona nas conferências reunidas em *Vida e morte...*[68]. Redigidas após a publicação do *Vocabulário de Psicanálise* (1967), elas visam a "[esboçar] uma história dos remanejamentos de conjunto da obra [freudiana], da passagem de um certo equilíbrio ou de um certo desequilíbrio estrutural a um outro estado do pensamento. [...] Qual é então o fundamento último desses remanejamentos? [Seria] uma exigência fundamental, uma invariância que permanece através de transformações no entanto espetaculares?" (p. 9).

O projeto de Laplanche se diferencia do de Stein e do de Green por se situar essencialmente no plano conceitual. Se por um lado considera indispensável manter no horizonte a raiz clínica da Psicanálise, se é como analista que interroga a obra de Freud, por outro é certo que sua perspectiva busca se afinar a algo que para ele é evidente: "sob certos aspectos, o pensamento freudiano se apresenta como um pensamento *filosófico* que evolui segundo sua necessidade própria" (p. 9). De onde a tese que procurará demonstrar: é possível "restituir uma estrutura do pensamento freudiano, para além das suas figuras sucessivas [...], extrair as linhas principais e constantes da problemática freudiana, para em seguida tentar uma interpretação desta problemática que a reduza aos seus elementos mais radicais" (p. 9-10).

Com essas premissas, bem diversas das de Stein e um bom tanto diferentes das de Green, Laplanche se deterá em três desses "elementos radicais": a sexualidade, o Ego, e a pulsão de morte. E é ao examinar as articulações deles que, a certa altura, encontra o osso duro de roer do narcisismo primário; convém, então, dar uma rápida ideia de como chega a ele.

---

68 *Vie et mort en psychanalyse*, Paris, Flammarion, 1970. No que se segue, as indicações de página se referem a essa edição. Os colchetes foram introduzidos para maior clareza, já que me limitei a citar o que me parece relevante para nosso objetivo atual. Todos os termos em itálico figuram assim no original.

No início do capítulo III, "O Ego e a ordem vital", Laplanche coloca um resumo das conclusões a que chegou nos precedentes, que abordam a sexualidade. Como já ficara estabelecido no texto sobre as fantasias originárias, por um lado ela "surge por desvio e reversão auto-erótica dos processos vitais" – mas por outro "aparece implantada no filhote de homem a partir do universo parental, das suas estruturas, das suas significações e das suas fantasias." (p. 79). Apesar de Laplanche declarar que "evidentemente, se trata de duas faces de um mesmo processo – interiorização do auto-erotismo e constituição deste "corpo estranho interno", a fantasia, fonte contínua da pulsão sexual", não nos tornaremos culpados de anacronismo, creio, se virmos nessa formulação sua maneira de descrever o que nesse momento da história da Psicanálise já se tornara evidente: há em Freud a sobreposição de duas visões dificilmente conciliáveis quanto à origem do Ego e do sujeito, que têm impacto direto sobre o modo como deve ser concebida a relação deles com o objeto, e portanto sobre a teoria do funcionamento psíquico no seu conjunto. É essa divergência que está na base da formação dos dois paradigmas que, em nossa terminologia, denominamos "pulsional" e "objetal".

No primeiro, o desenvolvimento psíquico se dá de modo essencialmente endógeno e centrífugo – Laplanche fala em "eflorescência" da sexualidade a partir da ordem vital –, enquanto o segundo postula que sem a presença real e material do outro ser humano o psiquismo simplesmente não se constitui. Os termos de "intrusão" e "efração" com os quais caracteriza o resultado do encontro da psique infantil com o universo adulto serão uma constante no pensamento de Laplanche e, após um longo percurso, virão a desembocar na teoria da sedução generalizada. Aqui, ele se limita a observar que "a ordem vital é *infestada* pela sexualidade. Infestada, mas também *sustentada*" (p. 79-80, grifos no original).

No que se refere à origem do Ego, sobre a qual falamos a propósito da tese de Lacan, Laplanche toma partido em favor da teoria que a vincula à identificação. O que o leva a criticar abertamente a escola da *ego-psychology*, que adere à visão oposta: o Ego surgiria por "diferenciação progressiva, superficial, de um certo aparelho psíquico a partir do contato com a realidade, contato cujo ponto de partida reside na percepção e na consciência, ponto de junção privilegiado entre o indivíduo orgânico e o mundo exterior" (p. 84).

A essa derivação metonímica (por *contiguidade*, portanto por *continuidade*), Laplanche opõe a que denomina metafórica: o Ego não é um prolongamento do indivíduo orgânico, mas um *deslocamento* dele para outro lugar, a realidade intrapsíquica. No momento desse deslocamento, ocorre a identificação primária a uma imagem que é simultânea e indissoluvelmente "imagem de si e do outro" (p. 85). Tendo assim subscrito a tese lacaniana da fase do espelho, Laplanche procede ao exame da "problemática metafórica do Ego" por meio de três momentos da obra freudiana: o Projeto de 1895; o artigo de 1914 sobre o narcisismo; e uma rápida menção a "Luto e melancolia".

Dessas análises, que ainda hoje conservam um interesse considerável, interessa-nos aqui o modo como nosso autor equaciona e resolve o problema do narcisismo primário. Após lembrar que, "Para introduzir o narcisismo", confirma diversas observações clínicas anteriores sobre o narcisismo em suas relações com a teoria do desenvolvimento (homossexualidade) e com a psicopatologia (perversões, psicoses), ele assinala que esse artigo estabelece um "entrecruzamento" entre áreas da metapsicologia até então relativamente independentes, a saber a tópica e a doutrina das pulsões. Contudo – e aqui sua posição é semelhante à de Green em "Narcisismo primário" – Laplanche sustenta que o artigo contém um questionamento da teoria em seu conjunto (cap. IV, p. 106). Por quê? Pelo alcance das consequências que decorrem das "três proposições" em que, segundo ele, consiste a tese de Freud:

a) "o narcisismo é um investimento libidinal de si, um *amor de si*;

b) mas este investimento libidinal de si passa necessariamente por um *investimento libidinal do Ego*;

c) tal investimento libidinal do Ego é inseparável da *constituição* mesma *do Ego humano*" (p. 107).

É precisamente neste ponto que emerge a questão do narcisismo primário. Laplanche (como Green) cita *in extenso* a passagem em que Freud introduz o conceito:

> *Formamos assim a representação de um investimento libidinal originário do Ego; mais tarde, uma parte dele é cedida aos objetos, mas, fundamentalmente, o investimento do Ego persiste e se comporta frente aos investimentos objetais como o corpo de um animálculo protoplasmático quanto aos pseudópodes que emite.*[69]

Seu comentário também ecoa o de Green: "narcisismo originário, narcisismo primário, eis aqui uma das noções mais enganosas, uma daquelas que, em sua aparente evidência, exigem mais imperiosamente uma *interpretação*" (p. 110). Em resumo, essa interpretação oporá a "versão 1914" do narcisismo originário à que encontramos em "Dois princípios do funcionamento psíquico" (1911). Neste texto, Freud lança a ideia de uma evolução do psiquismo a

---

[69] "Zur Einführung des Narzissmus", SA III, p. 44; "Introducción al narcisismo", BN II, p. 2019; apud Laplanche, p. 110.

partir de um primeiro estado hipotético de isolamento em relação ao ambiente. Laplanche distingue cuidadosamente essa visão "monádica" do narcisismo primário – da qual, diz, Freud procura às vezes derivar a aparição de "funções de realidade como a percepção, o julgamento, a comunicação etc." – da posição bem mais complexa que sua leitura revela em "Para introduzir o narcisismo".

As dificuldades da tese de "Dois princípios" são, para ele, múltiplas e insolúveis. Na versão mais radical dela, frente à "pressão das necessidades internas" a mônada começaria por "alucinar a satisfação"; mas como isso não faz cessar tal pressão, ela se veria "forçada a abandonar esta posição cômoda e aparentemente inexpugnável". Como isso seria possível, questiona Laplanche, se por definição a dita mônada ignora a existência mesma de uma realidade exterior? Ela sucumbiria rapidamente, como, aliás, Freud reconhece na famosa nota (também citada por Green) na qual propõe uma versão atenuada da sua "ficção": esse sistema "encerrado em si mesmo" seria constituído pelo recém-nascido mais os cuidados maternos.

Enquanto intérprete benevolente, Laplanche salva Freud tomando ao pé da letra o termo "ficção" – "Freud não está em absoluto apresentando uma descrição concreta do estado pré- ou neo--natal" (p. 111-112). Mas, como bom filósofo, não deixa de apontar o cerne do problema: "a questão é saber se se pode afirmar a *gênese real* da relação objetal unicamente pela pressão da necessidade interna, e unicamente pela via da satisfação alucinatória" (p. 112). A resposta – como no argumento clássico contra o solipsismo – é negativa: nada, "nesta noção altamente problemática", remete a uma contradição que permitisse sair do estado de "estagnação libidinal" a que se resumiria a existência de um tal sistema.

O que, com efeito, pode significar a expressão "satisfação alucinatória"? Os dois termos se prestam a equívocos: *satisfação* remete a sensações como a de saciedade ou de bem-estar, impossíveis de experimentar a menos que seja efetivamente apaziguada a "pressão interna". Já a *alucinação* pressupõe um elemento da ordem da representação, mesmo que mínimo ou rudimentar: de onde viria ele, senão de uma primeira cisão, de uma primeira diferença entre o "sistema" e aquilo que ele supostamente representa, e que só pode provir do exterior? Proveniência misteriosa, e obviamente inexplicável se o estado "anobjetal" for considerado *originário*.

Por fim, se é complicado supor uma "alucinação da satisfação" (pois não pode haver alucinação de sensações), nada nos impede de imaginar uma "satisfação pela alucinação", como no sonho. Porém – xeque-mate – a referência ao sonho supõe a ação de processos psíquicos bem mais complexos, que de modo algum se poderiam atribuir à "*soi-disant* mônada narcísica" (p. 113). Conclusão: "o narcisismo primário, como realidade psíquica, só pode ser o grande mito primário do retorno ao ventre materno, roteiro que Freud às vezes inclui explicitamente no rol das grandes fantasias originárias" (p. 113).

Se a versão do narcisismo primário demolida por essas considerações faz parte do "grande mito biológico de Freud", a que Laplanche extrai do texto de 1914 sugere outra, bem mais plausível: não se trata do investimento originário do indivíduo biológico, mas do investimento de uma *formação psíquica*, a saber o Ego. "De onde esta conclusão, imperativa em sua simplicidade: se o Ego não está lá desde o início, o narcisismo, não obstante sua qualificação de "primário", tampouco existe desde o início. Mas permanece a questão de saber por qual necessidade tanto o narcisismo quanto o Ego devam se dar a nós, miticamente, como originários" (p. 113).

A solução proposta por Laplanche – que nesta passagem deixa em suspenso a questão evocada – passa pelo autoerotismo. Desde o texto sobre as fantasias originárias, está perfeitamente estabelecido que este não é um "estado anobjetal primário", mas sim o resultado do duplo movimento de desvio/reversão de "atividades funcionais que desde o começo estariam orientadas para uma certa objetalidade". É a partir do autoerotismo que, "mediante uma nova ação psíquica", vem a se formar o narcisismo. Ou seja, se o autoerotismo é o momento inaugural da *sexualidade*, nem por isso é o momento inaugural da *existência*; por sua vez, o narcisismo é o momento inaugural do *Ego*, e, "por mais primário que seja, aparece como preparado por um processo já complexo" (p. 115).

Tal processo pressupõe a proximidade e a função constituinte do outro humano, enquanto propiciador seja dos "cuidados maternos" (Freud), seja da primeira identificação estruturante (Lacan). A opção de Laplanche pelo que chamo de "paradigma objetal" é confirmada pela forma como analisa um aspecto essencial do narcisismo, que Freud apresenta no texto de 1914: seu papel na escolha de objeto. Em resumo, em toda relação amorosa – mesmo que o objeto seja escolhido por apoio –, há um componente narcísico, que se manifesta na superestimação e na idealização do parceiro. Aqui Laplanche se mantém rente ao texto de Freud: "a superestimação sexual [...] provém certamente do narcisismo originário da criança, e responde assim, a uma transferência deste narcisismo para o objeto", lemos em "Para introduzir o narcisismo"[70].

Ora, qual a origem – nessa perspectiva – do "narcisismo originário da criança"? Não mais um processo endógeno, como poderia ser a unificação das pulsões autoeróticas no objeto total "corpo próprio", "si mesmo", ou qualquer outra representação engendrada na e pela psique infantil, mas a projeção do narcisismo infantil dos pais sobre o seu filho: "Sua Majestade o Bebê" polariza a idealização e o sentimento de onipotência neles presentes desde a época em que eles mesmos eram bebês.

---

70 SA III, p. 57; BN II, p. 2027.

Mas essa afirmação não correria o risco da regressão ao infinito, o narcisismo infantil desses pais derivando do narcisismo infantil dos *seus* pais, e assim em diante até Adão e Eva? Laplanche sugere inverter a fórmula, com o que sublinha o papel constituinte do outro: na base dos "estados narcísicos megalomaníacos" da criança, encontrar-se-ia a introjeção da onipotência parental, com a qual ela se identifica porque depende por completo dos pais e, portanto imagina-os como *realmente* onipotentes. E vem a martelada final no caixão do narcisismo primário "anobjetal":

> *Assim, a rápida descrição da relação narcísica originária se apresenta como um chamado à ordem, leve inflexão no leme que vem se opor a uma inclinação sempre renovada a assimilar o narcisismo primário a um estado psicobiológico anobjetal que teria efetiva e subjetivamente existido numa primeira etapa. (p. 122)*

A evidente preferência de Laplanche pela teoria da formação do Ego na vertente identificatória não o impede, porém, de tentar salvar a "outra" teoria, a que o vê como órgão de superfície no aparelho psíquico. Mas o faz de um modo que, no fundo, remete essa segunda teoria à primeira: ele não emerge do id como se fosse um botão (*bourgeon*) no caule de uma planta exposta a boas condições de umidade e insolação, nem sua relação com a percepção é de efeito e causa, como pretende (mais uma vez) a escola da *ego-psychology*.

O fulcro desta posição de Laplanche – que à primeira vista parece contradizer o que Freud escreve em outros textos sobre a relação da percepção com o Ego – me parece residir no fato de que, neste passo, o termo *percepção* não alude a uma capacidade ou faculdade genérica, mas sim a *certas percepções específicas*, entre as quais a principal é a "da imagem do semelhante" (p. 128), "indissoluvelmente ligada à de si" (p. 85). O que não o impede de reconhecer o papel que desempenham na gênese do Ego tanto a existência da capacidade geral de perceber como o privilégio de certas *espécies de percepção*, como as visuais (fase do espelho), as tácteis (sensibilidade da pele) e as acústicas (no processo da introjeção das normas e dos interditos parentais, ou seja, na formação do superego).

Mas essa discussão já extrapola os limites do presente artigo. Contentemo-nos em assinalar que nosso excurso pelo argumento de *Vida e morte em Psicanálise* permite pensar que essas conferências representam, no trajeto de Laplanche, um momento equivalente ao das "Observações sobre o complexo de Édipo" no de Stein, e do texto sobre o narcisismo primário no de André Green: uma elaboração já avançada de concepções pessoais, baseada na forma que assume em cada autor o retorno a Freud. Nessa elaboração, os três se defrontam com o problema do narcisismo primário, e, para concluir nosso percurso, gostaria de formular algumas hipóteses sobre os motivos e os limites dessa semelhança.

À guisa de conclusão

Em primeiro lugar, cabe destacar a influência de Lacan, e isso sob dois aspectos: por um lado, o poder galvanizador do projeto de retomar Freud, e por outro a convicção de que este projeto precisava ser realizado de modo mais preciso do que o fizera o mestre da rue de Lille. Já aqui se notam algumas diferenças: Green e Laplanche tomam o *corpus* freudiano como um sistema de teses a serem investigadas e eventualmente depuradas de certas inconsistências, enquanto Stein se preocupa com o caminho que conduziu Freud a elas, caminho que segundo ele se enraíza essencialmente na sua autoanálise. Essa perspectiva – completamente ausente do horizonte dos alunos de Lacan – determina os rumos da sua "exegese", que ao longo dos anos, frutificará da maneira como vimos.

Uma segunda diferença, a meu ver das mais importantes, é que Stein não demonstra maior interesse pela Psicanálise de língua inglesa, enquanto seus colegas acompanham com atenção – embora não da mesma maneira – o que se passa na Grã-Bretanha e nos Estados Unidos. Já no texto sobre a fantasia, Laplanche discute as ideias de Susan Isaacs; em *Vida e morte*..., menciona Melanie Klein, de quem falará com frequência na série das *Problemáticas*, e, de modo mais crítico, os Independentes britânicos (a propósito do conceito de *Self*, do qual não tratamos aqui). Quanto a Green, nos artigos reunidos no livro de 1982 encontramos referências às concepções do narcisismo propostas por Heinz Hartmann, Heinz Kohut, Otto Kernberg, Herbert Rosenfeld e outros e com uma crítica velada a Donald Meltzer, Hanna Segal, Winnicott e Bion, que, no seu entender, se equivocam ao falar pouco ou nada dele.

Para além das preferências individuais, é preciso reconhecer que dos nossos três autores foi Green o que mais se aprofundou no estudo do narcisismo. Segundo ele, trata-se de uma "instância consistente", de um conjunto de estruturas ou subestruturas responsável por um tipo de transferência no qual "o narcisismo está no centro do conflito"[71] e que desempenha um papel de relevo em afecções como a depressão, as neuroses de caráter, as patologias psicossomáticas e os casos-limite, além do componente narcísico presente na transferência neurótica usual.[72] Essa posição central do narcisismo na vida psíquica exige estudá-lo em relação a outros aspectos dela – o que começa a fazer no texto de 1966 – e

---

71 "O narcisismo e a Psicanálise, ontem e hoje", in *Narcisismo de vida, narcisismo de morte*, p. 16.
72 Idem, p. 18.

sobretudo em relação à pulsão de morte, à qual se vinculam diferentes modalidades do negativo presentes na psique.

Tocamos aqui o nervo de uma terceira diferença entre nossos autores, agora entre Green e Laplanche. Para este último, que nos textos aqui examinados (e em boa parte do que escreveu nos quinze anos seguintes) opera essencialmente com as tensões internas à obra de Freud, é suficiente demonstrar que o conceito de narcisismo primário anobjetal não se sustenta porque sofre de contradições insanáveis. Já Green, em cuja perspectiva as organizações não neuróticas estarão cada vez mais presentes, reserva ao narcisismo primário "absoluto" (como expressão da pulsão de morte) um lugar de destaque na vida psíquica, e empreende um esforço considerável para o integrar numa metapsicologia na qual a dimensão narcísica se apresenta operando em diferentes registros e participando na causação de fenômenos de diversas ordens.[73]

Segundo ele, para abordar essas e outras questões centrais na Psicanálise como teoria e como prática, torna-se necessário um "pensamento do par" tanto na gênese do psiquismo como no trabalho clínico, pensamento este que não preocupou Freud, mas que representa o "novo nos últimos decênios":

> *Se a metapsicologia silenciosa das relações Self-objeto foi progressivamente se impondo, é porque ela esclarece melhor os aspectos clínicos da Psicanálise contemporânea, que os modelos clássicos da teoria freudiana só explicam de modo muito imperfeito. Dito de outro modo,*

---

[73] Veja-se, por exemplo, a passagem de "Um, outro, neutro" (1976), na qual sumariza os "destinos" do narcisismo primário: por um lado, rumo à escolha de objeto; e, por outro, rumo ao "narcisismo primário absoluto, no qual a excitação tende ao zero, sem jamais o atingir" (*Narcisismo de vida...*, p. 63).

a psicologia de Freud é demasiado limitada por seu referente, a neurose – e sobretudo a neurose de transferência. (p. 22)[74]

Traduzida na terminologia que utilizo em *O tronco e os ramos*, a afirmação de Green significa que nas origens desta "Psicanálise contemporânea" encontra-se uma *matriz clínica* diferente da que serviu a Freud para construir os modelos metapsicológicos que mais utilizou (os baseados na histeria e na neurose obsessiva). É certo que ele também nos deixou outros dois – um a partir das psicoses, outro a partir da melancolia – mas, como demonstra Paul Bercherie em seu livro, não os desenvolveu de forma tão sistemática quanto os derivados da(s) neurose(s) de transferência.

São justamente estes modelos que constituem a base metapsicológica do paradigma objetal. Os "aspectos clínicos" das patologias de que eles derivam remetem à problemática do narcisismo; é natural que esta tenha suscitado o interesse de diversos autores, cujas investigações os conduziram também (não exclusivamente, mas *também*) às dificuldades inerentes ao conceito de narcisismo primário.

Eis aqui uma quarta diferença, que, no fundo, é um corolário da primeira, a que separa os dois discípulos de Lacan de Conrad Stein. Este, como vimos, não tem grande interesse por este gênero de questões, e sua forma de compreender a Psicanálise (como "retomada por cada psicanalista, à sua maneira, do caminho de Freud") na verdade as exclui. A leitura dos seus escritos mostra que

---

[74] Seria absurdo concluir desta passagem que Green considere a "psicologia de Freud" ultrapassada, ou inútil para orientar a atividade dos psicanalistas atuais. Basta ler a continuação do parágrafo para perceber isso; contudo, toda a sua obra representa um esforço para integrar as conquistas do freudismo numa teoria capaz de ir além delas, sem as transformar em dogma religioso, mas sem tampouco as renegar.

seu interlocutor permanente é o fundador – o que não o impede de reconhecer o papel inspirador de Lacan, nem de se referir ocasionalmente a Ferenczi ou a certos autores franceses da sua geração. Porém sua maneira de ler o *corpus* freudiano – evitando tomá-lo como um "catálogo de proposições" e definindo o campo da Psicanálise como "exclusivamente interpretativo" – o afasta tanto da análise epistemológica à maneira de Laplanche como da temática psicopatológica tão fundamental no pensamento de Green.

Nada disso, contudo, retira do debate entre ele e Lacan o caráter de um momento-chave na história da Psicanálise. Hegel falava de uma "astúcia da Razão", pela qual as ações dos homens vêm a transcender em muito suas intenções e objetivos imediatos, e produzem efeitos que eles não têm qualquer possibilidade de imaginar. É o que, a meu ver, ocorreu naquelas sessões épicas do Seminário XIII: embora no calor do momento nem um nem outro pudessem se dar conta disso, nele se opunham argumentos e posições cujos ecos ainda não terminaram de se fazer ouvir.[75]

Enquanto catalisadores do estudo de Green (e de outros autores) sobre o narcisismo primário, essas posições e esses argumentos funcionaram – ao menos na França – como uma pedra lançada à água, provocando ondas que, ao contrário das físicas, não foram desaparecendo em silêncio. Nós somos herdeiros dessa profunda transformação no panorama da Psicanálise, da qual o livro de Danièle Brun veio oportunamente resgatar uma das primeiras expressões.

---

75 E não apenas no domínio francês. O leitor que se interessar pelo que nesse sentido fizeram os analistas de língua inglesa poderá consultar, entre dezenas de outros, os trabalhos reunidos na coletânea *Essential Papers on Narcissism* (Andrew P. Morrison, ed., Nova York, New York University Press, 1985). Não me parece em absoluto uma coincidência que a data de publicação deste volume seja muito próxima da de *Narcisismo de vida, narcisismo de morte*.

Referências

ALLOUCH, J. Stein chez Lacan, Lacan chez Stein. In Danièle Brun (org.), *Psychanalyse et transmission*, Paris: Etudes Freudiennes, 2012, p. 170.

BALINT, M. (1935). Critical notes on the theory of the pregenital organisations of the libido. In *Primary love and psychoanalutic technique*. Londres: The Hogarth Press, 1952.

_____. (1937). Early developmental stages of the ego: primary object-love. In *Primary love and psychoanalutic technique*. Londres: The Hogarth Press, 1952.

BERCHERIE, P. *Génèse de conceitos freudiens*, Paris, Navarin, 1985.

MEZAN, R. *O tronco e os ramos*. São Paulo: Companhia das Letras, 2014.

BRUN, D. *Rester freudien avec Lacan*. Paris: Odile Jacob, 2016.

DUPRÉ, F. *La solution du passage à l'acte*. Paris: Érès, 1984.

DUPARC, F. In *André Green*. Paris: PUF, 1997 (tradução brasileira por Mônica Seincman). São Paulo: Via Lettera, p. 58.

FREUD, S. Para introduzir o narcisismo. SA III, p. 41 e 43, BN II, p. 2017 e 2018.

_____. Zur Einführung des Narzissmus. SA III, p. 44. Introducción al narcisismo. BN II, p. 2019; apud Laplanche, p. 110.

_____. SA III, p. 57; BN II, p. 2027.

GAUCHET, M. *L'Enfant imaginaire*. 2019.

GREEN, A. *Narcissisme de vie, narcissisme de mort* "L'objet *a* de Jacques Lacan", *Cahiers pour l'analyse* nº 3, 1967. A "conferência admirável" de Green pode ser lida na transcrição de M. Roussan, p. 101-134, e o "vivo agradecimento" do mestre figura na p. 135.

_____. "L'objet *a* de Jacques Lacan", *Cahiers pour l'analyse* nº 3, 1967. A "conferência admirável" de Green pode ser lida na transcrição de M. Roussan, p. 101-134, e o "vivo agradecimento" do mestre figura na p. 135.

_____. (1966-1967). Le narcissisme primaire: structure ou état. In *Narcissisme de vie, narcissisme de mort*. Paris: Payot, 1982, p. 12 (tradução brasileira por Claudia Berliner). *Narcisismo de vida, narcisismo de morte*. São Paulo: Escuta, 1995, p. 14.

ALLOUCH, J.*Stein avec Lacan*, p. 172.

DONNET, Jean-Luc. propôs uma bela análise deste escrito: "Retrouvaille de la doublé rencontre", disponível no volume que reúne as contribuições à Jornada de homenagem a Stein de 2011 (*Pychanalyse et transmission*).

LACAN, J. (1953). Fonction et champ de la parole et du langage en psychanalyse.In *Écrits*. p. 298.

_____. (2020). Jean Allouch (*Stein avec Lacan*). p. 172.

_____. (1985). *Écrits*, p. 179. Citado por Philippe Julien, *Le retour à Freud de Jacques Lacan*, Paris, E.P.E.L., 2. ed., 1990, p. 63.

_____. (1933). Motifs du crime paranoïaque: le crime des soeurs Papin. In *De la psychose...*, p. 397.

_____. (1936) Uma lista não exaustiva incluiria "Além do princípio de realidade"; "Da agressividade em Psicanálise" (1948); a segunda versão do texto sobre o estágio do espelho (1949); a conferência feita na Sociedade Britânica em 1951, "Some Reflections on the Ego"; os Seminários II (*O ego na teoria psicanalítica*) e III (*As psicoses*); e uma boa dúzia de outros trabalhos.

_____. (1978). "A relação narcísica e imaginária é a segunda grande descoberta da Psicanálise", afirma ele em "Le mythe individuel du névrosé" (cf. *Ornicar?* n° 17/18, p. 293. P. Julien, a quem devo a referência ("L'origine de la tríade lacanienne", *Etudes Freudiennes* n° 33, p. 64), lembra que a outra "grande descoberta" é a ordem simbólica, equiparada ao Complexo de Édipo.

LAPLANCHE & PONTALIS "Fantasme originaire, fantasmes des origines, origine du fantasme" - *Les Temps Modernes*, n° 215, abril de 1964. A informação sobre a época da finalização do *Vocabulário* – interessante para a história da Psicanálise, posto que só foi publicado em 1967 – está no "Post-Scriptum 1985" acrescentado à edição do ensaio em formato livro (Paris, Hachette, 1985).

_____. *Vie et mort en psychanalyse*. Paris: Flammarion, 1970.

MEZAN, R. "Trois conceptions de l'originaire", *Etudes Freudiennes* n° 32, 1991, p. 159-198, (Tradução brasileira em *Figuras da Teoria Psicanalítica*, São Paulo, Casa do Psicólogo, 2011, p. 83-129).

MORRISON, Andrew P. *Essential papers on narcissism*. Nova York: University Press, 1985.

RICOEUR, P. Seu texto, intitulado "O consciente e o inconsciente", encerra o evento. Cf. *El inconsciente: el coloquio de Bonneval*. México: Siglo Veinteuno, 1970, p. 444-454.

ROUDINESCO, E. *Histoire de la psychanalyse en France*. Paris: Seuil, 1985, vol. II, p. 398.

_____. *Lacan – esboço de uma vida, história de um sistema de pensamento*, São Paulo: Companhia das Letras, 1994, p. 77-79.

STEIN, C. (1964). La situation analytique: remarques sur la régression au narcissisme primaire et le poids de la parole de l'analyste. *Revue Française de Psychanalyse*, 1964, 28:2, p. 235-250.

_____. (1964). Transfert et contre-transfert, ou le masochisme dans l'économie de la situation analytique. *Revue Française de Psychanalyse*, 1966. 30:3, p. 177-194.

_____. L'enfant.... - "De la prédiction du passé", in *La mort...*, p. 72.

_____. - Essa ideia faz parte do arsenal teórico de Stein desde o início da década de 1960. Cf. a comunicação que apresentou ao XXII Congresso de Psicanalistas de Línguas Românicas em 1961 ("L'identification primaire", in *La mort d'Oedipe*, p. 145-154).

_____. Pela conferência "La castration comme négation de la féminité", de 1960, que incluiu em *La mort d'Oedipe*.

_____. Entre eles, "Le père mortel et le père immortel" (*L'inconscient* nº 5, 1968); "Sur l'écriture de Freud" (*Etudes Freudiennes* nº 7-8, 1974); "L'émergence" (EF nº 9-10, 1975); "Le désir d'immortalité" (EF nº 11-12, 1976); "Le premier écrit psychologique de Freud" (EF nº 15-16, 1979). Uma tradução brasileira do segundo destes trabalhos pode ser encontrada em *O Psicanalista e seu ofício*. São Paulo: Escuta, 1988.

_____. Une conférence sur l'identification à Freud. In *La mort...*, p. 77.

VALABREGA, Jean-Paul. Comment survivre à Freud?. *Critique* nº 224, janeiro de 1966, e Michel Tort, "De l'interprétation, ou la machine herméneutique", *Les Temps Modernes*, 237 e 238 (fevereiro e março de 1966).

VIDERMAN, Serge. (1970). *La construction de l'espace analytique*, França: Gallimard, 1982.

8. A antropofagia do objeto. Desconstrução e Reconstrução

Ana Maria Sigal

Em psicanálise, quem teria a leitura autorizada, a leitura justa que interpretaria sem erros aquilo que Freud nos oferece como legado? Nenhum de nós. Pensando então no trabalho específico que me levaria a discutir as relações de objeto como as interpreto, e considerando o nome desta mesa, que se refere ao contraste de concepções, me surgiu a necessidade de colocar meu pensamento em um contexto mais amplo e também o desejo de mostrar de que modo a metapsicologia se encarna na minha clínica. Faz algum tempo venho pensando nos pilares da teoria, variantes e invariantes nos diferentes autores. Ousei chamá-los de *os inegociáveis da psicanálise,* mas já me vi na necessidade de modificar minha proposição inicial à medida que tomava em consideração pontos de vista diversos dos meus. De toda maneira, quero deixar claro que são conceitos que para *minha* leitura são fundantes. Tento assim identificar até que ponto certos conceitos são deslocados num leque que, de tão amplo, poderia acabar constituindo outro referencial teórico, fora do que se inscreveria no campo psicanalítico.

Entendo que é possível ler Freud e os pós-freudianos partindo da ideia de que os caminhos percorridos por diferentes autores, criando ou não escolas, estão enunciados em Freud. Cada pronunciamento teórico lê ou deixa de ler certos parágrafos, omite ou ressalta alguns conceitos e dá a outros o valor fundante.

Participo, desde sua fundação, do *Movimento Articulação das Entidades Psicanalíticas Brasileiras,1* iniciado no ano 2000 e do qual tomam parte 18 instituições de formação de diferentes escolas que trabalham pela defesa e a não regulamentação da psicanálise. Este movimento foi criado em resposta a uma tentativa de regulamentar a Psicanálise feita pela SPOB (Sociedade Psicanalítica Ortodoxa do Brasil), grupo de origem evangélico, que apresentou um projeto no Congresso Nacional para regulamentar a Psicanálise. A base de sua proposta era outorgar o título de psicanalista, propondo como base da formação o tripé com o qual as diferentes instituições trabalham: análise pessoal, estudo da teoria e clínica supervisionada. Só que a forma como o projeto aplicava essas premissas deturpava a essência da Psicanálise. Na teoria se encontravam tanto enunciados moralistas em que o diabo e a religião se misturavam com conceitos freudianos, quanto outras muitas aberrações do que se entendia por tratamento psicanalítico e clínica. Foi, assim, necessário encaminhar ao Congresso diversos esclarecimentos e brecar, durante todos estes anos, diversos projetos apresentados baixo outras fachadas , mas que apontavam a aprovação da regulamentação apoiados pela bancada evangélica.

Naquela oportunidade, nós nos reunimos a diversas instituições que nos reconheciam com formação de analistas e realizamos um trabalho de defesa contra a regulamentação. Neste grupo, esforçamo-nos por fazer um trabalho que permita sermos

---

1 Alberti, S. et al., 2009.

reconhecidos como psicanalistas, apesar das diferenças de escolas, conceitos e modos de formação e de transmissão que nos separam.

Esta é também uma marca da formação no Sedes: sendo Freud a viga mestra, estudam-se diversas escolas e autores, a fim de que cada psicanalista se aproprie destes da forma mais interessada e interessante para si.

Hoje, frente a um colóquio que segue esse espírito e que apresenta diferentes maneiras de contextualizar as relações e os objetos, cabe a nós o esforço de escutar e pensar pontos de convergência entre os modos de formular as ideias e de abrir espaço para fazer, a partir das divergências, uma conversa coletiva. Vale também a tentativa de mostrar como a metapsicologia não é sofisticação intelectual, pois ela é a própria condição da nossa clínica.

A questão, a meu ver, é não fazer uma leitura cega, que supõe verdadeiro somente aquilo em que nosso pensamento se apoia. Do dogmatismo ao ecletismo, há certo percurso. De um lado, a rigidez própria à coagulação dos conceitos nos levaria ao dogmatismo; de outro lado, nem tudo pode se somar, como acontece na postura eclética em que tudo vale. Desta forma, insistimos em um pensamento crítico de abertura que nos mostra a possibilidade de repensar certos conceitos, enriquecendo-os; outros não têm ajuste possível ou, ainda, para serem incorporados, exigiriam a criação de um novo corpo teórico. É, por exemplo, o que acontece com as modificações que Jung faz à teoria freudiana, dando à *libido* uma concepção ampla de energia, tirando a marca da sexualidade que Freud considera central. Entendo que a *sexualidade infantil* é outro pilar inegociável que considero importante sustentar para nos mantermos dentro do campo psicanalítico. Mais além das lutas de poder que caracterizaram a história do movimento psicanalítico, algumas modificações atacam fundamentos centrais da teoria freudiana, fazendo balançar todo o seu edifício. O próprio Freud não aceita aquelas proposições de Jung,[2] dizendo que modificam a essência de seu pensamento, o mesmo faz com Adler. Naquela época Freud podia discutir as suas ideias, hoje em dia somos nós que nos apropriamos, apoiamos, rejeitamos e discutimos o que pode ser considerado dentro do campo da psicanálise.

Cada autor, à sua maneira, aborda um espaço vazio. Estamos acostumados a pensar em compostos binários, ou isto ou aquilo, mas, às vezes, são as variações que nos dão o caminho mais justo entre os extremos. A partir da incorporação do conceito de *diversidade* e do trabalho com a *diferença não oposicional* segundo o filósofo Jacques Derrida (*diferance*),[3] temos aderido a compreensões clínicas, que, durante longo tempo, ficaram paralisadas, enquanto nos vimos na necessidade de escolher se um conceito metapsicológico era verdadeiro ou falso. A clínica nos ajuda, portanto, a entrelaçar conceitos, sendo importante problematizar a psicanálise, provocando novos ordenamentos que repercutem em nossa prática. Assim como, desde as origens, Freud é revisionista de sua própria obra, cada analista contemporâneo vai se apropriando, na sua formação, daquilo que lhe permite escutar melhor e trabalhar a transferência.

O conceito de *inconsciente* é outro dos inegociáveis com o qual nós, psicanalistas, trabalhamos. Os diferentes pensadores partem da ideia de que o inconsciente é um elemento central que caracteriza nosso saber, mas se o inconsciente tem um realismo que corresponde às marcas inscritas no decorrer da história do sujeito, ou seja, se o inconsciente é um existente para além do discurso, como nos disseram Laplanche e Leclaire no texto apresentado no colóquio de Bonneval;[4] ou se, no dizer de Melanie

---
2 Freud, 1925d, p. 49.
3 Derrida & Roudinesco, 2004.
4 Laplanche, 1981.

Klein, trata-se fundamentalmente de fantasias inconscientes, de representações inconsciente de objetos internalizados que são a representação mental dos instintos;[5] ou, ainda, se pensamos que o inconsciente, segundo uma concepção lacaniana, é o discurso do Outro, estruturado como uma linguagem, que há de buscar-se em todo discurso, em sua enunciação[6] – em todos os casos há um *descentramento do Eu* como lugar de saber. Isso dá ao inconsciente um estatuto de inegociável. Isso marca a diferença com as terapias cognitivistas, fenomenológicas ou corporalistas e muitas outras que são estranhas à psicanálise. Assim também as relações e os objetos sofrem diversas elaborações, isso poderá nos falar de clínicas diferentes, mas todos os autores, em suas diferenças, se mantêm no campo da psicanálise. O conceito de *pulsão* com um objeto contingente passa também a ser um inegociável, ao separar a psicanálise do campo do inatismo submetido à ideia de instinto. Inconsciente, sexualidade infantil e pulsão com objeto vicariante são, a meu ver, três inegociáveis da teoria. Transferência e abstinência o são da clínica.

Faço esta análise para chegar às relações de objeto, como eu as entendo, a partir de certas formulações de Laplanche, que, a meu ver, superam a dicotomia do modelo pulsionalista ou relacionalista a partir de um modelo dialético, trabalhando o conceito de *objeto-fonte da pulsão*. Avanço também em certos aspectos não esclarecidos nas suas formulações.

Em relação aos objetos, às relações com o objeto ou de objeto, podemos marcar diversos caminhos amplamente descritos com grande rigor e profundidade, finamente trabalhados no livro que Decio Gurfinkel[7] escreveu a respeito. Quanto a mim, durante

---

5 Klein, 1964.
6 Lacan, 1960.
7 Gurfinkel, 2017.

muitos anos, no Curso de Psicanálise, ministrei um seminário chamado "Diferentes Concepções Metapsicológicas sobre a constituição do Sujeito: Klein, Winnicott e Lacan. Seus Efeitos na Clínica", no qual se trabalhavam fundamentalmente as diferenças que se produziam na clínica, em função dos fundamentos teóricos de cada autor.

Este largo caminho me levou a mergulhar na metapsicologia que nos colocam vários autores, sempre partindo ou retornando a Freud para entender seus percursos, a fim de me apropriar de conceitos que me permitiam trabalhar clinicamente, de uma forma mais apurada, as questões que o dia a dia de meu fazer exigia. Assim, cada um de nós constrói seu próprio esquema referencial ou ECRO, segundo Pichon-Rivière, que pode partir de vários autores e articular diversas conceitualizações.

Justamente este interregno entre o dentro e o fora, a fantasia e a realidade, o outro e os objetos internos representava um campo com o qual me debatia constantemente. Na época em que fiz minha formação, reinava Melanie Klein no horizonte da clínica, e começavam a chegar à América Latina os primeiros ensinos de Lacan. No decorrer do tempo, o esquema kleiniano começou a resultar-me insatisfatório na clínica, sobretudo no trabalho com crianças, já que a importância das marcas do outro, na formação dos fantasmas e das representações internas, nos mostrava a falência do inato. Não me convencia a ideia de que se nasce com um montante de pulsão de morte interno que se deflexiona no objeto. A meu ver, o processo começa pelo outro e não pelo inato. Assim reconhecendo a importância que o manejo com os pais ia me impondo, foi necessário revisar a metapsicologia para encontrar novos caminhos. Não trabalhar com os pais, incorporando-os ao discurso coletivo que se fazia presente na sessão da criança, tal era a proposta kleiniana da época, deixava a criança responsável e, às vezes, perdida em fantasmas que não eram dela, e sim dos quais ela era portadora. Os aportes de Mannoni e Dolto, que partiam do referencial lacaniano, me ajudaram muito a expandir minhas ideias, reforçavam a concepção de que a criança advém com um discurso já pré-formado, que fazia as primeiras marcas, mas também não me convencia atender os pais, e não as crianças, pensando que eles eram os únicos produtores do discurso inconsciente da criança, proposta esta que, na época, se aplicava a toda criança que ainda não tinha chegado ao terceiro tempo do Édipo. Aquele dizer de que o inconsciente da criança é o discurso-desejo do outro não correspondia ao que constatava na minha clínica, a criança também tinha sua parte na decodificação do discurso do outro. Assim em 1997, publiquei um livro – *O lugar dos pais na psicanálise de crianças*[8] –, no qual faço uma proposta que referencia teoricamente uma mudança na técnica, mudança que me permitiria trabalhar de maneira tal que minha prática se transformava, operando com mais potência. Comecei a incorporar os pais nas sessões das crianças, quando necessário, naqueles momentos em que o discurso da criança ficava coagulado porque lhe faltavam elementos para continuar sonhando ou brincando. Os pais entram no tratamento e comprometem-se com suas fantasias inconscientes no discurso que circula na sessão, pois estas se originam na sua sexualidade e é delas que a criança é uma portadora alheia, sem ter podido fazer um trabalho de apropriação e de tradução, motivo pelo qual ficam estagnadas, coaguladas e recalcadas, sem possibilidade de acesso. O modo pelo qual o adulto afeta a criança com sua sexualidade inconsciente opera como implantação desta sexualidade, possibilitando ao *infans* se apropriar e fazê-la circular em seu incipiente estado psíquico já em constituição ou fica como uma intromissão alheia, impossível de tradução, destinada sempre ao recalcamento primário.

---

[8] Sigal, 2002.

Na época, estudava muito Laplanche e tive a oportunidade de estar com ele, acompanhando seu pensamento. Também pudemos convidá-lo ao Sedes, abertos aos seus ensinamentos, e apresentei a ele, num congresso em Porto Alegre, um trabalho intitulado "Psicanálise com crianças, os pais e a circulação do significante enigmático na condução da cura", que abriu um leque importante para o atendimento de crianças e serve-me de apoio até hoje. Este autor me deu os elementos metapsicológicos que me ajudariam a desenvolver minha clínica nesse momento. Esse pensamento me ofereceu paradigmas que me permitiram operar desde uma perspectiva psicanalítica em relação à importância da alteridade na constituição subjetiva, sem deixar de fora ou desconsiderar o efeito que produzia o desejo do outro ao fazer marca na singularidade do bebê. E é justamente numa compreensão do modo pelo qual Laplanche teoriza os objetos que encontro a resposta metapsicológica que amplia o campo do dentro-fora como um contínuo, como um jogo dialético, em que a fonte pulsional do corpo se funda e adquire sua potência a partir do outro, que investe sua bagagem sexual inconsciente a partir dos cuidados e da palavra que funda esse encontro. A formulação de Laplanche de objeto-fonte da pulsão é que me abriu o caminho.

Quando Laplanche nos fala do objeto-fonte da pulsão, está superando esta dicotomia dentro-fora. É o fora que incide no dentro produzindo uma modificação. A pergunta era: ou a criança ou os pais, o endógeno ou o exógeno? Sem dúvida que o desejo do outro está presente na forma como o adulto se dirige a seu bebê, em suas manifestações mais inconscientes, este desejo não está necessariamente debelado, mas sim veiculado e oculto. Parte da usina inconsciente da sexualidade da mãe se faz carne em um corpo que está à espera de significações. A sexualidade inconsciente e infantil materna, ou do adulto, se faz carne no corpo do sujeito infantil como fantasias das origens e, deste ponto em diante, o trauma, que era externo, se transforma em autotraumático e começa a pulsar a partir da zona que se erogeniza no bebê, fundando a fonte pulsional.

A zona erógena como biológica (zonas de mucosas) por si só não seria suficiente para ser a fonte pulsional sem a intervenção do outro. A mãe implanta seu desejo, mas este é desestruturado, metabolizado e antropofagizado até se fazer carne-fantasma no corpo da criança. A internalização deste objeto-desejo se transforma em usina de desejo e de prazer, constituindo-se na fonte da pulsão, uma pulsão que já não é puro corpo, e sim corpo emoldurado pelo outro. A pulsão não é biológica mas o desejo inconsciente da mãe ancorado e encarnado no corpo da criança, metabolizado, de--composto e recomposto pela criança que o recebe, se transforma em objeto-fonte. Entre o discurso-comportamento do outro carregado de sexualidade e a representação inconsciente do sujeito não há continuidade, nem simples incorporação, há de-composição ou de-qualificação deste discurso e recomposição. Assim o inconsciente da criança é resultado de um mecanismo antropofágico de decomposição e recomposição do objeto. Antropofagia do objeto e uma figura, que, no meu entender faz uma marca nova na relação com o objeto. Daqui, o nome de meu trabalho.

Para Laplanche, o desejo-discurso da mãe, ao incidir na criança, sofre uma mudança, incide sobre a necessidade, que, no caso, poderia ser a amamentação, elemento da autoconservação, que adquirirpa uma qualidade diferente por ser investida da energia sexualizante que chega do adulto. Assim, por exemplo, a boca, que era fonte da necessidade, se vê transformada em zona erógena e começa a emitir energia sexualizada, transformando-se em objeto-fonte da pulsão. O conceito de apoio (*Anlehnung*) se subverte por conta da sedução materna. Não é a própria boca que se erotiza por intermédio do exercício do chupeteio, como nos diz Freud: não é de prazer de órgão que se trata, ao qual se adiciona um *plus* de prazer, eis aqui a diferença com Freud. A mensagem enigmática materna é que transforma o corpo em pulsação erótica, assim se priva a zona erógena de sua origem endógena. A mensagem que a mãe passa ao bebê é inconsciente, é produto de sua própria história e pulsionalidade, é produto de sua sexualidade infantil e de seu Édipo. O que a mãe passa não tem significado, não se implanta como representação materna na criança; para Laplanche é pura energia, portanto é pura excitação – e sempre traumatizante – o que a criança recebe.

A este mecanismo de apropriação, Laplanche nomeia *metábola*,9 inspirando-se no que seria um processo de metabolismo, no qual o alimento é recebido e transformado a partir das próprias substâncias. Na metábola, não se pode substituir um significante por outro, fazendo desaparecer um termo por simplificação; entre um significante e outro, sempre há algum resto; entre o inconsciente desejo da mãe e o modo em que este faz marca na criança, há uma diferença. Essa diferença é produto da metábola, da forma desta criança de-codificar e recodificar a mensagem. Este resto é o que marca a diferença com a metáfora. Quando um raio de luz incide sobre um elemento líquido, aquele sofre uma refração, um desvio, ao penetrar num meio diferente – muda seu ângulo de incidência e já não é mais o mesmo. Poderíamos dizer que os significantes enigmáticos, desejo, discurso, energia sexual que a mãe lança no contato com a criança penetram no mundo psíquico da criança e sofrem, assim, como o raio de luz refratado, uma modificação. O que marcará o inconsciente é esse novo produto do qual a criança se apropria.

As mensagens enigmáticas são sempre traumáticas porque introduzem a dissimetria entre o adulto e a criança. O aspecto econômico tem vigência porque, dependendo do que a mãe veicula e de como o faz, haverá a possibilidade de a criança transformar ou derivar os primeiros signos de percepção (Wz). Se no lugar de implantar sua mensagem enigmática para que a criança decodifique e aproprie-se dela,

---
9 Laplanche, 1981, p. 130.

ligando-a e associando-a com outras marcas existentes, a mensagem fica como uma intromissão, devido à sua violência e ao seu montante, esta fica incrustada, blindada e sem possibilidades de ligação e escoamento, funcionando desde o interior como algo isolado que produz energia não degradável, não associativa e sem ligação.

Não só no trabalho com crianças me ajudou esta forma de pensar a metapsicologia, facilitou também a interpretação no trabalho com adultos, em que não é tudo mundo interno ou recalcamento da sexualidade infantil, e sim um composto entre o que se implanta como discurso que vem do outro, do social e a forma pela qual o adulto se apropria de sua história na decomposição do discurso do outro.

Quando nos perguntamos se o que estamos trabalhando na sessão tem de ser ouvido como fantasia ou realidade, perguntamo-nos se este é falso ou verdadeiro debate. Nem um nem outro: a questão é verdadeira, mas está mal colocada. O que dificulta a articulação é o "ou", ou seja, a suposição de termos de fazer uma escolha. O que dificulta é o pensamento binário com a conjunção "OU" no lugar de "E". Onde está o traumatismo? Onde está a sedução? Laplanche nos diz que tanto uma como outra se situam num jogo de *après-coup*, numa sucessão de traduções, e é na impossibilidade da tradução que se encontra o recalcamento. Haverá diversas e novas inscrições se considerarmos o inconsciente um sistema aberto, reafirmando o valor da história do sujeito. Nem tudo se definiu nos primórdios, novas inscrições e traduções no decorrer da história nos falam de um processo de *neogênese*, que amplia e alarga o campo das intervenções e interpretações.

Estamos sempre nos repensando, abrindo e explorando continentes que fazem de nossa clínica um lugar aberto às surpresas. O pontapé inicial foi dado pela teoria de Laplanche, mas, desde então, continuo trabalhando nos pontos de contato entre esses conceitos e outros que chegam de novos autores ou de novas leituras de velhos autores.

Referências

ALBERTI, S.; et al. *Ofício de psicanalista. Formação vs regulamentação*. São Paulo: Casa do Psicólogo, 2009.

DERRIDA, J.; ROUDINESCO, E. *De que amanha... Diálogo*. Rio de Janeiro, Editora Zahar, 2004.

FREUD, Sigmund. Presentacion autobiográfica. In: *Obras Completas. Vol. XX*, Buenos Aires: Amorrortu Editores, 1925d.

GURFINKEL, Decio. *Relações de Objeto*. São Paulo: Blucher, 2017.

KLEIN, M. Principios psicológicos do analise infantil. In: *Contribuciones al psicoanálisis*. Buenos Aires: Paidós, 1964.

LACAN, J. (1960). Posição do inconsciente. In: *Escritos*. Rio de janeiro: Zahar, 1998.

LAPLANCHE, Jean. El Inconciente y el ello. In: *Problematicas IV*. Buenos Aires: Amorrortu Editores, 1981.

SIGAL, Ana Maria. (.1997.]). *O lugar dos pais na psicanálise de crianças*. São Paulo: Escuta, 2002.

9. De "objeto da pulsão" a "objeto-fonte da pulsão": um imperativo epistemológico[*]

Flávio Carvalho Ferraz

Tratarei aqui do antigo e persistente problema da chamada "escolha de objeto", que vem a ser, dito de modo simplificado, a expressão do resultado do processo de identificação sexual dos sujeitos. Por "objeto" entende-se, então, na mais cristalina definição feita por Freud, "a pessoa de quem procede a atração sexual" (1905d, p. 136). Notemos logo de início o caráter daquilo que se chama de *objeto* em psicanálise: trata-se de objeto *sexual*, como Freud cuidou de estabelecer nessa definição.

Portanto, como afirma enfaticamente Laplanche (1992), *objeto*, em psicanálise, diz respeito ao fenômeno da *objetalidade*, e não da *objetividade*, para a qual o que está em jogo é o objeto da percepção. Tal diferenciação feita por Laplanche é relevante para dar a clareza epistemológica à definição do objeto da análise, que seria eminentemente o objeto psíquico (da pulsão), e não o objeto natural, o que, dito a partir de outro par correlato, seria o objeto da sexualidade e não o da conservação. Todavia, a marcação cerrada desse limite pode ficar comprometida nos segmentos em

---

[*] Texto publicado originalmente na Revista Latinoamericana de Psicopatologia Fundamental, ano 25, n. 1, 2022.

que se encontra borrada a fronteira entre esses tipos de objeto, como na psicose. Haja vista a importância que adquire a função do teste de realidade no reconhecimento do objeto. No campo estritamente freudiano, claro está que um objeto da percepção, uma vez investido libidinalmente, converte-se em objeto da pulsão. Ou seja, o objeto da objetalidade surge entrecruzado como o da objetividade, tanto na ontogênese como na teoria. Do "Projeto para uma psicologia científica" (Freud, 1950a), de 1895, até as "Formulações sobre os dois princípios do funcionamento mental" (Freud, 1911b), de 1911, é assim que se concebe o objeto. Diga-se de passagem, esse texto de 1911, criticado por Laplanche (1911) exatamente por desconsiderar a separação entre objetividade e objetalidade, é o mesmo que adquire caráter seminal para a teorização que Bion (1991) virá a fazer em *O aprender com a experiência*. Justamente porque, para esse autor, o teste de realidade tem valor central quando é a experiência da psicose que impregna a construção da metapsicologia.

Mas voltemos a nosso problema inicial. Embora a variedade dos "objetos" possa ser considerada infinita, *grosso modo* ela se dividiu historicamente nas duas categorias básicas da heterossexualidade e da homossexualidade, com todas as variações de que se tem notícia: bissexualidade, transexualidade etc., até chegar ao paroxismo taxonômico contemporâneo das mais de 30 classes de gênero enumeráveis. Mas este não será aqui nosso assunto principal.

Examinaremos o modo como, na teoria psicanalítica, a *escolha de objeto* se dá de maneira completamente solidária e correlata à *formação da identidade sexual*, ou identidade de gênero, por assim dizer. De partida, convém lembrar algumas constatações elementares, com todas as questões sociais, psicopatológicas e clínicas que implicam:

Desde Freud a psicanálise já sabia da precocidade da "escolha" de objeto; haja vista a insistência reiterada sobre a importância da primeira infância, com todo o rol de experiências psíquicas que ela envolve, na formação dos pontos de fixação que se atualizarão posteriormente tanto na psicopatologia como na definição da sexualidade adulta.

A formação da identidade sexual se dá precocemente, ou seja, a pulsão sexual que surge nos primórdios da vida tem aí mesmo seu tempo ótimo de consolidação, não sendo passível de alteração estrutural ulterior. Apenas de modo incidental, antecipo que essa constatação é da maior relevância quando se aborda um tema candente da atualidade, que é a polêmica em torno da chamada "cura gay".

Se a psicanálise afirma essa escolha sexual no momento precoce da vida, não faz sentido, sob o ponto de vista do desenvolvimento ontológico, deixar de lado teorias psicológicas que lhe podem dar suporte. Por exemplo, concepção de que haveria uma "janela" temporal para a consolidação da escolha objetal. Trata-se da teoria do *imprinting,1* ligada por Stoller (1978) ao problema da escolha de objeto em psicanálise, em consonância com a concepção de Laplanche (1992) sobre a instalação do sexual na criança a partir da ação do adulto sobre ela.

Freud parte da definição do objeto como um *objeto total*, o que vem a ser, sem rodeios, uma *pessoa*. Mas, ainda em "Três ensaios", a questão logo se complicará pela entrada em cena dos *objetos parciais*, ou seja, partes específicas do corpo de outra pessoa. Isso porque, no desenvolvimento sexual, os primeiros objetos investidos pela libido seriam o seio materno, depois as fezes e, por fim, os órgãos genitais propriamente ditos. Aqui vai

---

1 Este conceito introduzido nas conjecturas psicanalíticas por Robert J. Stoller vem da etologia de Konrad Lorenz (1970). Traduzido para o português ora por "cunhagem", ora por "estampagem", significa a aquisição, em um momento crítico do início da vida – janela temporal – de um padrão de comportamento não reversível, provocado por uma situação ou estímulo ambiental.

também uma simplificação, visto que qualquer parte do corpo pode assumir para um sujeito o papel de objeto. Além disso, como no fetichismo e em uma série das chamadas "perversões", outros objetos, não humanos e até mesmo inanimados, podem se tornar destinatários do desejo sexual de alguém.

O misterioso problema da etiologia da escolha de objeto, sobretudo se o simplificarmos provisoriamente para a divisão entre hetero e homossexualidade, deita raízes tanto na psicanálise como na medicina e na psicologia. Quando não se o aborda por meio das hipóteses objetais ou propriamente psicológicas, é por meio das suposições biológicas que se o faz. Para não incluir aqui o reduto misticorreligioso, fora do campo largamente tipificado como "ciência". As pesquisas médicas, recorrendo primordialmente à genética, são as mais renitentes na área. Assim como as investigações genéticas no campo da psicopatologia em geral, a busca da explicação genética para a homossexualidade nunca se estancou. Detalhe a ser anotado: se se busca a explicação da etiologia genética *da homossexualidade*, é porque se tem um pressuposto não declarado, que é o da normalidade da heterossexualidade. Como um pano de fundo ideológico, essa crença se instala no cerne da "pesquisa científica", e foi a duras penas que pôde chegar ao ponto de ser tratada como um viés.

Não será necessário listar aqui as dezenas ou centenas de tentativas de esclarecimento genético da causa da homossexualidade. Fiquemos com uma delas, recente, detalhada, obediente ao método científico e, enfim, bastante esclarecedora, ainda que seus resultados negativos iluminem o que não estava contido no "desejo", por assim dizer, que animava o propósito da investigação. Não é o caso de atribuir-lhe especial valor. É apenas com o intuito de tomá-la por exemplar que a escolhi, ressaltadas, certamente, as qualidades técnicas e a reputação das instituições em que foi desenvolvida. Vejamos.

A pesquisa, conduzida pela *Science*, é assinada por Benjamin Neale, pesquisador do Hospital Geral de Massachusetts e do Instituto Broad (Estados Unidos), pelo italiano Andrea Ganna, seu colega no Instituto Broad, e pelo tailandês Fah Sathirapongsasuti, pesquisador da empresa de genômica 23andMe, estabelecida na Califórnia. Realmente não cabe aqui detalhar a metodologia da pesquisa, disponível em publicação para quem desejar conhecê-la.[2] O resultado obtido, em síntese, é o de que as "preferências homossexuais" não são detectáveis no DNA. Sugerem os pesquisadores que essa característica é tão multifacetada quanto outros traços humanos, como a inteligência e o talento para os esportes. Conclusão: os resultados devem sepultar de vez a busca por um único "gene gay". Descobriram ainda que o comportamento homossexual, além de ser parte natural da biologia humana, não é único, mas diverso!

Ainda que aos psicanalistas e outros observadores da cena sexual humana nos pareça de uma obviedade atordoante, não deixa de ser interessante considerar esses dados quando oriundos da própria pesquisa biológica. Há algo que manca no discurso dessa *Naturwissenschaft*: em vez de promulgar seu achado como conclusão de uma investigação científica, o mais correto, sob o ponto de vista epistemológico, seria decretar que houve, isso sim, uma confusão. Ou seja: utilizou-se de um método para a investigação de um objeto cuja sondagem a ele não competia. Em suma: a determinação psicogênica da sexualidade humana foi reafirmada, incidentalmente, pelo resultado negativo de uma pesquisa genética.

Muito bem. Mas e a psicanálise, como fica nessa história? Embora parta dela a afirmação de que o objeto sexual humano é

---

2 Ver Lopes, R. J. (2019). Genes não ajudam a prever homossexualidade, mostra estudo. *Folha de S. Paulo*, 29 de agosto de 2019. Disponível em: https://www1.folha.uol.com.br/ciencia/2019/08/genes-nao-ajudam-a-prever-homossexualidade-mostra-estudo.shtml.

contingente,[3] alguma confusão foi feita até que chegássemos a esse ponto. Atribui-se a Freud boa parte dessa "descoberta". No entanto, se examinarmos de perto sua obra, encontraremos marchas e contramarchas no caminho dessa definição.[4] Para não falar que, na literatura psicanalítica, até certo período, a homossexualidade era tratada como desvio da norma heterossexual, quando não como patologia ou perversão. E a tese da psicogênese da chamada "escolha" de objeto – que de escolha nada tem – custou a se firmar, já que se titubeou por muitas vezes e por muito tempo quanto à sua preponderância em relação ao papel da constitucionalidade, ou seja, da biologia.

No capítulo III de "O Ego e o id", de 1923, Freud (1923b) se detém num exame pormenorizado da relação entre o complexo de Édipo e a definição da identidade sexual, antecipando-se a pontos que seriam debatidos nos anos seguintes em "A dissolução do complexo de Édipo" (Freud, 1924d) e "Algumas consequências psíquicas da distinção anatômica entre os sexos" (Freud, 1925j). Ali encontramo-lo num esforço por compreender a formação da masculinidade e da feminilidade, em homens e mulheres. É assim que o argumento da bissexualidade constitutiva retoma a cena como solo que, de partida, abrigaria e justificaria ambas as possibilidades do desfecho da formação da identidade sexual e da correlata escolha de objeto. O que assistimos aí é um verdadeiro debate sobre a complexidade do complexo de Édipo,

---

3 Esse ponto de vista a respeito da contingência do objeto foi consolidado na psicanálise a partir dos anos 1980. Como síntese desse ponto de vista, os dois volumes de Jurandir Freire Costa (1994 e 1995) sobre o homoerotismo foram cristalinos na explicitação e na defesa dessa tese, depurada interpretativamente do texto freudiano.

4 Laplanche (2015a) afirma: "Ora, apesar dos *Três ensaios*, apesar da *deriva* que ele (Freud) propõe para a sexualidade infantil, Freud vai continuar a reduzir a pulsão a um modelo instintual" (p. 31). Trata-se do que o autor chamou em diversas ocasiões de *desvio biologizante* na questão da sexualidade.

se me permitem a redundância da expressão. Freud alega que não se pode considerar simplesmente sua forma simplificada, em que o menino desenvolveria o interesse erótico pela mãe, e a menina, pelo pai, mas que haveria que se levarem em conta as catexias libidinais da mãe e do pai, tanto pelo menino como pela menina. Seria o Édipo dúplice, positivo e negativo. Sem me estender, o que temos nesse texto é a descrição da cena de luta entre as tendências hetero e homossexuais.

Neste ponto, é importante citar uma passagem desse texto, em que certa ambiguidade parece insinuar-se. Diz Freud, à guisa de conclusão sobre a escolha objetal:

> *Pareceria, portanto, que em ambos os sexos a força relativa das disposições sexuais masculina e feminina (grifo meu) é o que determina se o desfecho da situação edipiana será uma identificação com o pai ou com a mãe. Esta é uma das maneiras pelas quais a bissexualidade é responsável pelas vicissitudes subsequentes do complexo de Édipo.* (Freud, 1923b, p. 47)

Ora, como entender o significado de "disposições sexuais masculina e feminina"? Se for como resultante dos conflitos vivenciados no período edípico, em seu desfecho, estaríamos, então, no campo da formação psicogênica da tendência hetero ou homossexual. Mas aí entra um complicador, que assim posso explicitar: Freud fala aqui do *desfecho do complexo de Édipo*, quando, por definição, a identidade sexual e o superego se consolidam. Nesse caso, os elementos de fixação, a formar as *disposições*, já teriam, por uma razão lógica, que ser pretéritas, servindo de *antecedentes causais* para o que agora se consolidaria em termos de identidade. Se for esse o raciocínio, somos obrigados a considerar que tais "disposições sexuais masculina e feminina", remanescentes da bissexualidade, situar-se-iam no campo do *constitucional*, que nada mais é do que no campo *biológico*.

Essas considerações visam expor dificuldades epistemológicas que implicam volteios teóricos. Não quero, com elas, retirar Freud do lugar de operador de uma subversão na herança positivista, que exigia a prova material para tudo que se postulasse, inclusive no campo da mente. Como fica patente na argumentação de Paul-Laurent Assoun (1983), Freud produz essa total subversão, sem, contudo, o confessar. Em virtude de seu compromisso com a ciência oficial, necessidade política para a legitimação social da psicanálise, ele declara até que o fim que a psicanálise se inscreve no campo das *Naturwissenschaften*.[5]

Pois bem: consideremos, afinal, afirmado o discurso que situará a sexualidade humana, no que esta contém de escolha objetal, no campo psíquico propriamente dito. Seja pela via da postulação freudiana (assim interpretada), seja pelos resultados negativos da pesquisa genética. Isso posto, abre-se para a psicanálise a enorme responsabilidade de se pronunciar sobre a etiologia da sexualidade psíquica e os complexos mecanismos que ela envolve.

Não faltaram autores a fazer suas conjecturas, e seria impraticável levantar aqui as teses emitidas em um século de literatura psicanalítica. Houve tentativas mais frágeis, que apelavam a

---

5 Ao tempo de Freud, a oposição que se fazia era as *Naturwissenschaften*, ciências da natureza, e as *Geisteswissenschaften*, ciências do espírito. Estas últimas, para Freud, seriam contrárias ao espírito científico, razão pela qual não lhes dava crédito e, ademais, queria delas manter sua psicanálise à distância. Mezan (2007) propõe que aquela divisão entre as ciências dificultava o enquadramento da psicanálise, por Freud, num campo externo ao da ciência natural. Examinando seu discurso à luz das divisões contemporâneas da ciência, o trabalho de Freud situar-se-ia no âmbito do que se convencionou chamar de "ciências humanas". Essa questão está minuciosamente discutida por Neves Neto (2019) em um trabalho sobre a natureza epistemológica do psíquico.

uma suposta obviedade e, ainda assim, veiculavam erros grosseiros. Refiro-me, sucintamente, à ideia de que a não identificação masculina do menino decorria da ausência de uma figura paterna forte, justificativa que se popularizou como explicação fácil para a gênese da homossexualidade do menino. Pecava por atribuir excessiva materialidade a uma questão inconsciente. Convém lembrar Freud (1923b), que, a respeito da formação do superego, desvinculava sua severidade daquela das figuras parentais e da educação, lembrando da primazia da pulsionalidade em sua configuração.

Há autores que, com aguçado senso clínico, estabeleceram hipóteses sobre as relações entre as ações parentais e a formação da identidade sexual. Sem pretender de modo algum ser exaustivo, lembro, por exemplo, que Stoller (1986), Chasseguet-Simirgel (1991) e Masud Khan (1987) arriscaram hipóteses clínicas consistentes sobre o papel da mãe na formação da identidade sexual do perverso, apontando, *grosso modo*, para a prorrogação excessiva das gratificações da criança e o desestímulo à consideração do terceiro interditor.[6]

Se ficarmos nos textos de Freud dos anos 1920 sobre o complexo de Édipo e sua superação, o que assistimos bem poderia ser descrito como o drama de uma criança às voltas com sua própria identificação, perdida em meio a conflitos e, dito quase caricaturalmente, aproximando-se de um momento fatídico a exigir-lhe uma tomada de decisão. É claro que não é dessa forma esquemática que Freud propõe o problema da escolha. Mas o pouco detalhamento das atitudes parentais – e das ambientais, como podemos acrescentar após Winnicott –, que tomam parte desse processo, aliado à infelicidade da palavra *escolha*, induz os mais desavisados a assim interpretar o enredo. Mas é verdade, entretanto, que Freud (1933a), antevendo a importância do papel do objeto externo nessa novela,

---

6 Trato detalhadamente das ideias desses autores sobre a perversão no livro *Perversão* (Ferraz, 2017).

escreverá em seu último trabalho sobre a questão da identidade sexual que era necessário levar em conta as relações precoces entre a menina e sua mãe para se pensar a respeito da determinação da feminilidade. Ou seja, a vida precoce e os acontecimentos pré-edípicos agora entravam em cena nessa quase autocrítica.

O problema da definição do objeto sexual tornou-se, assim, um desafio a um só tempo metapsicológico e epistemológico para a psicanálise. Urgia propor para o tema um tratamento que fosse consistente, levando às últimas consequências a proposição da psicogênese por meio de um discurso que não fosse meramente especulativo. O tratamento do assunto ganhará, em Jean Laplanche, a abordagem consistente pela qual se esperava até então. Vejamos como ele equaciona a questão de maneira absolutamente rigorosa, no que tange às exigências epistemológicas. Ainda que em um ponto longínquo, reconhece-se a mão de Lacan nessa trajetória. Explico: não por concordância com seu ponto de vista – antes ao contrário –, mas pela trilha que Lacan deixou aberta para a afirmação da psicogênese e pela defesa inarredável do ponto de vista de que é no campo das significações (fora, portanto, do constitucional e dentro do regime da alteridade) que a constituição do Eu se realizará.

Ribeiro (2010), num trabalho que reflete com rigor a proposição laplancheana, privilegiará a ideia de que, na ontogênese do sujeito, convém falar em *ser identificado por*, em vez *de identificar-se com*. Ou seja: a partir do entendimento de que a identidade é algo fornecido pelo *outro*, por meio de nomeações que funcionam como *significantes enigmáticos*, só podemos chegar à postulação de que *a identificação é um processo que se sofre passivamente*. Um adulto identifica uma criança como fulana de tal, com toda a gama de atribuições que essa nomeação pode conter. Esse é um ponto do rigor epistemológico do trabalho de Laplanche que tem como consequência liberar a psicanálise da posição incômoda de ter que supor um bebê "escolhendo" ativamente os traços da alteridade com que se identificar.

Para Laplanche (2015a), há que se discernir entre *instinto* e *pulsão*, pois é a confusão entre esses termos que fará o discurso sobre a identidade sexual patinar nos domínios da constitucionalidade. Desse modo, ele faz justiça à biologia, dando-lhe o lugar que lhe convém do terreno da sexualidade humana. E desmonta o discurso naturalista segundo o qual a heterossexualidade é uma herança biológica, restando à homossexualidade a condição de ser um *desvio* ou uma *patologia*. Não retomarei a teoria longa e complexa de Laplanche, por impossível nesse espaço e por desnecessária para chegar ao ponto que viso.[7] Mas enfatizo que a diferenciação entre *instinto* e *pulsão* é parte essencial desse programa. A pressão biológica para a descarga sexual, com os componentes hormonais que carrega, ficaria do lado do instinto. Mas a fantasia sexual e o desejo (desejo por o quê ou por quem) situam-se definitivamente no campo da pulsão, donde a já mencionada assertiva de que o objeto sexual, para o ser humano, é contingente.

Vejamos, apenas a título de recapitulação sumária, a teoria de Laplanche sobre a sexuação, que bem pode ser entendida como uma teoria da implantação da sexualidade psíquica *na* criança *pelo* adulto, na cena inexorável da sedução generalizada. Trata-se de uma decorrência dos cuidados que visam à própria sobrevivência da criança, levados a cabo por adulto sexuado sobre uma criança que ainda não o é. Na prática do cuidado, o adulto, portador de inconsciente recalcado, dirige à criança significantes enigmáticos que serão submetidos por ela a tentativas de tradução. Tais significantes – e isso é fundamental – não são enigmáticos apenas para a criança, que os recebe passivamente, mas também para o próprio adulto, que os emite ativamente.

---

7 Na verdade, as ideias de Laplanche sobre a gênese da sexualidade psíquica encontram-se em diversos de seus escritos. Para uma síntese delas, ver *Novos fundamentos para a psicanálise* (Laplanche, 1992).

Vale a pena uma citação um pouco longa de Dejours (2019), dada a clareza com que expõe a posição laplancheana:

> A comunicação entre a criança e o adulto é mobilizada pela autoconservação: de um lado, as necessidades do corpo fisiológico da criança; de outro, os cuidados do corpo dispensados à criança pelo adulto. A onda portadora dessa comunicação é o apego. Mas, nessa comunicação, a relação é desigual. A criança se dirige ao corpo do adulto sob o efeito de estímulos fisiológicos que provêm de seu próprio corpo. O adulto, de sua parte, não pode responder no registro estrito cos cuidados higieno-dietéticos, isto é, unicamente na dimensão instrumental da autoconservação. Pois, por seu pertencimento ao mundo dos adultos, não reage somente com um comportamento de cuidado. O adulto não pode, quando responde aos apelos do corpo da criança, fazer outra coisa além de reagir também sexualmente. A comunicação, a mensagem dirigida pelo adulto à criança (no corpo a corpo com a criança, por ocasião dos cuidados) é "comprometida", diz Laplanche – até mesmo corrompida -, pelo sexual. Nolens volens, o adulto sempre excita a criança. Na verdade, o que é mais comprometedor – e, por conta disso, o mais excitante – nessa comunicação adulto-criança é precisamente aquilo de que o adulto não tem consciência, isto é, aquilo que vem da mobilização de seu próprio inconsciente. O adulto seduz a criança, mas não sabe que, ao fazê-lo, implanta o sexual no corpo da criança. Assim se encontram situados dois tempos: o primeiro é o apelo da criança veiculado pela onda que carrega o apego; o segundo é aquele do retrieval

do comportamento de cuidado do adulto comprometido pelo seu inconsciente sexual. Agora a criança encontra-se excitada pelo adulto, o que mobiliza nela uma forma particular de exigência de trabalho, ligação, que Laplanche descreve com o nome de tradução: tradução, pela criança, da mensagem comprometida emitida pelo adulto. É esse o terceiro tempo: o tempo tradutório. (p. 125-126)

Chegamos aqui a um ponto fundamental para a compreensão da razão pela qual a sexualidade humana, no que toca à determinação do objeto, descola-se do biológico para percorrer a trilha do psíquico, que tange à pulsão e à fantasia, com a instalação do inconsciente e do campo do desejo. Como argumenta Laplanche, o objeto da pulsão se instala a partir de fora, num momento em que os estímulos sexuais biológicos (hormonais) ainda não exercem pressão. Portanto, a sexualidade infantil é eminentemente psíquica, ainda que implique processos de excitação. Mas é a onda pubertária, como Freud (1905d) já postulava em "Três ensaios", que fará exigências transformadoras, no sentido da descarga. Aí já estaremos no campo do instinto, com seus esquemas herdados da filogênese, que, no entanto, não são preenchidos por determinações qualitativas quanto ao objeto. Na bela expressão de Laplanche (2015a), quando emerge o instinto sexual, pubertário e adulto, ele "encontra o lugar ocupado pela pulsão infantil" (p. 43).

Essa tese de Laplanche corrobora uma das principais ideias de Freud, qual seja, a de que a sexualidade se determina precocemente, pelo apoio do erótico sobre o somático, ou, dito de outro modo, pela decolagem da sexualidade psíquica do solo da conservação. Disso, podemos caminhar para nossas conclusões finais.

Primeiramente, já ficou claro que a sexualidade humana situa-se no campo do psíquico, ou seja, da pulsão, expressando-se pela fantasia. Sua instalação é precoce, ocorrida ao tempo da sedução da criança pelo adulto, num tempo complexo que conjuga fundação do inconsciente, nascimento da pulsão e instalação do objeto a partir de fora, na chamada *situação antropológica fundamental*. Como já demonstrado pelo fracasso no encontro de determinantes genéticas, visto, a título de mero exemplo, na pesquisa que citamos, o discurso a incidir sobre a sexualidade humana sai definitivamente do campo do *natural*, rumo ao campo do *psíquico*, o que implicou, a partir da psicanálise, um remanejamento na esfera da epistemologia, com a diferenciação dos objetos das diversas formas de ciência.

O momento de instalação do objeto, como postulado por Ribeiro (2010), a partir de Stoller (1978), encontra-se de acordo com esquemas herdados da filogênese, definidos por Lorenz (1970) por meio do conceito de *imprinting*. Há um tempo ótimo para que ocorra a instalação do objeto sexual. *Instalação*, aqui, é o termo que substitui a palavra *escolha*, por nada haver de escolha nesse processo. Escolha pressuporia outro engano conceitual, geralmente veiculado pelo emprego da expressão *identificar-se com*. Já o termo *implantação* conecta-se harmoniosamente com a expressão *ser identificado por*. A fixidez do objeto, instalado na janela de tempo aberta para o *imprinting*, desautoriza qualquer investidura clínica que pretenda alterá-lo. Voltamos, então, *tout court*, à impossibilidade técnica e à impostura ética contida em qualquer tentativa de "cura gay".

Há outra conclusão importante, que diz respeito ao aspecto inconsciente da mensagem dirigida pelo adulto a criança. Reitero: o significante é enigmático tanto para o receptor quanto para o emissor. Disso, desdobram-se consequências fundamentais. Uma delas é que não se pode determinar conscientemente o rumo a ser tomado pela identificação sexual e, outrossim, do desejo. Pode ocorrer até mesmo que o destino da sexualidade de uma criança se dê no sentido contrário daquilo que, conscientemente, desejavam os adultos responsáveis por seus cuidados. O desejo da criança estará de acordo com o desejo *inconsciente* dos pais, do qual eles podem nada saber.

Bettelheim & Sylvester (1950), ainda que trabalhando num contexto que não o do estrito desejo sexual, demonstraram que certos comportamentos delinquentes de jovens, mesmo que exasperassem os pais, correspondiam a seu desejo inconsciente sobre o filho. Este fazia algo de que eles, pais, tinham sido privados de fazer em sua juventude, eventualmente por estarem em situação financeira e social menos favorecida do que aquela que podiam agora prover para seus rebentos.

Em resumo: a sexualidade não está sujeita à educação e não pode conter nenhuma previsibilidade. Ninguém escolhe a sexualidade de ninguém, sendo até mesmo que o objeto do desejo do filho se dê nas antípodas do que foi "estimulado" pelo meio. Ademais, o objeto é tão singular quanto o são as identidades. Em vez de situá-lo no campo da psicopatologia, melhor seria compreendê-lo como situado no campo da *singularidade idiopática*, esse fértil conceito de Maurice Dayan (1994). Note-se aqui, incidentalmente, que a sexualidade, se não constituiu um objeto das ciências da natureza, tampouco será objeto das ciências da cultura. Não me refiro aqui ao comportamento sexual no âmbito social, mas à questão estrita da *objetalidade*. Não é ela, a objetalidade, objeto *natural* nem *cultural*, mas uma terceira forma de objeto, que vem a ser o objeto *psíquico*.[8]

---

[8] Mezan (2001) esclarece sobre as diferenças entre os vários objetos no campo epistemológico, demarcando o terreno do objeto *psíquico* como aquele constituído pela psicanálise à diferença dos objetos *natural* (das ciências duras), *cultural* (das ciências sociais) e *ideal* (da matemática). É a natureza do objeto que deve determinar o método apropriado para sua investigação.

Por fim, temos de considerar as implicações dessas conclusões sobre a metapsicologia, que não são de pouca monta. Elas dirão respeito à necessidade de se repensar o conceito de fonte (*Quelle*) da pulsão, já que a noção de objeto (*Objekt*), a ela correlata, também sofreu remanejamentos. Ana Maria Sigal (2020), falando em *antropofagia* do objeto, propôs, acertadamente, que, a partir do momento em que se postula o objeto como algo que se implanta na criança, tornando *dela* o desejo *daquele*, já não faz sentido determinar com precisão o que seria o dentro e o fora. Secundando-a: entre o que seria o Eu e o outro.

Em Freud (1915c), lemos que "por fonte de uma pulsão entendemos o processo somático que ocorre num órgão ou parte do corpo" (p. 143). *Grosso modo*, depreende-se daqui que a fonte da pulsão seria somática, localizada primordialmente nas zonas erógenas. Entretanto, se o objeto a pulsar é o objeto externo que foi implantado, ainda que tenha se tornado parte constitutiva do sujeito, não resta senão postular que a fonte original da pulsão não está no somático, mas no próprio objeto.[9] Donde a mudança conceitual efetuada por Laplanche (1992), que incidirá sobre uma reformulação terminológica necessária: de *objeto da pulsão*, passa-se a falar em *objeto-fonte da pulsão*, o que, como nomeei no título deste texto, tornou-se um imperativo epistemológico.

---

[9] Laplanche (2015b) levanta uma série de problemas decorrentes da ideia de que a fonte da pulsão se localiza no plano somático. Não cabe aqui levantá-los, mas remeto o leitor a seu texto para um aprofundamento na questão.

Referências

ASSOUN, P.-L. *Introdução à epistemologia freudiana*. Rio de Janeiro: Imago, 1983.

BETTELHEIM, B.; SYLVESTER, E. Delinquency and moratlity. *The Psychoanalytic Study of the Child*. 1950, v. 5, n. 1, p. 329-342.

BION, W. R. *O aprender com a experiência*. Rio de Janeiro: Imago, 1991.

CHASSEGUET-SMIRGEL, J. *Ética e estética da perversão*. Porto Alegre: Artes Médicas, 1991.

COSTA, J. F. *A inocência e o vício*: estudos sobre o homoerotismo. Rio de Janeiro: Relume-Dumará, 1994.

COSTA, J. F. *A face e o verso*: estudos sobre homoerotismo II. São Paulo: Escuta, 1995.

DAYAN, M. Normalidad, normatividad, idiopatía. In: Fundación Europea para el Psicoanálisis (org.) *La normalidad como síntoma*. Buenos Aires: Kliné, 1994.

DEJOURS, C. Psicossomática e metapsicologia do corpo. In: *Psicossomática e teoria do corpo*. São Paulo: Blucher, 2019; p. 113-143.

FERRAZ, F. C. A erotização do ódio na perversão. *Percurso*. 2001; v. XIV, n. 26, p. 121-124.

_____. O primado do masculino em xeque. *Percurso*. 2008; ano XX, n. 40, p. 69-78.

_____. *Perversão*. São Paulo: Pearson, 2017.

FREUD, S. (1950a). Projeto para uma psicologia científica. *Edição Standard Brasileira das Obras Psicológicas Completas*. v. I; p. 381-533. Rio de Janeiro: Imago, 1950. (Texto escrito em 1895).

_____. (1905d). Três ensaios sobre a teoria da sexualidade. *Edição Standard Brasileira das Obras Psicológicas Completas*. v. VI; p. 123-252. Rio de Janeiro: Imago, 1950.

_____. (1911b) Formulações sobre os dois princípios do funcionamento mental. *Edição Standard Brasileira das Obras Psicológicas Completas*. v. XII; p. 273-286. Rio de Janeiro: Imago, 1950.

_____. (1915c) O instinto e suas vicissitudes. *Edição Standard Brasileira das Obras Psicológicas Completas*. v. XIV, p. 129-162. . Rio de Janeiro: Imago, 1950.

_____. (1923b). O ego e o id. *Edição Standard Brasileira das Obras Psicológicas Completas*. v. XIX; p. 11-83. Rio de Janeiro: Imago, 1950.

_____. (1924d). A dissolução do complexo de Édipo. *Edição Standard Brasileira das Obras Psicológicas Completas*. v. XIX, p. 213-224. Rio de Janeiro: Imago, 1950.

_____. (1925j). Algumas consequências psíquicas da distinção anatômica entre os sexos. *Edição Standard Brasileira das Obras Psicológicas Completas*. v. XIX, p. 301-320. Rio de Janeiro: Imago, 1950. (Publicação original em 1925).

_____. (1933a). Conferência XXXIII: Feminilidade. Novas conferências introdutórias sobre psicanálise. *Edição Standard Brasileira das Obras Psicológicas Completas*. v. XXII, p. 139-165. Rio de Janeiro: Imago, 1950.

KHAN, M. M. R. *Alienación en las perversiones*. Buenos Aires: Nueva Visión, 1987.

LAPLANCHE, J. *Novos fundamentos para a psicanálise*. São Paulo: Martins Fontes, 1992.

_____. Pulsão e instinto. In: *Sexual*: a sexualidade ampliada no sentido freudiano – 2000- 2006. p. 27-43. Porto Alegre: Dublinense, 2015a.

_____. Os três ensaios e a teoria da sedução.In: *Sexual*: a sexualidade ampliada no sentido freudiano – 2000- 2006. p. 232-246. Porto Alegre: Dublinense, 2015b.

LOPES, R. J. Genes não ajudam a prever homossexualidade, mostra estudo. *Folha de S. Paulo*, 29 de agosto de 2019. Disponível em: https://www1.folha.uol.com.br/ciencia/2019/08/genes-nao-ajudam-a-prever-homossexualidade-mostra-estudo.shtml. Acesso em: 16 set. 2019.

LORENZ, Konrad. *Studies in animal and human behavior*. Cambridge: Harvard University Press, 1970.

MEZAN, R. Sobre a epistemologia da psicanálise. In: *Interfaces da psicanálise*. São Paulo: Companhia das Letras, 2001.

_____. Que tipo de ciência é, afinal, a psicanálise? *Natureza Humana*. 2007, v. 9, n. 3, p. 319-359.

NEVES NETO, A. A. *Questões subjacentes ao diálogo entre psicanálise e neurociência*: sobre a natureza do psíquico. Relatório de Iniciação Científica. São Paulo: Faculdade de Ciências Humanas e da Saúde da Pontifícia Universidade Católica, 2019.

RIBEIRO, P. C. Identificação passiva e teoria da sedução generalizada de Jean Laplanche. *Percurso*. 2010, ano XXII, n. 44, p. 79-90.

SIGAL. A. M. A antropofagia do objeto: desconstrução e reconstrução. In: Gurfinkel, D. & Fulgencio, L. *Relações de objeto na psicanálise*: ontem e hoje. São Paulo: Blucher, 2020.

STOLLER, R. J. La dificille conquête de la masculinité. In: *L'identification*: l'autre, c'ést moi. Paris: Tachou, 1978.

_____. *Perversion*: the erotic form of hatred. London: Karnac, 1986.

10. O eu, o *Self* e a clínica contemporânea

Daniel Delouya

"O eu, o *Self* e a clínica contemporânea" foi o tema de uma mesa numa jornada sobre *Relações e o objeto na psicanalise*. Situarei brevemente essa mesa no tema da jornada: a descoberta dos objetos configura ameaça de catástrofe na vivência do ser indiferenciado dos inícios; revelação que será fortemente rejeitada, recusada e recalcada por vislumbrar a separação e a constituição do eu, isto é, o reconhecimento da fresta que separa o sujeito dos outros em um universo compartilhado. Essa é, pelo menos, e grosseiramente, a visão de Freud, que é preciso, no entanto, melhor nuançar. Supõe-se que a exposição, com o nascimento, aos estímulos de dentro (urgências vitais) e de fora do corpo, gera um "distúrbio massivo (econômico) no estado narcísico primário" de gozo de quietude (Freud, 1926).

Esse acontecimento deflagra, no fundo dessa estase primordial do ser dos começos, a existência de um arranjo dinâmico de duas tendências econômicas opostas, ativa e passiva, de excitação e retraimento, como masoquismo primário (1924), no qual a balança entre a ligação e o desligamento, a objetalização e o desobjetalização (e seus corolários, de integração e desintegração; reconhecimento na dor-prazer ou a fuga maníaca etc.) fica entregue à sorte do ambiente, ao trabalho dos porta-vozes da cultura. O que não exclui, senão pressupõe, uma inscrição filogenética (Freud) de um conhecimento inconsciente inato (*innate unconscious awareness*, Klein) ou preconcepção (Bion) da existência da trama edípica humana e seus agentes, os objetos externos.

É essa polarização entre, de um lado, o "distúrbio massivo" com o nascimento, potencializando o desamparo, e, de outro, o conhecimento inato do mundo a ser apropriado, que impõe e exige o trabalho que reconhecemos como *humano* em suas dimensões culturais – psíquicas, sociais e políticas –, em que o mundo, o ambiente, é convocado *ao trabalho*, da linguagem, da construção das relações de, e com, os objetos. O que supõe a existência de um Eu precursor, esboçado filogeneticamente, em busca de vias de constituição, de *realização*, junto e pelo ambiente. Naturalmente, preconiza-se um movimento paradoxal, em que a exasperação talássica de regressão ao recinto uterino, de fusão mítica de origem, circunscreve o eu, demarcando suas fronteiras e conteúdo, ao ser impelido, pela excitação, em se lançar na direção contrária, do desconhecido, *da coisa* (sustentado pelo meio), da realidade dos outros e sua ajuda.

Assim, o sujeito pode adquirir e valer-se de um repertório crescente de *predicados* (infinitos e inesgotáveis) em si, relativas *à coisa* (Freud, 1895). Este acesso que Freud denomina de *crença* (cuja eficácia depende do meio) e que Bion, 75 anos mais tarde (1970), precisa melhor no *ato de fé*, é o único modo de atingir, sempre de modo parcial, a realidade e a verdade, concomitantemente de si e dos objetos. Tanto a via regressiva, do temor em perder o espaço mítico de fusão de origem, como a progressiva, da ameaça de expansão em direção ao desconhecido, revelam uma objeção, uma oposição veemente diante da necessidade inexorável de se defrontar com a realidade dos objetos.

Entretanto, a promessa dos ganhos, pela sedução e pela sustentação do meio, constituídos pelos objetos, abre o caminho para a realização do Eu e suas relações. Na jornada, deu-se a ênfase sobre as formas de adoecimento do eu, como defesa diante da carência ou da toxicidade do meio, em que predomina a modalidade passiva, a mais primitiva, de retraimento, desencadeando a *autotomia* (Ferenczi, 1924) com as suas manifestações destrutivas de amputação de partes do Eu ou cisão e formação de *teratomas* no seio deste (Ferenczi, 1932). Estes existem ao lado de outras modalidades ativas, de inflamações defensivas (prejudiciais) da angustia, e da agressão e sujeição, até a recruta de modos ativos a serviço de outros passivos como nos atos melancólicos de suicídio, à imagem da apoptose (Green, 2007); ou, ainda, em função da pressão crescente da cultura sobre o referido arranjo do masoquismo primário, o engendramento, na vida cotidiana, de modos de salvaguarda narcísicos, de reificação do Eu e de seus objetos com os seus efeitos danosos sobre a degradação da vida psíquica na contemporaneidade. Nossa contribuição, no entanto, se voltou para os primórdios do trabalho freudiano sobre a problemática do eu.

Eu e Self para além da tradução

O título desta mesa sugere, entre outras, que a clínica contemporânea poderia avançar o debate, já antigo, quanto à necessidade ou não de considerar o *Self* instância distinta, separada do *eu*. *Self* é um termo inglês e, como se sabe, estava disponível a Freud em alemão (*selbst*), mas ele o empregou poucas vezes, sempre como sinônimo de uma ou de outra manifestação do *Eu*. Não saberia dizer qual o escopo de uso do termo *Self* em alemão e suas interseções com a área coberta pelo uso da palavra em inglês. Provavelmente é mais restrito! Seja como for, a distinção entre o Eu e o *Self* persiste – com diferentes nuances, e por vezes de forma sistemática –nos diferentes escritos de psicanalistas ingleses. Em português, a tradução do termo *Self* para o *si* ou o *si mesmo*, se mostrou impraticável, o que não ocorre, por exemplo, em francês. Tenho frequentado alguns autores da língua inglesa como Fairbairn, Balint, Winnicott, Bion, Searles e Khan, coordenando, por vezes, seminários acerca de suas obras. Confesso que nessa experiência – e é verdade que ela me falta em relação a notáveis outros como Hartmann, Jacobson e Kohut –, as transições entre Eu e *Self* raramente me deixam desconfortável. O que contrasta com a irritação que nos provocam certas traduções em Freud para "instinto", "catexia", "mente" etc. Parece-me, portanto, que, no caso do *Self*, o problema não reside inteiramente na tradução, embora ela, a tradução, também dependa de distinções teoricoclínicas.

Se para alguns autores, as polaridades na noção do Eu de Freud mereceriam uma diferenciação de uma nova instância como a do *Self*, para Freud essa divisão demoliria, provavelmente, a coerência do seu conceito do Eu quanto à sua gênese, suas funções, a experiencia que lhe é própria, e as suas relações com as demais instâncias. O Eu como um sistema de funções, aparentemente operativas (defesa, percepção, teste da realidade, julgamento etc.), pode não se coadunar, de ponto de vista descritivo, com as vivências narcísicas do eu, gozando de imagens de unidade, totalidade e como um território livre de conflitos, que se atribuía ao *Self*. Já no livro inaugural, da *Interpretação dos sonhos*, Freud destaca a proeminência do *desejo do eu*, de se recolher ao sono, quando o desejo, no sonho, põe fim aos embates da alma. Esse recolhimento ao sono, que os pais comemoram como "gostoso", projetando a conquista deste estado em seus bebes e crianças, pertence ao largo grupo de investimentos narcísicos do eu, aliás como os nossos recentes *Selfies*...

E se saltamos para a definição oficial do eu, 25 anos mais tarde, em *Eu e isso* (1923), em que "o Eu é, sobretudo um Eu corporal, não é apenas um ser de superfície, mas a projeção desta superfície"; o *Self* americano emerge aqui, pois a ideia da circunscrição de um território autônomo é também uma *projeção* do organismo dentro do psiquismo, uma projeção, por assim dizer, interna, uma *vivência*, em que se assiste à introjeção do corpo com limites ("excitações corporais, de superfície, que devolvem ao sujeito a imagem de território", explicita Freud numa nota de rodapé para a edição americana, esquecendo-se de acrescentar, algo que diria dois anos mais tarde – Adendo C do livro de 1926 (*Inibição, sintoma e angustia*) – que esta imagem se coteja em relação ao outro, na separação deste). Autores americanos como Hartmann, Rycroft e Levin reivindicam essa parte do Eu ao *Self*. Eles distinguem deste a base egoica, "objetiva": a circunscrição do corpo, como um sistema de percepção e consciência senso-motora. O equívoco aqui se deve ao positivismo que se apega ao Ego e à realidade como algo material que se impõe ao sujeito. A meu ver, os sentidos, a percepção e a ação nunca se articulam, em Freud, ao mundo cognitivo e comportamental da psicologia ou da atual neurociência; Klein e Lacan necessitaram deles (prematuridade "biológica") em algum momento para logo abandoná-los, felizmente. Voltando ao Eu de Freud:

Num dos primeiros esboços do aparelho psíquico, *O grafo da sexualidade* do manuscrito G, uma espécie de fisiologia da alma, Freud define o Eu como um grupo de representações. Após nove meses de gestação, ele dá nascimento ao modelo econômico da alma, mais consistente, e talvez o mais amplo de sua obra. *Projeto de uma psicologia* mostra claramente que as funções de percepção, de teste da realidade, de julgamento e de ação do Eu são fundadas, todas, sobre o esforço de inibição da realização alucinatória; e não se devem ao suposto privilegio dado pelo Eu ao mando do sistema percepção-consciência, mas bem ao contrário. O regime inibitório, ou seja, essa moção, por excelência negativa, do eu, provém do interior da rede de representações da qual o Eu se constituiu.

Em outras palavras, o eu, como nos mostra Freud, é uma *parte* do aparelho de memória que se *organizou* como unidade. Memória, na definição eloquente do *Projeto*... é um *poder de efetividade contínua de uma vivência*. Ou seja, são as vivências de dor e satisfação junto aos objetos que precipitam trilhas de investimentos. E as *relações* entre elas, cada vez mais complexas, constituem a base deste poder de efetividade, pela *re-aprendizagem* (Freud, 1895) que caracteriza o aparelho psíquico. O trilhar é consequência da predominância da função secundária, de retração, contendo a descarga que constitui a função primária, de modo a gerar precipitação de caminhos, traços mnêmicos. Com a sofisticação dos caminhos, das relações entre eles, uma parte deles pode se organizar sob esta função secundária, de contenção, gerando, no estado de vigília, uma rede constantemente investida/ocupada.

Este é o eu, e organizar significa diferenciar-se do meio, como bloco investido, narcísico, *tomando-se como um todo* em relação ao mundo (o sentimento de unidade é, portanto, imaginário). Ao mesmo tempo, essa reserva feita de cadeias de experiências de dor-satisfação se torna fonte das funções de atenção e alerta em relação ao meio, aos objetos. O eu, portanto, encerra nele, o vivido narcísico, do qual se apropriou o *Self* americano, mas ele é, também, a condição de antecipação em relação ao meio no julgar, pensar e agir. Trata-se de moeda de dupla face: o conjunto ocupado voltado para si constitui o narcisismo e, na outra face, o Eu confronta o mundo como alteridade, ficando alerta, atento e tomando notas das condições para apostar numa ação. E, mais, essa rede destacada de trilhas, quando *desocupada*, demarca o território do cemitério freudiano, em que túmulos – *investimentos abandonados de objetos* – configuram a primeira cidade psíquica, motivo de peregrinação e reunião (o que eram as cidades segundo os antropólogos), como recinto de *identificações* como é definido em 1923. Espero ter esclarecido por que Freud não poderia ceder uma parte deste Eu ao império do *Self* americano. Isso descaracterizaria toda a sua noção do eu, assim como de seu aparelho psíquico. Entretanto, o *Self*, talvez mais britânico, de Winnicott e Balint, vem acrescentar, a partir da clínica contemporânea, algo que, no aporte de Freud, se encontra apenas em germe. Curioso como Freud, nos textos finais de 1936 a 1939, sugere a existência do binômio *eu-isso*, e depois de mais de 40 anos em que o Eu lhe bastava. Seria essa a parte do id/isso que Lacan reivindicava para o seu *Je*, o Eu que não é Ego, não é *moi*? Sabemos que a partir do fim dos anos 1920, a clínica de Freud, Ferenczi e Federn, entre outros, impõe uma guinada no pensamento sobre o Eu em função das novas apreensões acerca das distorções que acometem o eu. Naquele período, os trabalhos da escola suíça, como os de Freud, Abraham, Ferenczi e Tausk, tentavam decifrar por que esse veio de reunião, integração e síntese do Eu se desmonta na psicose diante da pressão dos estímulos internos e externos ao eu, como se o represamento narcísico entrasse em colapso, assim como se danificasse o estabelecimento da alteridade com o mundo de modo a destruir as funções de julgamento e da ação.

Para Freud fica claro que as estruturas do aparelho, ou seja, as trilhas, as vias de condução, de contenção e de geração das vivências e representações são rarefeitas, o que impede que se tenha a sustentação necessária de uma reserva do Eu que o demarcaria em relação ao interior e perante o exterior. Trilhas rarefeitas significa que elas se desfazem, são incapazes de se fixar ou se precipitar porque se exasperam em se liquidar na realização alucinatória, dissolvendo os caminhos da memória. As palavras perdem as pontes para as coisas e reivindicam para si o estatuto de coisas. Um sonho a céu aberto, sem sonhador, sem percepção da memória ou do mundo. Mas Freud indica outra eventualidade que não é a liquidação ou a erosão quase total das trilhas, mas de uma perda da resistência (no sentido de Julián Fuks), da imunidade desses traços de memória. E isso no novo grupo de neuroses narcísicas, as ditas melancolias, as mães dos casos-limites.

Neles, a porosidade nas trilhas do aparelho psíquico coloca em xeque o conjunto desses traços investidos do eu, quanto aos limites que o demarcam de dentro, em relação ao aparelho psíquico, assim como em relação ao exterior, nas bordas que constituem o crivo, a membrana para as excitações e que os fraciona e seleciona-os para a incursão no mundo psíquico. O quadro aqui não é a exasperação do *fim do mundo* e a necessidade de criar uma nova realidade, mas muito mais o desespero em conservar o conjunto do eu, seus limites, diante da baixa resistência de seus containers. Porosidade que leva para a hemorragia no eu. Cratera que desperta mágoas, denúncias, queixas e a exigência de ressarcimento, em que Freud identifica na melancolia a oscilação entre o esvaziamento e o desespero maníaco de reparação. Nesse caso, a passagem ao ato, a intrusão e a espionagem deslindam inúmeras expressões. Outras configurações deste esvaziamento desembocam nas depressões brancas e ainda em outras, na fuga para a realidade e para a sanidade, estabelecendo um conluio com o objeto para lidar com a ameaça de perder o próprio Eu e a sua comunidade.

Nesse grupo, encontramos as personalidades de *como se*. Para resumir, nesse amplo grupo de melancolias, negras e brancas, a ideia de um Eu sob ameaça de esvaziamento e de colapso leva a uma dupla fuga, seja para a superação maníaca por meio de passagem ao ato e a agressão, seja a fuga para a realidade externa, submetendo-se aos objetos. Seja na dissolução psicótico do eu, seja na ameaça sobre a manutenção de sua existência no limite, ambas levantam a interrogação sobre os ingredientes das unidades que as contêm e permitem a sustentação do Eu enquanto organização.

Se as redes das trilhas da memória do Eu são concebidas pela fixação/precipitação de rotas de investimentos, constituindo os moldes de representações e de identificações, estes não esclarecem o que parece se colocar em primeiro plano nesse largo escopo das psicopatologias: isto é, as reivindicações pela vida, de se sentir vivo, real e verdadeiro.

Self como condição do eu

Nas vivências de satisfação e dor, precipitam-se, simultaneamente, rotas de investimentos que são tributárias da resposta reflexiva do objeto às moções de desespero do recém-nascido. Se o aparelho psíquico se constitui como consequência de relações entre rotas simultâneas, isso se deve ao trabalho junto aos objetos. Nesse sentido, os objetos precedem as relações. E, no entanto, isso ocorre em uma dimensão intermediária. Trata-se aqui de uma relação em que as imagens de movimentos, sementes do universo das representações, que se precipitam no aparelho psíquico como traços de memória, se devem *às notícias,* diz Freud, que o adulto devolve ao bebê sobre os seus movimentos desordenados: *notícias de si.*

O adulto nomeia, dá noticia, interpreta e outorga existência aos movimentos do bebe, e somente a consequência dessa relação intermediária em que o adulto vem ao encontro de algo que o bebê esboça, que propiciará uma imagem que se precipita enquanto rota: traço no aparelho de um vivido, de um real, de algo verdadeiro. Quero dizer com isso que essa relação de reconhecimento de existência por parte do objeto vindo ao encontro do esboço de movimento criado pelo bebe é a inoculação de um si, do ingrediente do *Self* que acaba sendo a condição para estabelecer um caminho de investimento. É sobre esse si que se apoia e nasce, portanto, a sexualidade infantil. Até aqui é Freud (1895) descrevendo as vivências de satisfação, casando com Winnicott e Balint. Para Balint, a necessidade de reconhecimento constitui a área da falha básica, ótima definição dos acidentes das falhas do objeto de origem. Freud se torna cada vez mais explícito, 30 anos mais tarde, quando afirma que não basta o esboço de uma representação interna, ela precisa de uma corroboração de existência fora do sujeito, vindo ao seu encontro a partir do outro: "Não só dentro, mas também fora" do artigo *A negativa* (1925). É algo que o sujeito não possui e vem do outro, da relação do outro com o sujeito. Um traço, diz Freud em 1920, vem no lugar de uma tal percepção, de que algo nele é confirmado pelo outro lá fora.

Essa é uma situação antropológica fundamental. Se o adulto existe fora, mas não fornece ao bebê notícias de si, como no caso de uma mãe psicótica, morta, ou adicta, entre outras tantas presenças vazias de objeto, cria-se um repertório de vias mnêmicas rarefeitas, vazias e porosas, em que o não reconhecimento acarreta desde a psicose até configurações esquizoides e limites. Parece-me que aqui o *Self* é algo que deve anteceder e condicionar o eu. Não só na constituição do sujeito como no espaço analítico, na presença do analista, na técnica. Isso que Winnicott designa de instauração do objeto objetivo, isto é, em terreno compartilhado, mundo terceiro, humano.

Referências

BION, R.W. *Second thoughts*. London: Routledge, 1967.

_____. *Attention and interpretation*. London: Routledge, 1970.

FERENCZI, S. Thalassa: um ensaio sobre a teoria da genitalidade. In: *Sandor Ferenczi, Obras Completas Vol.3*. São Paulo: Martins Fontes, 1992. (Obrapublicada originalmente em 1924).

_____. Confusão de línguas entre os adultos e a criança. In: *Sandor Ferenczi, Obras Completas*. v. 4. São Paulo: Martins Fontes, 1992. (Obrapublicada originalmente 1933).

FREUD, S. *The interpretation of dreams*. New York: Avon Books, 1965. (Trabalho original publicado em 1900).

_____. Beyond the pleasure principle. In: *Pelican Freud Library*. v. 11, pp. 269-338. London: Cox &Wyman, 1991. (Trabalho original publicado em 1920).

_____. The economic problem of masochism. In: *Pelican Freud Library*. v. 11, pp. 409-426. London: Cox & Wyman, 1991b. (Trabalho original publicado em 1924).

_____. Negation. In: *Pelican Freud Library*. v. 11, p. 435-442. London: Cox and Wyman, 1991c. (Trabalho original publicado em 1925).

_____. The unconscious. In: *Pelican Freud Library*. v. 11, p. 159-122). London: Cox & Wyman, 1991d. (Trabalho original publicado em 1915).

_____. *The ego and the id*. In: *Pelican Freud Library*. v. 11, p. 339-408. London: Cox&Wyman, 1991e. (Trabalho original publicado em 1923).

_____. On narcissism: an introduction. In: *Pelican Freud Library*.v. 11. London: Cox&Wyman, 1991f. (Trabalho original publicado em 1914).

_____. An outline of psycho-analysis. In: *Pelican Freud Library*. v. 15. London: Cox&Wyman, 1995. (Trabalho original publicado 1938).

_____. *Projeto de uma psicologia*. (Tradução de O.F. Gabbi Jr). Rio de Janeiro: Imago, 1995b. (Trabalho original em 1895).

_____. Lettres à Wilhelm Fliess, 1887-1904. Paris: PUF, 2006.

_____. Inibição, sintoma e angustia. In: *Sigmund Freud, Obras Completas*. v.17. São Paulo: Companhia das Letras, 2014. (Trabalho original publicado em 1926).

FUKS, J. *A resistência*. São Paulo, Companhia das Letras, 2015.

GREEN, A. Pourquoi les pulsions de destruction ou de mort?. Paris: Ed. Panama, 2007.

KLEIN, M. Our adult world and its roots in infancy. In: *The writings of Melanie Klein*. (1946-1963), p.248. London:The Free Press, 1958.

11. Sobre a gestão neoliberal do sofrimento psíquico e social. Sujeito, Governo e Ciência em tempos sem sombras.

Nelson da Silva Junior

A proposta do encontro coloca em relação três termos: Ego, *Self* e Clínica Contemporânea. Proposta ousada, que nos convida a pensar categorias psicanalíticas em suas relações com as alterações sociais.

Gostaria de apresentar algumas reflexões sobre estas categorias, levando em conta as alterações sociais de nossa época, particularmente aquelas ocorridas a partir da ascensão do neoliberalismo nos anos 1970. Mais do que mera teoria econômica, o neoliberalismo é uma formação discursiva no sentido foucaultiano do termo. Segundo Foucault, uma formação discursiva é uma matriz de produção de discursos que atravessa diferentes âmbitos da cultura. Em primeiro lugar, seus jogos de verdade, isto é, sua concepção de ciência. Em segundo lugar, sua concepção do que é o Estado, ou seja, sua ideia de Política, e, finalmente, seus modos de subjetivação, ou seja, os modos de objetivação do que é ser um sujeito. O neoliberalismo pensa hoje o Estado e o sujeito como empresas que devem gerar lucros, e, no que diz respeito à ciência, ele construiu formas de legitimação de verdade indissociáveis do consumo, como veremos no caso da clínica psiquiátrica contemporânea. É nesse sentido que o neoliberalismo pode ser examinado como uma formação discursiva: uma concepção de Governo, uma concepção de ciência e uma concepção de sujeito.

No *Latesfip10*, acabamos de desenvolver uma pesquisa sobre o *Neoliberalismo como gestão do Sofrimento*. Essa pesquisa pressupõe duas teses. Primeiramente a tese de que as patologias são indissociáveis da organização social em que aparecem, donde a expressão *patologias do social*, pesquisa que deu origem ao primeiro livro de nosso laboratório.[11] Tese esta que retoma uma tradição de crítica social inaugurada com Rousseau, retomada de forma independente por Marx e Freud e que tem sido central no Instituto de Pesquisa Social desde Adorno e Horkheimer até seu atual diretor, Axel Honneth. A segunda tese é que tais *patologias do social* não são apenas efeitos secundários inevitáveis, mas também instrumentos de governo e de gestão social.

Com efeito, se as *patologias do social* são consideradas não apenas "restos" indesejáveis de uma cultura, mas como produtos inerentes a esta, elas também revelam o modo que cada sociedade nomeia o tratável e o intratável de si mesma. Em tais nomeações do tratável e do intratável reside seu modo de gestão do sofrimento. Tentarei mostrar que modo de gestão do sofrimento no neoliberalismo é inseparável de sua teoria social, de sua filosofia da ciência e de sua teoria do sujeito.

Comecemos pelo Ego e pelo *Self* que ocupam um lugar particularmente relevante nessa nova cultura. Na medida em que subiram ao zênite dos ideais da cultura, o Ego e o *Self* se tornaram também elementos incontornáveis da gestão do sofrimento neoliberal. A diminuição das neuroses e o aumento das depressões e de

---

10 Laboratório de Teoria Social, Filosofia e Psicanálise fundado e dirigido por Christian Dunker, Vladimir Safatle e por mim, em 2006, na Universidade de São Paulo, voltado para pesquisas interdisciplinares.

11 Dunker, C.; Silva Junior, N.; Safatle, V. *Patologias do social. Arqueologias do sofrimento psíquico*. São Paulo: Autêntica, 2018.

outras formas de sofrimento narcísico têm sido frequentemente apontados como consequências do deslocamento do conflito entre o desejo e sua proibição para aquele entre o Ego e seus ideais. Essa compreensão faz sentido, mas não apreende o fato de que tal deslocamento é apenas um fragmento de alterações da cultura como um todo. Contudo, até sua forma atual como indivíduo-empresa, o Ego passa por diferentes momentos, numa história que merece ser retomada em seus pontos de mutação.

A invenção social do Ego e do Self dos anos 1960 aos 1990[12]

Retornemos aos anos 1960 e 1070, quando o Ego sobe à cena como um valor em si na cultura contemporânea. Esta ascensão resulta fundamentalmente de discursos que elevam o prazer e a harmonia consigo mesmo à categoria de um dever moral. Formas alternativas de viver em comunidade, de organizar relações amorosas em casais e famílias, a descoberta do corpo e da sexualidade se redirecionam a partir de ideais de harmonia consigo e com a natureza. Das revoltas estudantis de maio de 1968 de Paris, ao movimento hippie e o emblemático fato social que foi Woodstock, todos aspiram por novidade, pela ultrapassagem do antigo a partir da exploração da interioridade e sensorialidade. A autoexploração e autoexperimentação se tornam as primeiras palavras de ordem desse tempo que anseia organicamente pelo novo.

Tais valores não pareciam inicialmente favoráveis à indústria do consumo. Rapidamente, porém, o *marketing* se reorganiza, abandona as velhas categorias de grupos sociais e, a partir

---

12 As informações desta parte foram obtidas em sua maioria principalmente na quarta parte do excelente documentário de Adam Curtis, *The Century of the Self*, produzido pela BBC em 2002 e vencedor de vários prêmios.

da pirâmide de Maslow, gera os princípios básicos de uma nova forma de classificar os consumidores, baseada em *values and life--style-* traduzindo: *valores e estilo de vida*. O que essa classificação traz de novo parte da constatação que a autoexpressão não se dá, afinal, de forma sempre inédita e, portanto, imprevisível. Seus padrões se dão em número finito e podem ser mapeados em uma tipologia bastante simples de expressão da autonomia. "Os produtos, afirma Daniel Yanchelovich, um grande consultor de pesquisa de *marketing* dos anos 1960 e 1970, sempre tiveram apelo emocional. A novidade, diz ele, é a ideia que *esse produto me expressa*". Seja um Fusca vintage, ou um lazer como velejar, trata-se primeiramente a cada caso de formas da *autoexpressão* do sujeito. O mercado se vê, assim, desafiado a fornecer aos sujeitos produtos que legitimem socialmente sua identidade singular, instaurando um movimento de determinação mútua, uma nova dialética do imaginário, em que o sujeito legitima o produto e o produto legitima o sujeito.

Evidentemente, algumas vozes já haviam se levantado contra o consumismo desde seus primeiros sinais nos anos 1940. Herbert Marcuse, por exemplo, acusava o consumismo de levar o homem a uma espécie de existência esquizofrênica, agressiva e violenta, decorrente da "prosperidade vazia" promovida pela indústria do consumo. Mas as tentativas de oposição ao sistema nos anos 1960 foram violentamente reprimidas pelas forças do Estado. A partir daí, a semântica da revolução sofre uma guinada espacial. Os efeitos da vida em uma sociedade corrupta e injusta deveriam ser extirpados por outro método: não mais pelas manifestações e pela luta armada nas ruas, mas sim a partir de dentro, do interior dos sujeitos. O ativismo político explícito se metamorfoseou em uma forma de revolução interna que deveria, pela progressiva expansão em cadeia das novas sensibilidades, silenciosamente provocar a Revolução almejada. No final dos anos 1960 e no início dos anos 1970, a intimidade adquire a missão política de transformação social.

O problema é que esta interiorização da revolução contra o capital estava abortada antes que pudesse vingar. Com efeito, dos anos 1940/1950 para os 1960/1970, a utilização da psicanálise como instrumento de controle das massas havia lentamente passado de uma lógica do controle e recalcamento dos desejos para a ideia de uma satisfação e produção dos desejos. Diante da lógica de legitimação mútua entre os produtos e a expressão da individualidade, o discurso de um "verdadeiro eu", sustentado por psicanalistas como Marcuse e outros psicoterapeutas politicamente ativos da época, era, *a priori*, ineficaz.

Com efeito, tais contraposições ao consumo, quando apelam ao verdadeiro Ego, em oposição ao Ego imposto pela publicidade, seguiam uma mesma lógica da identidade, na qual a harmonia consigo funcionava como uma meta idealizada e a ser obtida no âmbito comportamental. Rapidamente, inúmeros seminários e workshops sobre como *se tornar si mesmo* frutificaram pela sociedade de consumo. Mas a lógica da identidade inclui também seu contrário. A ideia de *se tornar qualquer um*, sem nada de singular, foi também utilizada por um dos mais famosos psicoterapeutas da época, Werner Erhard, que levantava plateias em suas palestras de adesão ao *Human Potential Movement*. Nos dois casos, tratava-se de liberar os sujeitos das identidades socialmente construídas, ainda que, no primeiro caso, isso devesse se realizar pelo encontro com o verdadeiro núcleo do eu, e, no segundo caso, pela chegada ao vazio e à ausência de sentido, ao nada a partir do qual a criatividade pode ser genuína e verdadeira.

Fernando Pessoa, nos anos 1920, já antecipara esse silogismo para demonstrar que a revolução só poderia vir da burguesia. Pessoa partia da premissa segundo a qual das três classes sociais – aristocracia, proletariado e burguesia –, as duas primeiras *eram necessariamente alguma coisa*, e que só a burguesia seria, de fato, nada. Se o novo só pode vir do nada, a revolução poderia vir apenas da burguesia. Mas no caso do *Human Potential Movement*, assim como para a grande maioria destas psicoterapias centradas no Ego, não havia mais revolução social à vista. A retórica do poder criativo do sujeito havia, no meio tempo, se tornado indissociável da desvalorização da vida social. O projeto inicial de uma revolução social pela interioridade se perdera e fora substituído pela afirmação sem pudor de que apenas o indivíduo, sua autorrealização e sua necessidade de satisfação existiam. A satisfação individual, que, nessa época, ainda era pensada em chaves emocionais e sensoriais, era elevada, assim, a uma categoria de dever moral como um fim em si mesmo, e não mais como instrumento da revolução social.

Tal ascensão do indivíduo à realidade única se encaixava com perfeição no projeto político neoliberal incipiente dos anos 1970, a saber, a ideia de que o governo deva ser reduzido a um mínimo possível, e seus serviços e deveres sejam repassados a empresas privadas. Mas os sujeitos ainda não eram pensados como indivíduo-empresa, como ocorreria a partir dos anos 1980. Os novos sujeitos autocentrados dos anos 1970 garantiriam um equilíbrio estável entre produção, consumo e bem-estar social. Nessa década, a retórica egoica se dissemina pelo espaço social e torna-se o epicentro de discussões acadêmicas de vários campos, da economia às psicoterapias, dos Recursos Humanos à educação, imprimindo novos sentidos à egolatria da época.

Para o prêmio Nobel de Economia, Gary Becker, por exemplo, o Ego é a expressão de uma categoria epistemológica que o ultrapassa. O Ego individual é apenas uma das formas de *unidade decisória* entre possibilidades incompatíveis. Tal unidade decisória pode ser um sujeito, uma família, uma empresa ou uma nação. O importante para o prêmio Nobel é que qualquer comportamento humano deva ser sempre considerado uma "escolha racional entre objetivos excludentes visando à maximização de utilidades" (Becker, 1990, p.5). Becker ficou famoso por ser o criador do conceito "Capital Humano", em que propõe a ideia de que a educação deva ser pensada como um investimento financeiro equivalente a qualquer outro. O exemplo da educação é apenas a faceta mais conhecida de sua obra, que propõe a equação custo/benefício como a categoria fundamental da existência em todos seus âmbitos. Assim, investir na própria formação, na saúde ou no prazer imediato são escolhas de um Ego racional que responderá pelos ganhos e perdas futuros de suas opções. Lentamente, mas de modo inevitável, o conceito de "capital humano" se espalha pela sociedade, ressignificando a função da formação acadêmica na vida social e deslocando o peso do conhecimento adquirido para os rendimentos que ele possibilita. A faceta performativa deste modo de subjetivação se revela aqui com clareza, pois, ao investir financeiramente na própria formação, o sujeito se concebe necessariamente como uma empresa que deve prospectar novos mercados e optar pelas possibilidades mais lucrativas e seguras.

Para que pudesse se tornar uma forma social capaz de votar, este *Ego-realidade da teoria econômica de Becker* sofreria ainda outra inflexão de sentido ao longo dos anos 1970. Desta vez, uma inflexão explicitamente moral. Isso foi obtido com livros de sucesso como o *A revolta de Atlas*, de Ayn Rand, e o best-seller de outro prêmio Nobel de Economia, Friedrich Hayek, sob o título *O caminho da servidão* (2010). Outro grande arauto do neoliberalismo foi Milton Friedman, também prêmio Nobel, e produtor de documentários e autor de vários *best sellers* sobre o neoliberalismo (Freidman, 1984). Esses e outros autores imprimiram uma nova guinada na retórica egoica do imaginário social, passando da ideia ainda relativamente abstrata do *Capital Humano* para a semântica heroica do Ego livre, empreendedor e conquistador incansável de novas oportunidades. Nos Recursos Humanos, esse novo Ego serviu como uma luva em um momento que as empresas se concentraram em reduzir suas responsabilidades e gastos com direitos trabalhistas.

Vejamos dois exemplos de como essas alterações semânticas se concretizaram em diferentes discursos. Nos anos 1970, quando o apelo à sensibilidade e à autoexpressão ainda eram valores socialmente compartilhados, o *slogan* "Faça de sua vida uma obra de arte" ainda era possível. Nos anos 1990, uma das melhores ilustrações do novo individualismo é dada pelo título de uma revista de grande circulação entre os nossos jovens: *Você S/A*, sintagma do conceito de indivíduo-empresa.

O Ego neoliberal, cujo núcleo teórico havia sido estabelecido por Gary Becker, já estava assim devidamente vestido de um imaginário moral acessível ao grande público e, portanto, em condições de exercer seu papel cívico pelo voto. A ideia keynesiana de que o Estado deveria compensar ou minimizar a injustiça social estrutural provocada pelo capitalismo não era mais uma verdade evidente para as massas. Toda função assistencial do Estado passou a ser olhada com suspeita, como uma forma de fomentar uma sociedade composta por sujeitos dependentes, preguiçosos e incapazes. Se nos anos 1970 ela é incipiente, no início dos anos 1980, esta narrativa é hegemônica na vida social dos países desenvolvidos, como demonstram as vitórias eleitorais de Reagan e Thatcher.

Feito esse breve quadro, basicamente composto de cenas de diferentes faces do Ego desde os anos 1960, retomemos, ainda que muito rapidamente a ideia de Governo no neoliberalismo e no que ela se diferencia da orientação econômica que o precedeu.

O Governo neoliberal e sua supressão das políticas sociais

Como vimos, desde os anos 1970, o neoliberalismo deixa de ter uma mera realidade teórica para passar à prática, seguindo basicamente duas direções que afetam radicalmente o contexto e a natureza da política. A primeira, a partir do projeto de redefinição do Estado e suas instituições como um instrumento do capital, e não mais como instância representacional e democrática dos diversos setores da população. A segunda, pelo desenvolvimento de uma modalidade de controle específica, em que o indivíduo é elevado à categoria única da realidade das trocas. Duas declarações de Margareth Thatcher exemplificam claramente os alvos do neoliberalismo em suas práticas de controle, a saber, reconstituir em sua base as relações sociais e os sujeitos: "A sociedade não existe, apenas homens e mulheres individuais" e "A economia é o método, mas o objetivo é transformar os espíritos" (Harvey, 2013, p. 32).

A ideia básica de Governo do neoliberalismo é que todos os processos sociais sob responsabilidade do Estado possam ser recodificados em trocas mercantis, da saúde ao sistema penal. Claro está que o desemprego e a precarização social estão ligados ao aumento dos índices de criminalidade, por exemplo. Mas na concepção neoliberal, o custo estatal pode ser revertido em lucro corporativo pela privatização do aparelho carcerário. Resumidamente, a mercadorização da vida como um todo é a meta no projeto neoliberal de Governo.

Para avançarmos à nossa conclusão, vejamos o caso da saúde. Aqui, o custo simbólico e moral das doenças ligadas ao desemprego, por exemplo, pode ser revertido em lucro no negócio dos seguros saúde e da indústria farmacêutica. Afetos como a tristeza e a humilhação social (Gonçalves Filho, 1998), uma vez retraduzidos em depressões e outras patologias, tornar-se-iam um dos negócios mais lucrativos da indústria farmacêutica.

A Epistemologia Psiquiátrica e o Marketing farmacêutico: a construção uma nova clínica.

Para introduzir esta última parte de meu trabalho, gostaria de apresentar a vocês uma vinheta da clínica. Creio que ela mostra uma nova inflexão semântica do Ego a partir da ciência psiquiátrica atual:

Clara é uma mulher bonita, de quarenta e poucos anos, que foi encaminhada para a análise por sua psiquiatra. Ao sentar-se na poltrona na primeira entrevista, declara, como quem se apresenta: "– Sou bipolar". O silêncio que se segue parece esperar uma confirmação do analista. Sem sinal de reconhecimento desta forma de identificação social, ela inicia aos poucos a narrativa de sua história: está divorciada, é mãe de dois filhos, já fez uma análise, inicialmente motivada por uma depressão aos 17 anos.

Freud falava "do detalhe chocante da realidade" (1930). Clara nos introduz à realidade chocante de uma nova concepção de ciência psiquiátrica também com um detalhe: "sou bipolar". O discurso da psiquiatria não é mais apenas um diagnóstico que se ajusta ou não a uma pessoa. Pelo contrário, é o próprio diagnóstico que faz hoje parte das formas das pessoas se pensarem, apresentarem-se e reconhecerem-se. Segundo penso, isso só se tornou possível pela articulação de dois movimentos recentes na história da Psiquiatria, por um lado uma revolução epistemológica radical, e, por outro, sua associação com o *marketing*.

Para poder avaliar sua revolução epistemológica, notemos que a Psiquiatria havia conquistado um lugar respeitável junto a outras especialidades médicas somente a partir dos anos 1950. De fato, apenas a descoberta de medicamentos eficazes no controle dos efeitos das depressões graves, com os *antidepressivos tricíclicos*, das psicoses, com o *haloperidol*, e dos sintomas de ansiedade, com os *benzodiazepínicos*, outorgou uma verdadeira autonomia clínica para a Psiquiatria. Antes disso, sua terapêutica era tributária de outras ciências como a Psicanálise. Mas foi nos anos 1970, com uma radical reorientação epistemológica na ideia de diagnóstico que a ciência psiquiátrica ascendeu à respeitabilidade acadêmica atual. Tal como a história do DSM e do CIDI demonstra, esta nova epistemologia está baseada no abandono progressivo da compreensão etiológica e na adoção de critérios exclusivamente convencionalistas para o diagnóstico das doenças mentais. Essas alterações foram as condições de base que permitiram à Psiquiatria um salto para além das fronteiras da medicina tradicional, a saber, um salto para a indústria do consumo, na mais bem-*sucedida joint-venture* acadêmico-empresarial do campo da saúde.

Consideremos mais detidamente a verdadeira mudança de paradigma em jogo nesta nova epistemologia. De fato, ela permite nada mais nada menos do que inverter a ordem que vai da produção de conhecimento à terapêutica na medicina tradicional. Assim, em vez de esperar passivamente as doenças surgirem, serem descritas e submetidas a sucessivas experiências terapêuticas, a Psiquiatria passa a definir as patologias de sua competência organizando-as de modo *a posteriori*, a partir de agrupamentos de sintomas que desapareçam sob a ação de drogas com efeitos neuroquímicos. É aqui que entra o *marketing*, responsável por criar uma narrativa de estrutura relativamente simples, que apresente ao consumidor de modo simultâneo seu problema e sua solução. Notemos que uma chancela mútua ocorre novamente nesse processo narrativo problema/solução: o medicamento chancela a unidade da patologia e a patologia chancela a eficácia do medicamento.

Há fundamentalmente três estratégias para isso no *marketing* farmacêutico (Parry, 2003): 1. aumentar a importância de um sofrimento (p. ex.: a TPM); 2. redefinir uma doença já existente, de modo a diminuir o preconceito em torno dela (p. ex.: a renomeação da *impotência viril* como *disfunção erétil*, descrição de um mecanismo que falha sem conotações morais; e 3. desenvolver uma nova doença de modo a construir o reconhecimento para uma necessidade não atendida pelo mercado (p. ex.: transtorno do pânico).

Nessa narrativa, um diagnóstico psiquiátrico aponta com precisão para um problema essencialmente orgânico, dele retirando toda carga moral e apresentando, ao mesmo tempo, uma solução química eficaz. Este processo naturaliza o sofrimento psíquico, apontando o corpo inerte, o soma, como o responsável último pela doença, como bem demostrou Silvia Bolguese, em seu livro *Depressão e doença nervosa* (2004). Apresentar-se como um *bipolar*, *portador de TOC ou doença do pânico* não é, nesse caso, muito diferente de alguém que se apresenta como diabético e que solicita uma dieta especial no avião. Um diagnóstico se torna, assim, uma forma de identificação social sem conotações morais.

Contudo, ao excluir dele todas as causas sociais e históricas, esta ressignificação do sofrimento implica necessariamente sua despolitização. Podemos concluir afirmando que a gestão neoliberal do sofrimento é o resultado de uma complexa articulação entre os modos de subjetivação, os jogos de verdade e uma nova ideia de Governo. Ao serem traduzidos em patologias orgânicas, sofrimentos sociais adquirem formas de nomeação que distanciam os sujeitos da experiência de uma vida em comum. Nos regimes de compreensão dos afetos reside sempre uma teoria do sujeito e uma teoria política. Se lembrarmos que patologias são formas fundamentais dos processos de socialização, a formação discursiva neoliberal, ao suprimir o reconhecimento dos sofrimentos como resultantes de sua história e do pertencimento a uma comunidade, atingiu provavelmente o grau mais reificado da constituição de sujeitos e de vínculos sociais de nossos tempos. Tempos cuja escuridão vem paradoxalmente de seu excesso de iluminação.

Referências

BECKER, G. *The economic approach to human behavior*. Chicago: The University of Chicago Press, 1990.

BOLGUESE, M. S. *Depressão & doença nervosa moderna*. São Paulo: Via Lettera/FAPESP, 2004.

GONÇALVES FILHO, J. M. Humilhação social – um problema político em psicologia. Psicol. USP vol.9 n.2. São Paulo, 1998.

HARVEY, D. *Neoliberalismo: história e implicações*, São Paulo: Ed. Loyola, 2013.

HAYEK, F.A. *O caminho da servidã.*, São Paulo: Instituto Ludwig von Mises Brasil, 2010.

PARRY, V. *The art of branding a condition*. Londres: Medical Marketing & Media, 2003.

FREUD, S. (1930). *Das Unbehagen in der Kultur*. Studienausgabe. Frankfurt-am-Main: Fisher Taschenbuch Verlag, 1982. IX.

FRIEDMAN, M. *Capitalismo e liberdade*. Rio de Janeiro: Abril Cultura, 1984.

12. É adequado referir-se aos relacionamentos humanos como *relações de objeto*?

Leopoldo Fulgencio

Ao discutirmos sobre qual seria o título desse Simpósio, fizemos uma distinção entre a expressão conceitual "relações de objeto", própria à semântica psicanalítica, e os fenômenos que se tenta abordar utilizando essa expressão; daí termos nomeado o Simpósio de "Relações e objetos. Fundamentos e clínica", optando por dar foco e importância aos fatos que queremos discutir, em vez de nos referirmos a um jargão da nossa área. Isto, a nosso ver, possibilitaria colocar os fenômenos como temas de discussão, para além das diferentes perspectivas semântico-teóricas da psicanálise.

Laplanche & Pontalis (1967) já comentaram que todo o pensamento de Freud está focado na análise das *relações de objeto*, seja em termos dos seus tipos (autoerótico, narcísico, homossexual, heterossexual), seja em termos de seus modos (oral, anal, fálico, genital adulto), ao analisarem esse verbete no seu *Vocabulário de Psicanálise*.

Greenberg & Mitchell (1983) apontam para o fato de que a noção de objeto, mesmo nas suas diversas acepções, se refere às pessoas ou a seus aspectos parciais (reais ou fantasiadas, apreendidas como externa ou pertencentes ao mundo interno) com as quais os pacientes se relacionam: "Dentro da história da psicanálise, o termo [relações de objeto] tem sido usado para descrever tanto pessoas reais no mundo externo como imagens delas internamente estabelecidas" (1983, p. 9).

Ainda nessa direção, numa perspectiva mais metapsicológica, Greenberg & Mitchell (1983) reconhecem que:

> *O conceito de relações objetais originou-se como uma parte inerente da teoria pulsional de Freud. O "objeto" na linguagem de Freud é o objeto libidinal (na teoria posterior também objeto da pulsão agressiva). Neste sentido, o significado da palavra "objeto" é paralelo ao seu duplo uso em inglês cotidiano, no qual ele se refere tanto a uma coisa como a um objetivo ou alvo. O objeto de Freud é uma coisa, mas não é qualquer coisa; é a coisa que é alvo da pulsão. (p. 8)*

Nessa direção, ao recorrermos a Freud, para caracterizar o que é a transferência, também reconhecemos seu modo de pensar as relações de objeto como sinônimo de relações interpessoais:

> *Que são transferências? São novas edições ou fac-símiles dos impulsos e fantasias que são despertados e tornados conscientes durante o andamento da análise. Possuem, no entanto, uma peculiaridade, característica de sua espécie: substituem uma pessoa anterior pela pessoa do médico. Em outras palavras, toda uma série de experiências psicológicas é revivida, não como algo que pertence ao passado, mas que se aplica ao médico no presente momento. (Freud, 1905e, p. 116)*

Essa coisa que é o objeto é, pois, algo díspar do indivíduo (seja no mundo externo, seja como representação, no mundo interno, parcial ou não) ou da pulsão, externo a eles e com os quais se relacionam.

Poderíamos retomar a história do desenvolvimento da psicanálise, desde seu início, para salientar a importância dessa noção, destacando a diversidade de abordagens propostas – por exemplo, a obra de Klein, centrada na sua concepção de que as relações de objeto ocorrem desde o primeiro momento pós-natal[1] (Klein, 1952, p. 72), e a obra de Lacan, que também toma a noção de relação de objeto como tendo *uma posição central na teoria e na prática psicanalítica* (Lacan, 1995, p. 9). Algo que, me parece, já foi feito por diversos de meus colegas e que tem no livro de Gurfinkel (2017) – considerando que a noção de relação de objeto apresenta "um tipo de pensamento teórico-clínico [...] que toma como foco central da vida psíquica humana o relacionamento com os outros" (p. 35) – um estímulo consistente para que tenhamos nos mobilizado para organizar esse evento.

É, pois, um fato conceitual reconhecido, que a psicanálise pensa as relações humanas, desde o seu início (ainda que se discuta qual é este início), usando a expressão "relações de objeto" – o que já é, de certa maneira, constituinte do próprio conceito de pulsão "conceito fundamental do qual não podemos prescindir", como disse Freud em 1915. A importância e centralidade deste conceito têm sido reiteradas de diversas maneiras pelas conferências apresentadas nesse simpósio.

---

1 "O uso que faço do termo "relações de objeto" baseia-se na minha asserção de que o bebê, desde o início da vida pós-natal, tem com a mãe uma relação (se bem que centrada primariamente em seu seio) imbuída dos elementos fundamentais de uma relação objetal, isto é, amor, ódio, fantasias, ansiedades e defesas" (Klein, 1952, p. 72).

No entanto, tomar a relação humana como uma relação com um objeto, tomar o outro como um objeto, é uma metáfora um tanto quanto desajeitada, pois quando alguém nos toma como se fôssemos um objeto ou quando o outro é, para nós, um objeto, parece que já nos distanciamos das relações propriamente humanas; e ninguém se sente muito confortável nessa objetificação. Pode-se dizer que este é um modo de falar conceitual que se mostrou extremamente útil no campo da ciência psicanalítica e que é necessário entender a expressão "relações de objeto" considerando-se os seus significados e referentes no contexto semântico-teórico da psicanálise, tal como o termo "sexualidade", que tem sentido e referente específicos na psicanálise, diferentes do seu sentido ordinário.

Gostaria, mesmo assim, agora, de considerar a questão incômoda, com a qual me deparei ao ler o livro do filósofo Peter Sloterdijk, *Esferas I*, especialmente no seu capítulo "Nobjetos e não-relações. Para uma revisão da teoria psicanalítica das fases", em que o uso dessa noção é duramente criticada. Sloterdijk faz o seguinte comentário:

> O filósofo da cultura e antropólogo dos meios Thomas Macho (1993) provou conclusivamente [...] um erro fundamental da conceitualização psicanalítica no que concerne às relações arcaicas e pré-natais entre a mãe e a criança. Pode-se mostrar, de fato, que as ideias da psicanálise sobre as primeiras comunicações formularam-se, sem exceção, segundo o modelo das relações objetais – particularmente nos conceitos da assim chamada teoria das fases [oral, anal, fálica, genital adulta] [...]. Macho mostrou [...] que toda a conceitualização psicanalítica das primeiras relações está fundamentalmente deformada pelo preconceito do objeto – mais ainda, que essa fixação sobre a ideia da relação com o objeto é responsável pelo desconhecimento francamente grotesco dos modos

de realidade do feto e do bebê por parte da velha ortodoxia psicanalítica. (Sloterdijk, 2016 [1998], p. 268)

Como forma de fazer ver, em termos empíricos mais evidentes, relações que não poderiam ser adequadamente descritas em termos de relações de objeto, Sloterdijk aponta a *relação que o feto tem com o sangue placentário*, impossível ou inadequada para ser descrita como uma relação com um objeto.

De modo geral, creio que tanto o filósofo como o antropólogo alemão não compreenderam com precisão a complexidade da noção freudiana de relações de objeto, ainda que sua questão não seja de todo despropositada ou inadequada. Ou seja, recolocando o questionamento crítico feito por eles, creio que se trata de perguntar: a maneira como a psicanálise se refere à relação humana – seja no quadro da teoria psicanalítica do desenvolvimento emocional, seja no quadro ou *setting* do modo de tratamento psicanalítico, focado na relação transferencial –, é adequadamente descrita com a noção de relação de objeto?

Evitarei a discussão no campo da filosofia e da antropologia, nos quais não tenho a formação e a habilidade semântico-conceitual desses críticos da psicanálise, para abordar o problema no nosso próprio campo da ciência psicanalítica, seja em termos teóricos, seja em termos clínicos.

Nessa direção, creio que, em Winnicott, ainda que não só nele, temos descrições e teorizações das relações humanas que não são descritas como *relações de objeto* propriamente ditas, ainda que o termo "objeto" permaneça sendo usado, a saber: as da situação inicial em que há um amálgama mãe-bebê, e a dos fenômenos transicionais. Esses dois tipos de relação (com o mundo, com a realidade) não podem ser adequadamente descritos em termos de relações com objeto porque sujeito e objeto não são distintos.

Mais ainda, especialmente no que se refere, por exemplo, ao encontro no qual uma mãe dá de mamar a um bebê, Winnicott aponta para o fato de que esta é uma situação propriamente humana, um encontro com uma comunicação profunda entre a mãe e o bebê, e não o encontro com um objeto, dando ênfase ao fato de que se trata de uma situação humana. Notem-se, estes dois comentários, feitos por Winnicott, reiterando a especificidade humana das relações: "o fato de que a mãe é capaz de executar uma adaptação tão delicada [quando amamenta] revela que se trata de um ser humano, e o bebê não demora a apreciar esse fato" (1949d, p. 50); e

> Nada estabelece tão clara e satisfatoriamente a concepção infantil da mãe como um ser humano total do que as boas experiências [garantidas pela adaptação da mãe-ambiente] durante a excitação, com gratificação e satisfação. À medida que a criança vai conhecendo gradualmente a mãe como ser humano total, desenvolve-se uma técnica para lhe dar algo em retribuição [à mãe, aos outros] pelo que ela forneceu. Assim, a criança converte-se também num ser humano total, com a capacidade para reter o momento de carinho e de atenção, em que se deve alguma coisa, mas o pagamento ainda não foi efetuado. É esse o ponto de origem da sensação de culpa e da capacidade infantil para sentir-se triste se a mãe amada [ou o outro] está ausente. Se a mãe [mãe-ambiente, ou aqueles que fazem ações desse tipo para a criança], tiver duplamente êxito em suas relações com o bebê, estabelecendo uma satisfatória amamentação [ou cuidados do mesmo gênero] e, ao mesmo tempo, permanecendo como pessoa única na vida da criança durante certo período de tempo, até que ela e o filho possam sentir-se seres humanos integrais, então o desenvolvimento

emocional da criança terá percorrido um longo caminho na direção do desenvolvimento saudável que, finalmente, constitui a base para uma existência independente, num mundo de seres humanos. (1957e, p. 57)[2]

Considero que essas dinâmicas relacionais iniciais (subjetivas e transicionais) não dizem respeito apenas ao que ocorre nos momentos mais primitivos do desenvolvimento, mas permanecem como modos relacionais específicos que estão presentes durante toda a existência.

Retomarei a maneira como Winnicott descreve esses modos de relação, para, então, recolocar a questão ou a pergunta sobre o modo de relação que ocorre no processo psicanalítico, mostrando que a compreensão da dinâmica relacional subjetiva e transicional, paradoxalmente, utiliza a expressão *relação de objeto* ao mesmo tempo que a nega, apontando para uma compreensão das relações humanas que ultrapassa uma metapsicologia objetificante da psicanálise (em suas diversas formas freudianas e pós-freudianas), para recolocar a psicanálise num outro quadro epistemológico, mais de acordo com uma perspectiva fenomenológica e humanista (cf. Fulgencio, 2015, 2020).

Não se trata, aqui, apenas, de uma discussão no campo da epistemologia ou da filosofia das ciências, mas também da caracterização do tipo de encontro que o método de tratamento psicanalítico exige para que possa funcionar como um método de cura psicoterápica, centrado na própria experiência relacional (transferencial); lembrando aqui, para caracterizar esse contexto, a afirmação de Winnicott, de que a relação entre o analista e seu paciente é uma *relação humana simplificada* (1986f, p. 109), uma relação não objetificada poderíamos dizer.

---

[2] Os acréscimos, em colchetes, no texto de Winnicott, são meus.

As relações iniciais no quadro da experiência de ilusão de onipotência: os "objetos" subjetivos

Na sua tentativa de explicar e descrever como são as relações iniciais do bebê com a mãe, Winnicott afirma claramente que a psicanálise as considera relações de objeto, nas quais há um sujeito (mais ou menos primitivo) e um objeto (apreendido como diferente do sujeito), é uma distinção, o que não está dado desde o início (no feto, no bebê e na criança), ou seja, que a relação de objeto propriamente dita é um modo de relação que só poderá ocorrer quando essas condições de integração e diferenciação sujeito-objeto tenham sido conquistadas como uma aquisição do desenvolvimento emocional da criança:

> *Examinando-se diretamente a comunicação e a capacidade de se comunicar, pode-se ver que elas estão intimamente ligadas às relações objetais. Relações com os objetos são um fenômeno complexo, e o desenvolvimento de uma capacidade para se relacionar com os objetos de forma alguma é um ponto simples no processo de amadurecimento. Como sempre, o amadurecimento (em psicologia) requer e depende da qualidade do ambiente facilitador.[...] O objeto, sendo de início um fenômeno subjetivo, se torna percebido objetivamente. Esse processo leva tempo, e meses ou mesmo anos se devem passar antes que as privações e perdas possam ser absorvidas pelo indivíduo sem distorção dos processos essenciais que são básicos para as relações objetais.*
> (Winnicott, 1965j, p. 164)

Nesse momento inicial, bebê e mãe constituem uma unidade, um amálgama, a "dupla amamentante" (Winnicott, 1958d, p. 165), em cuja relação dinâmica (Figura 1) podemos descrever as dinâmicas em jogo da seguinte maneira:

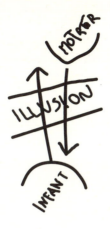

Figura 1: Bebê ⇌ ilusão ⇾ mãe.

1. o bebê, que não conhece nenhuma realidade não *Self*, quer alguma coisa em algum lugar, sem saber qual é a sua necessidade (devido à sua imaturidade emocional e cognitiva para apreender a si mesmo, seus sentimentos, suas necessidades e, mais ainda, os objetos externos que poderiam atendê-lo);

2. A mãe, em comunicação e compreensão do que é que esse bebê precisa nesse momento, oferece a ele aquilo que atende à suas necessidades (suponhamos, aqui, que seja o seio, mas bem poderia ser uma outra coisa... ser segurado, contato, higiene etc.);[3]

---

3 Cf. em Winnicott (1957e), uma descrição da miríade de fatos inter-humanos, em comunicação e adaptação profunda, que ocorrem na situação ordinária, na qual uma mãe dá de mamar a seu bebê, caracterizando o cenário como propriamente humano, ou seja, em que seria difícil não distorcer a realidade inter-humana em jogo caso disséssemos simplesmente que o seio é um objeto para o bebê.

3. O bebê encontra, então, aquilo que atende à sua necessidade no quadro de uma relação humana, numa dinâmica na qual aquilo que é encontrado é, na verdade, do ponto de vista do bebê, derivado da única coisa que existe, ele mesmo e sua necessidade. Ainda que possamos dizer que, do nosso ponto de vista de observador, foi o ambiente que forneceu aquilo que atende às necessidades do bebê, este último tem a experiência de que, de seu ponto de vista, aquilo que atende à sua necessidade adveio da própria necessidade, dele mesmo (como o calor deriva do fogo sem que alguma ação seja necessária, do ponto de vista do fogo-bebê);

4. Atendida a necessidade, aquilo que atende a ela simplesmente desaparece;

5. Tudo isto ocorre num cenário humano, num conjunto múltiplo e complexo de comunicação e adaptação da mãe ao bebê.

A essa relação, desenhada sinteticamente na Figura 1, Winnicott denomina como *relação com o objeto subjetivo*, ou ainda, de um modo descritivo mais preciso, um modo de relação subjetivo com a realidade. A essa *ilusão* de que a necessidade cria aquilo que a atende, por si mesma, vivida pela criança quando o ambiente pode adequar-se de forma a garantir essa experiência, ele chama de *ilusão de onipotência*. Diz Winnicott:

> *o lactente experimentando a onipotência sob a tutela do ambiente facilitador cria e recria o objeto, e o processo gradativamente se forma dentro dele e adquire um apoio na memória. [...] Normalmente o lactente cria o que de fato está a seu redor esperando para ser*

encontrado. E também aí o objeto é criado, e não encontrado. (Winnicott, 1965j, pp. 164-165)

Cabe marcar que essa concepção de modo de relação subjetivo com a realidade, ou de realidade subjetiva, não pode ser confundida com a de mundo interno de Melanie Klein, dado que onde não estão ainda estabelecidos os limites do Eu, não pode haver interno e externo como mundo separados:

> Mas meu objetivo neste estudo não é me tornar clínico, mas ir às versões mais precoces daquilo a que Melanie Klein se referiu como "interno". De início o mundo interno não pode ser usado no sentido de Klein, uma vez que o lactente ainda não estabeleceu propriamente os limites do Ego e ainda não se tornou mestre nos mecanismos mentais de projeção e introjecção. Nesse estágio precoce, "interno" só significa pessoal, e pessoal na medida em que o indivíduo é uma pessoa com um Self no processo de ser envolvido. O ambiente facilitador, ou o apoio do Ego da mãe ao Ego imaturo do lactente, estas são as partes essenciais da criança como uma criatura viável. (Winnicott, 1965j, p. 168-169)

É nesse sentido que aquilo que o próprio Winnicott nomeia como um objeto subjetivo não pode ser considerado, pois, propriamente, um objeto, dado que ele é também o próprio Self. Winnicott usa o termo *objeto* e a expressão *relações de objeto* porque são modos de falar típicos da psicanálise, fazem parte da sua língua, com sentidos específicos buscando descrever o que ocorre entre as relações inter-humanas, desde o seu início, ainda que ele tenha sempre em mente esse fato, de que se trata de um cenário humano. Ou seja, creio que o uso dessa linguagem visa à comunicação, sacrificando, então, um pouco, a precisão descritiva.[4]

Este modo de relação subjetivo não corresponde apenas a algo que caracterizaria o início mais primitivo do desenvolvimento da vida emocional-relacional, ele também está presente em outros momentos da existência mais maduros ou posteriores, ou seja, em todas as situações em que essa dinâmica se repete (o outro se coloca no lugar daquilo que atende à necessidade, às vezes o desejo, de alguém, numa situação em que esse outro não é nem mesmo reconhecido ou apreendido como outro, como algo externo, às vezes nem mesmo como existente). Winnicott comenta o fato de que isso ocorre, por exemplo, nas primeiras entrevistas em psicanálise. Na Introdução de seu *Consultas terapêuticas em psiquiatria infantil*, ele comenta como isto ocorria nessas consultas:

> *lá estava eu, quando, para minha surpresa, descobri ajustando-me a uma noção preconcebida. As crianças que tiveram esse sonho[5] me diziam que comigo que tinham sonhado. Numa linguagem que uso atualmente, mas que não estava preparado para usar naquela*

---

[4] Tentar descrever uma situação com uma linguagem inadequada, a falseia, ou seja, não retrata o que está ocorrendo. Note-se, por exemplo, a situação em que os psicanalistas tentaram descrever o que ocorre com um recém-nascido em termos das relações edípicas ou do Complexo de Édipo, considerando que o bebê para estabeleceria relações a três corpos, distinguiria entre ele e o outro etc., o que certamente não corresponde ao que se sabe ser a imaturidade do bebê. É por isso que Winnicott diz "A linguagem de uma parte específica é inadequada para as outras" (1988, p. 52).

[5] Winnicott disse que era frequente que as crianças *sonhassem com ele na noite anterior à consulta*, o que estava certamente relacionado com a atitude dos pais e a preparação feita para a visita, expressando, assim, o preparo imaginativo mental daquelas crianças em relação aos médicos e a todo o cenário (*setting*) do atendimento que encontrariam.

época, *encontrava-me na posição do objeto subjetivo,* (Winnicott, 1971b, p. 12)

Ainda que num colorido e numa composição diferentes da que viviam essas crianças nas *Consultas terapêuticas* praticadas por Winnicott, o paciente que vai a uma primeira entrevista à procura de uma psicoterapia (não só do tipo psicanalítica) e, mesmo quando, no decorrer do tratamento, estabelece ou realiza este mesmo tipo de relação, encontrará na pessoa do analista alguém que se coloca justamente no lugar da sua necessidade, estabelecendo uma relação do tipo subjetivo com o analisa, com a realidade. Trata-se, a meu ver, da repetição da mesma dinâmica que descrevi anteriormente referente à adaptação materna, na área de ilusão de onipotência.

A meu ver, trata-se de uma dinâmica relacional extremamente comum, um fato ordinário da vida cotidiana, ainda que sobreposto a outros modos de apreensão do outro, da realidade ou do ambiente. Em diversas situações da existência essa dinâmica, relacional e comunicacional tem lugar, por exemplo, quando o indivíduo está apaixonado, quando ocorre uma comunicação profunda ou direta com o outro ou com o ambiente (mais ou menos duradoura), em situações dos chamados estases místicos, nas experiências orgásticas plenas etc.

Não me parece que essas relações, ou experiências, possam ser descritas adequadamente em termos de uma relação entre um sujeito e um objeto.

Os fenômenos transicionais com uma mistura entre sujeitos e "objeto"

Esta situação na qual não haveria uma distinção entre o indivíduo e o mundo, entre o mundo interno e o externo, entre as coisas com as quais o indivíduo se relaciona e ele mesmo, não é algo que ocorra apenas no quadro das primeiras relações, ela também se repete, de outro modo específico, mas que tem também essas características, na vivência daquilo que Winnicott caracterizou como os fenômenos transicionais.

Estes fenômenos se referem a fatos em que, paradoxalmente, o indivíduo e aquilo com que se relaciona são e não são a mesma coisa. O chamado objeto transicional[6] é e não é, ao mesmo tempo, interno e externo, ele é criado e encontrado, tem e não tem existência por si mesmo. O importante, para a análise que estou fazendo, é o fato de que aquilo com o que o bebê se relaciona, dessa maneira, se confunde e diferencia-se do *Self*: "Tentei descrever os principais destes mecanismos mentais pelo nome 'fenômenos transicionais', isto é, uma área intermediária de experiência que é ao mesmo tempo *Self* e não-*Self*, isto, tanto bebê quanto mãe" (Winnicott, 1989xf, p. 344).

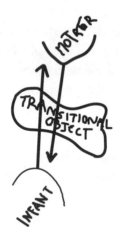

Figura 2: Bebê ⇄ objeto transicional ⟶ mãe.

---

6   Aqui, nessa situação, talvez seja necessário considerar que, de fato, a criança se relaciona com objetos que ela transforma ou humaniza, objetos que recebem um sentido e existência propriamente humanos, paradoxalmente, sendo e deixando de ser objetos.

O objeto transicional corresponde a um tipo de materialização da área de ilusão de onipotência (Figura 2), transformando essa área no que Winnicott denominará como o *espaço potencial*, ou seja, o espaço em que é criado-encontrado aquilo que atende às necessidades da criança, dentre elas, agora, a de brincar. Diferentemente do que ocorre com o modo de relacionamento subjetivo, no entanto, uma vez cessada a necessidade que gera aquilo com o que o bebê se relaciona, isso não se desvanece, mantendo-se como um existente na realidade objetiva. É a criança que cria-encontra os fenômenos e os objetos transicionais, não é algo que o ambiente possa dar ou impor à criança.

Mas quais são as necessidades da criança? Pode-se dizer que são, aqui, de dois tipos: por um lado, corresponde a alguém, ou representação desse alguém, que é importante afetivamente para a criança (como a mãe ou qualquer outro ente carregado de investimento afetivo ou, ainda, as miríades de formas de identificação, projeção e introjeção, que a criança realiza, por exemplo, os personagens com os quais se identifica); por outro, trata-se de uma necessidade estrutural e constitucional que diz respeito a expressar a si mesmo, a ser si mesmo, àquilo que Winnicott denominou de "gesto criativo" ou "criatividade originária", que nada mais é do que a expressão da necessidade de ser (a partir de si mesmo, pode-se dizer), o que se expressa, então, com a maturidade desse momento, na possibilidade de realizar a ação de brincar. O importante aqui, como sempre, é o modo de relação: "Não é o objeto que é transicional. Ele representa a transição do bebê de um estado em que este está fundido com a mãe para um estado em que está em relação como ela como algo externo" (Winnicott, 1953c, p. 30).

Esse segundo aspecto desse fenômeno corresponde à própria ação criativa que caracteriza a ação de brincar. Noutros termos, brincar é um fenômeno transicional, no qual quem brinca cria e encontra, ao mesmo tempo, a si mesmo e ao outro (Winnicott, 1971r). Trata-se de um modo de relacionar-se no qual o sujeito e aquilo com que se relaciona são criados e encontrados, em que o sujeito e aquilo com o que se relaciona não são nem realidades internas nem externas e, portanto, não são, no sentido mais estrito do termo, relações com objetos externos ao *Self*.

Nesse ponto é importante ressaltar que, para Winnicott, a própria vida cultural, a própria existência (em termos do lugar em que vivemos) corresponde a uma expansão dos fenômenos transicionais. Ele se coloca a questão:

> *o que estamos fazendo enquanto ouvimos uma sinfonia de Beethoven, ao visitar uma galeria de pintura, lendo Troilo e Créssida na cama, ou jogando tênis? Que está fazendo uma criança, quando fica sentada no chão e brinca sob a guarda de sua mãe? O que está fazendo um grupo de adolescentes, quando participa de uma reunião de música popular?* (Winnicott, 1971q, p. 147)

Em resumo, também no caso dos fenômenos transicionais, as relações inter-humanas em jogo não podem ser apropriadamente descritas como relações com objetos.

Creio que as mesmas situações aqui descritas também mostram modos de relação que não são adequadamente descritos se tomo a relação com uma obra de arte, a leitura de um livro, a prática de um esporte, brincando, participando de um show etc., como objetos com os quais o indivíduo se relaciona. Trata-se, na verdade, de um outro modo de relação, não objetal.

O modo de relação como a realidade apreendida como externa, desde que estabelecidas certas integrações e apreensões que garantam as relações de alteridade

Desde que o indivíduo tenha conquistado uma integração que o distingue do mundo, que não só diferencia o Eu do não Eu (podendo estabelecer relações a dois corpos, um díspar do outro), mas também, numa acepção desenvolvimentista mais ampla, tenha se constituído como uma pessoa inteira que se relaciona com os outros também como pessoas inteiras (podendo estabelecer relações a três corpos), então, o outro pode ser, no sentido estrito do termo psicanalítico, um *objeto* que pode ser representado, projetado, introjetado etc. Talvez seja só a partir desse momento do desenvolvimento é que a noção psicanalítica clássica de relação de objeto possa ser uma expressão conceitual adequada da realidade fenomênica, e as relações humanas podem, efetivamente, ser vividas como relações objetais (isto é, fundamentalmente, amar, odiar, fantasiar, experienciar ansiedades relacionais e constituir defesas contra elas).

Três modos de se relacionar com a realidade: subjetivo, transicional, objetivado

Retomando, sinteticamente, os modos de relação analisados – tendo como objetivo a caracterização de dinâmicas relacionais inter--humanas, seja no campo da vida ordinária seja no *setting* psicanalítico –, podemos apontar para três dinâmicas relacionais díspares, três modos de relação com a realidade, com o outro (seja em termos parciais seja totais): o subjetivo; o transicional; e o com objetos externos. Esses três modos de relação configuram, por sua vez, três modos de relação transferencial que apontam para diferentes modos de manejo transferencial (estar no lugar do objeto subjetivo, estar-com como expressão de brincar-com, estabelecer processos projetivos-introjetivos-identitários em relação ao outro), que, por sua vez, têm objetivos díspares, respectivamente: fornecer sustentação ambiental para ser e continuar sendo; encontrar a si mesmo e ao outro no ser-estar-com-o-outro; diferenciar e identificar a si mesmo e ao outro em processos que levam a distinguir realidade e fantasia.

Parece-me claro que o modo de relação subjetivo e o modo de relação transicional com a realidade, ou com o outro, seja lá a que contexto estejamos nos referindo, apontam para modos de relação não corretamente descritos caso os formulemos em termos de relações de objeto.

No entanto, a noção de relação de objeto, teve e ainda tem, na história da psicanálise, um valor heurístico inegável. Essa maneira freudiana de se referir ao outro como um objeto é, na verdade, uma forma figurada de falar, um *como se,* dado que se, nas relações humanas, o outro é um objeto, deixaria, então, de ser propriamente uma pessoa. Nesse sentido, a relação humana e, nessa mesma direção, a relação transferencial só podem ser *como se fosse uma relação com um objeto* se isso for uma metáfora ou alegoria, um modo de falar não descritivo.

Cabe aqui, para ilustrar esse ponto, a questão enunciada no início de um filme de ficção científica, de Spielberg (*A. I. - Inteligência Artificial*, 2001), no qual existem robôs que são cópias idênticas a humanos, mas que não podem se desenvolver (criar-se, tal como os humanos fazem): "A pergunta não é se podemos amar um robô, mas se um robô pode nos amar".

A perspectiva da análise das relações humanas como sendo relações com objetos, cairia numa lógica parecida, ou seja, se o outro for considerado outro ser humano, então, este não pode ser um objeto, a não ser que, funcionando dessa maneira, destruamos a própria relação inter-humana.

Pode ser que, para alguns psicanalistas, isto seja apenas um purismo desnecessário, pois eles sabem que esse modo de falar figurativo (relações humanas como relações de objeto) se refere às relações propriamente humanas, sendo um modo de falar que não feriria, em demasia, a compreensão dos fatos, ao contrário, seria uma maneira de abordá-las, como a noção de aparelho psíquico (uma ficção heurística de grande valor para a ciência).[7]

No entanto, bastaria experimentar descrever as relações humanas, as relações transferenciais, sem usar essa noção, para vermos que somos levados a constituir e a expressar esses fenômenos num outro quadro epistemológico-fenomenológico, aprendendo-os empiricamente de formas mais precisas, de formas que não seriam apreensíveis (ao menos, não com a mesma clareza).

Nesse sentido e buscando finalizar minha apresentação crítica, parece-me importante retomar o ponto de partida do pensamento clínico psicanalítico: a noção de transferência. Ela é, junto com a noção de inconsciente, o elemento conceitual a partir do qual toda a clínica psicanalítica foi criada, a partir da qual um psicoterapeuta pode ou não denominar-se psicanalista. Diz Freud, nesse sentido:

> *a teoria psicanalítica é uma tentativa de tornar compreensíveis duas experiências que sobrevêm, de maneira contundente e inesperada, quando se experimenta levar os sintomas mórbidos de uma neurose às fontes de onde eles derivam naquilo que foi vivido [na*

---

[7] Cf. em Fulgencio (2005, 2008, 2016), uma análise do uso de ficções heurísticas na prática científica, em geral, e em Freud, em particular.

> história de sua vida]: o fato da transferência e o fato da resistência. Toda orientação de pesquisa que reconhece esses dois fatos e torna-os como pontos de partida de seu trabalho está no direito de se nomear psicanálise, mesmo se chegar a outros resultados que não os meus. Mas aquele que se lança a outros aspectos do problema e afasta-se dessas duas premissas escapará dificilmente da reprovação de atentado à propriedade por tentativa de cópia fraudulenta, se persiste em nomear-se psicanalista. (Freud, 1914d, p. 16)

Cabe, então, ressaltar a importância desse fenômeno relacional e da maneira semântico-descritiva-conceitual como este fenômeno relacional é entendido, descrito e nomeado. Certamente, o uso de certas expressões é muito útil para a comunicação e o desenvolvimento da ciência, mas talvez possamos considerar nosso uso da expressão "relações de objeto", de valor heurístico incontestável, no quadro do seguinte conselho epistemológico dado por Winnicott: "um escritor da natureza humana precisa ser levado constantemente em direção a uma linguagem simples, longe do jargão do psicólogo, mesmo que tal jargão possa contribuir para revistas científicas" (1957o, p. 121).

Caberia, a meu ver, ao menos como um exercício de pensamento, colocar a questão: poderíamos descrever as relações humanas, do ponto de vista da psicanálise, sem usar a noção de *relação de objeto* (ainda que tenhamos progredido muito e tenhamos aprendido muito como o uso heurístico dessa expressão)?

Essa possibilidade, aqui enunciada, de substituirmos a noção de *relação de objeto* por outros modos semânticos-teóricos de nos referirmos às relação humanas e aos processos relacionais transferenciais na psicanálise não é, no entanto, apenas de uma possibilidade futura, mas algo já em curso, ao menos na obra de Winnicott, com o uso de concepções do tipo *relações com o ambiente, relações de dependência, relações a dois e a três corpos, relações do tipo* ruthlessness *(sem consideração), relações entre pessoas integradas, recém-integradas, não integradas, relações entre pessoas inteiras, relações do Self, do Eu, ser-com, ter um lugar para viver,* ou ainda, de modo mais direto, *relações com a mãe, com o pai, irmãos, com o analista* etc.

A noção de *relações de objeto* poderia, então, ser considerada, como mais um dos conceitos metapsicológicos de grande valor heurístico, uma construção auxiliar especulativa que teria e tem contribuído para a compreensão e descrição das relações humanas e suas dinâmicas.[8] Nesse sentido, como já disse Freud, um *andaime* (Freud, 1900a, p. 536) para a construção do edifício psicanalítico (a ciência psicanalítica), uma *escada* que nos ajudou a atingir este alto nível de compreensão dos fenômenos humanos, mas que talvez não precisemos mais carregá-la e/ou mantê-la, tendo esta servido à sua função, podendo, agora, utilizarmos expressões conceituais e semânticas mais precisas, mais de acordo semântico, epistemológico e descritivo, com a própria natureza humana e suas relações.

---

8 Cf. Fulgencio et al. (2018), uma análise da natureza e função da metapsicologia na psicanálise, bem como seu lugar na obra de Winnicott.

Referências

FREUD, S. The interpretation of dreams. *The Standard Edition of the Complete Psychological Works of Sigmund Freud*. v. 4, p. 1-627. London: Hogart Press, 1990a.

_____. Fragment of an analysis of a case of hysteria. *The Standard Edition of the Complete Psychological Works of Sigmund Freud*. v. 7, p. 3-122, Cidade: Edigora, 1905e.

_____. On the history of the psycho-analytic movement. *The Standard Edition of the Complete Psychological Works of Sigmund Freud*. v. 14, p. 3-66. Cidade: Editora, 1914d.

FULGENCIO, L. Freud's metapsychological speculations. *International Journal of Psychoanalysis*, 86(1), 99-123, 2005.

_____. *O método especulativo em Freud*. São Paulo: EDUC, 2008.

_____. Apontamentos para uma análise da influência do existencialismo moderno na obra de Winnicott. *Ciência e Cultura*. 2015; 67(1), 36-39.

_____. *Mach & Freud: influências e paráfrase*. São Paulo: Edições Concern - FAPESP, 2016.

_____. Psicanálise do Ser. A Teoria Winnicottiana do Desenvolvimento Emocional como uma Psicologia de Base Fenomenológica. São Paulo: EDUSP-FAPESP, 2020.

FULGENCIO, L.; SIMANKE, R.; IMBASCIATI, A.; GIRARD, M. (eds.). *A bruxa metapsicologia e seus destinos*. São Paulo: Bluche, 2018.

GREENBERG, J. R.; MITCHELL, S. A. *Relações objetais na teoria psicanalítica*. Porto Alegre: Artes Médicas, 1983.

GURFINKEL, D. *Relações de objeto*. São Paulo: Blucher, 2017.

KLEIN, M. As origens da transferência. In: *Obras Completas de Melanie Klein*. v. III. Inveja e gratidão e outros trabalhos 1946-1963. p. 70-79. Rio de Janeiro: Imago, 1952.

LACAN, J. *O Seminário. Livro 4. A relação de objeto.* Rio de Janeiro: Zahar, 1995.

Laplanche, J.; PONTALIS, Jean-Bertrand. *Vocabulaire de psychanalyse*. Paris: PUF, 1967.

MACHO, T. Zeichen aus der Dunkelheit. Notizen zu einer Theorie der Psychose. [Sinais da escuridão. Notas para uma teoria da psicose]. In: HEINZ R; KAMPER D. SONNEMANN U. (eds.). Wahnwelten in ZusammenstoB. Die Psychose als Spiegel der Zeit [Mundos imaginários em conflito. A psicose como espelho do tempo]. p. 223-240. Berlim: Akademie, 1993.

SLOTERDIJK, P. (1998). Nobjetos não-objetos. Para uma revisão da teoria psicanalítica das fases *Esferas I. Bolhas.* p. 267-274. São Paulo: Estação Liberdade, 2016.

WINNICOTT, D. W. (1949d). Pormenores da alimentação do bebê pela mãe. In: *A Criança e Seu Mundo.* p. 49-54. Rio de Janeiro Zahar Editores, 1982.

_____. (1953c). Objetos transicionais e fenômenos transicionais. In: *O Brincar & A Realidade.* p. 13-44. Rio de Janeiro: Imago, 1975.

_____. (1957e). Alimentação. In: *A Criança e Seu Mundo.* p. 55-63. Rio de Janeiro: Zahar Editores, 1982.

_____. (1957o). A contribuição da mãe para a sociedade. In: *Tudo Começa em Casa.* p. 117-122. São Paulo: Martins Fontes, 1999.

_____. (1958d). Ansiedade associada à insegurança. In: *Da Pediatria à Psicanálise: Obras Escolhidas.* p. 163-167. Rio de Janeiro: Imago, 2000.

_____. (1965j). Comunicação e falta de comunicação levando ao estudo de certos opostos. In: *O Ambiente e os Processos de Maturação*. p. 163-174. Porto Alegre: Artmed, 1983.

_____. (1971b). *Consultas terapêuticas em psiquiatria infantil* (J. M. X. Cunha, Trans.). Rio de Janeiro: Imago, 1984.

_____. (1971q). O lugar em que vivemos. In: *O Brincar & A Realidade*. p. 145-152. Rio de Janeiro: Imago,1975.

_____. (1971r). O brincar: a atividade criativa e a busca do eu (*self*). In: *O Brincar & A Realidade*. p. 79-93. Rio de Janeiro: Imago, 1975.

_____. (1986f). A cura. In: *Tudo Começa em Casa*. São Paulo: Martins Fontes, 1989.

_____. (1989xf). Primórdios de uma formulação de uma apreciação e crítica de enunciado kleiniano da inveja. Parte II do cap. 53. Melanie Klein: sobre o seu conceito de inveja. In: *Explorações Psicanalíticas: D. W. Winnicott*. p. 340-347. Porto Alegre: Artes Médicas, 1994.

Sobre os autores

Leopoldo Fulgencio (organizador) – Professor Associado (Livre-Docente) do Instituto de Psicologia da Universidade de São Paulo (USP), Departamento de Psicologia da Aprendizagem, do Desenvolvimento e da Personalidade. Autor dos livros *O Método Especulativo em Freud* (EDUC, 2008), *Mach & Freud: influências e paráfrases* (Concern, 2016), *Por que Winnicott?* (Zagodoni, 2016), *Psicanálise do Ser. A Teoria Winnicottiana do Desenvolvimento Emocional como uma Psicologia de Base Fenomenológica* (2020, EDUSP-FAPESP), *Ensaios sobre a constituição epistemológica do pensamento de Freud* (2021, Concern); organizador de *Freud na filosofia brasileira* (ESCUTA, 2004), *A fabricação do humano* (Zagodoni, 2014, Prêmio Jabuti 2015), *Amar a si mesmo e amar o outro* (Zagodoni, 2016, um dos 10 finalistas do Prêmio Jabuti 2017), *A bruxa metapsicologia e seus destinos* (2018, Blucher), *Modalidades de pesquisa em psicanálise: métodos e objetivos* (2018, Zagodoni), *Objetivos do tratamento psicanalítico* (2020, Concern). Autor de diversos artigos em revistas especializadas, entre eles "Winnicott rejection of the basic concepts of Freud's metapsychology" (2007,

IJP; artigo selecionado para compor o anuário do *International Journal of Psychoanalysis* de 2008, em português, espanhol e francês), e "Discussion of the place of metapsychology in Winnicott's work" (2015, IJP; escolhido para o anuário do IJP de 2017, em português).

Decio Gurfinkel (organizador) – Psicanalista, membro do Departamento de Psicanálise do Instituto Sedes Sapientiae e professor, neste Instituto, dos cursos "*Psicanálise*", "*Psicossomática Psicanalítica*" e "*Drogas, Dependência e Autonomia*". Doutor pelo Instituto de Psicologia da USP (IPUSP) e Pós-Doutorado na PUC-SP, é autor dos livros *Relações de objeto* (Blucher, 2017), *Adicções: paixão e vício* (Casa do psicólogo, 2011) e *Sonhar, dormir e psicanalisar: viagens ao informe* (Escuta, 2008), entre outros.

Ana Maria Sigal – Psicanalista. Na Argentina, foi professora de Técnicas Projectivas da Faculdade de Psicologia da UNBA, coordenadora do Serviço de Atendimento Vespertino do Hospital das Clínicas, ligado à Faculdade de Medicina da Universidade Nacional de Buenos Aires (UNBA). Coordenadora do grupo de Interconsultas de niños hospitalizados do Hospital Lanus. Supervisora do Centro de Investigação e Docência. Supervisora do Serviço de Psicopatologia Infantil do Hospital das Clínicas de Buenos Aires. A partir de 1976, no Brasil, Professora e Supervisora do Curso de Psicanálise, do Departamento de Psicanálise do Sedes do qual formou parte da equipe fundadora (1976). É Membro do Departamento de Psicanálise, formou parte do grupo fundador do Departamento (1985). Fundadora e Coordenadora do Curso *Clínica Psicanalítica: Conflito e Sintoma*, desde 1996. Representante do Departamento de Psicanálise no Movimento Articulação das Entidades Psicanalíticas Brasileiras desde 2000. Livros Publicados: *O lugar dos pais na psicanálise de crianças* (Ed. Escuta, 1997); *Escritos metapsicológicos* *e clínicos* (Ed. Casa do Psicologo,2009); organizadora de *Ofício de psicanalista II, porque não regulamentar a psicanálise* (Ed. Escuta, 2019). Publicou artigos em numerosas revistas, entre elas: Revista *Percurso* do Departamento de Psicanálise do Sedes; *Generaciones*, Revista da Pós-Graduação em Psicanálise de Niños da Universidade de Buenos Aires, na qual é também membro do comitê científico; *Clave*, revista de psicanálise publicada na Espanha.

Christian Dunker. Psicanalista, Professor Titular do Instituto de Psicologia da USP (2014) junto ao Departamento de Psicologia Clínica. Obteve o título de Livre Docente em Psicologia Clínica (2006) após realizar seu Pós-Doutorado na Manchester Metropolitan University (2003). Possui graduação em Psicologia (1989), mestrado em Psicologia Experimental (1991) e doutorado em Psicologia Experimental (1996) pela Universidade de São Paulo. Atualmente é Analista Membro de Escola (A.M.E.) do Fórum do Campo Lacaniano. Tem experiência clínica com ênfase em Psicanálise (Freud e Lacan), atuando principalmente nos seguintes temas: estrutura e epistemologia da prática clínica, teoria da constituição do sujeito, metapsicologia, filosofia da psicanálise e ciências da linguagem. Coordena, ao lado de Vladimir Safatle e Nelson da Silva Jr,. o Laboratório de Teoria Social, Filosofia e Psicanálise da USP cujo produto de pesquisa foi publicado em *Patologias do Social* (Autentica, 2017) e *Neoliberalismo como Gestão do Sofrimento* (Autêntica, 2020). Recebeu dois prêmios Jabuti em Psicologia e Psicanálise. Publicou *Estrutura e Constituição da Clínica Psicanalítica* (Annablume, 2011), *Mal-Estar, Sofrimento e Sintoma* (Boitempo, 2015), *Por quê Lacan?* (Zagodoi, 2016), *A Psicose na Criança* (Zagadoni, 2014), *O Cálculo do Gozo* (Escuta, 2002), *Reinvenção da Intimidade* (Ubu, 2017) e *O Palhaço e o Psicanalista* (Planeta, 2018).

Daniel Delouya – Psicanalista da SBPSP com funções didáticas. Foi presidente da Federação Brasileira de Psicanálise (FEBRAPSI) entre 2015 e 2017. Publicou cinco livros, entre outros ensaios e artigos em revistas nacionais e internacionais. O seu livro *Depressão* foi reeditado diversas vezes (atualmente, na 7ª edição, pela Pearson, em 2017); seu último livro *Torções na razão freudiana* está na 2ª edição pela Blucher, em 2019.

Daniel Kupermann – Psicanalista, professor doutor do Departamento de Psicologia Clínica do Instituto de Psicologia da USP, bolsista de produtividade em pesquisa do Conselho Nacional de Desenvolvimento Científico e Tecnológico (CNPq), autor de vários artigos publicados em revistas especializadas nacionais e estrangeiras e dos livros *Estilos do cuidado: a psicanálise e o traumático* (Zagodoni); *Transferências cruzadas: uma história da psicanálise e suas instituições* (Escuta), *Ousar rir: humor, criação e psicanálise* e *Presença sensível: cuidado e criação na clínica psicanalítica*, ambos publicados pela editora Civilização Brasileira.

Elisa Maria de Ulhôa Cintra – Coordenadora (com Marina Ribeiro) do Laboratório Interinstitucional de Estudos da Intersubjetividade e Psicanálise Contemporânea – (LIPSIC – IPUSP/PUCSP). Psicanalista, professora da faculdade de Ciências Humanas e da Saúde da PUC-SP e do Programa de Estudos Pós-Graduados em Psicologia Clínica da PUC-SP. Autora de *Melanie Klein: estilo e pensamento* e *A Folha Explica Melanie Klein* (em coautoria com L.C. Figueiredo). Organizadora (com G. Tamburrino e M. Ribeiro) e autora de capítulo do livro de *Para além da contratransferência – o analista implicado* e do livro *Por que Klein?* (em coautoria com Marina Ribeiro).

Flávio Carvalho Ferraz – Membro do Departamento de Psicanálise do Instituto Sedes Sapientiae, São Paulo, e professor do Curso de Psicanálise desse instituto. Membro do Departamento de Psicossomática Psicanalítica do Instituto Sedes Sapientiae e ex-professor do Curso de Psicossomática desse instituto. É livre-docente pelo Instituto de Psicologia da Faculdade de Medicina da USP e autor de diversos livros, entre os quais *Perversão* (Casa do Psicólogo, 2000) e *Normopatia: sobreadaptação e pseudonormalidade* (Casa do Psicólogo, 2002).

Luís Cláudio Figueiredo – Psicanalista, membro efetivo do Círculo Psicanalítico do Rio de Janeiro, professor aposentado da USP e professor da Pós-Graduação da PUC-SP.

Nelson da Silva Junior – Psicanalista, doutor pela Universidade Paris 7, professor do Departamento de Psicologia Social e do Trabalho do Instituto de Psicologia da Faculdade de Medicina da USP. Membro do Departamento de Psicanálise do Instituto Sedes Sapientiae e da Associação Universitária de Pesquisa em Psicopatologia Fundamental. Coordenador do Laboratório de Teoria Social, Filosofia e Psicanálise, juntamente com Christian Dunker e Vladimir Safatle. Autor dos livros: *Le fictionnel en psychanalyse. Une étude à partir de l'œuvre de Fernando Pessoa* (2000, Villeneuve d'Asq: Presses Universitaires du Septemprion), *Linguagens e pensamento. A lógica na razão e desrazão* (2007, São Paulo: Casa do Psicólogo);em coautoria com Ambra, *Histeria e gênero: o sexo como desencontro* (2015, São Paulo : n Versos), em coautoria com Zangari, *A psicologia social e a questão do hífen* (2017, São Paulo : Blucher) e, em coautoria com Dunker & Safatle, *Patologias do social* (2018, São Paulo: Autêntica).

Nelson Ernesto Coelho Junior – Psicanalista, doutor em Psicologia Clínica na PUC-SP (1994), é professor e pesquisador do Instituto de Psicologia da Faculdade de Medicina da USP desde 1995. Idealizador e primeiro coordenador do curso de Especialização em Teoria Psicanalítica na PUC-SP (COGEAE). Autor, entre outros, dos livros *Adoecimentos psíquicos e estratégias de cura. Matrizes e modelos em psicanálise* (2018; Editora Blucher) e *Ética e técnica em psicanálise* (2ª edição, 2008; Escuta), ambos em coautoria com Luís Cláudio Figueiredo e, também, de *Dimensões da intersubjetividade* (2012; Escuta/FAPESP), além de diversos artigos publicados nos principais periódicos nacionais e internacionais da área.

Renato Mezan – Professor titular da Pontifícia Universidade Católica de São Paulo. Em 2015, recebeu o Prêmio Jabuti por seu livro *O tronco e os ramos - estudos de história da psicanálise*, na categoria Psicologia, Psicanálise e Comportamento. Atua na área de Psicologia, com ênfase em Tratamento e Prevenção Psicológica.

GRÁFICA PAYM
Tel. [11] 4392-3344
paym@graficapaym.com.br